코칭과 트라우마

Coaching and Trauma
Moving Beyond the Survival Self

Coaching and Trauma: From surviving to thriving, 1st Edition

Korean Language Edition Copyright © 2022 by McGraw-Hill Education Korea, Ltd., and Korea Coaching Supervision Academy. All rights reserved. No part of this publication may be reproduced or distributed in any form or by any means, or stored in a database or retrieval system, without prior written permission of the publisher.

Original: Coaching and Trauma: From surviving to thriving, 1st Edition © 2019
By Julia Vaughan Smith
This authorized Korean translation edition is jointly published by McGraw-Hill Education Korea, Ltd., and Korea Coaching Supervision Academy. This edition is authorized for sale in the Republic of Korea.
This book is exclusively distributed by Korea Coaching Supervision Academy.

이 책의 한국어판 저작권은 McGraw-Hill Education Korea, Ltd.,와
한국코칭수퍼비전아카데미에 있습니다.
저작권법에 의해 한국 내에서 보호를 받는 저작물이므로
무단전재와 무단복제를 금합니다.

호모코치쿠스 34

코칭과 트라우마
생존 자기를 넘어 나아가기

Coaching and Trauma
Moving Beyond the Survival Self

줄리아 본 스미스 지음
이명진, 이세민 옮김

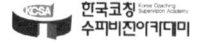

목차

머리말 ······ 6
역자 서문 ······ 8
소개의 글 ······ 11

제1장. 이 책의 주제는 무엇인가? ······ 15
트라우마와 코칭 | 용어 명료화하기 | 발달 초기 관계의 중요성 | 트라우마를 일으키는 환경의 희생자가 되는 것 | 환경에 대한 생존 반응 | 고객의 이력 | 코칭에서의 생존 방어 | 정신건강 | 트라우마는 인간 조건의 일부이다 | 건강한 자원 | 비애 | 코칭 유지하기

제2장. 트라우마의 내면화 ······ 47
두뇌 발달 | 스트레스와 외상 | 외상 후 스트레스 | 기억과 트라우마 | 생물-생리학과 후성유전학 | 우리의 존재감과 세상에 대한 정신적 모델에 미치는 영향 | 정신-트라우마 전기 | 다양한 양육 구조 | 고객의 내러티브 듣기 | 신경가소성

제3장. 트라우마를 개념화하는 방법 ······ 77
루퍼트 모델-정신의 분열 | 건강한 자기 | 트라우마 자기 | 생존 자기 | 코칭에서 생존 자기의 현존 | 트라우마 전기 | 루퍼트의 치료 과정 | 코칭 주제

제4장. 생존 자기 ······ 111
생존 자기의 존재 인식하기 | 생존 자기의 특성 | 건강한 자기의 특징 | 코칭에서 생존 자기의 특성을 관찰하는 방법 | 생존 정체성 | 생존 자기로부터의 양육방식 | 일과 생존 관계 | 생존 자기에 대한 코칭 | 고객의 생존 자기에 대한 코칭

제5장. 생존 자기의 방어 역동 ······ 147
가해자와 희생자 방어역동 | 희생자 생존 태도 | 구조 | 구조자와 희생자 생존 역동 | 복수와 화해 | 가해자 생존 태도 | 얽힌 관계 | 얽힘에서 벗어나기

제6장. 트라우마, 리더십, 그리고 팀 ······ 181
트라우마를 입은 팀 | 트라우마를 입은 팀의 특징 | 트라우마를 입은 팀의 생존 역동 | 팀이 트라우마를 입는 상황

제7장. 경계, 도전, 그리고 치유 ⋯⋯ 211
경계 | 트라우마 상태가 나타남 | 정신질환의 급성 발현 | 생존 자기와
우세한 전략 | 트라우마에서 벗어나기 | 요약 | 결론

참고문헌 ⋯⋯ 243
코칭 인 프랙티스 시리즈 ⋯⋯ 245
시리즈 편집자의 글 ⋯⋯ 247
감사의 글 ⋯⋯ 250
이 책에 대한 찬사 ⋯⋯ 252
색인 ⋯⋯ 260
저자 및 역자 소개 ⋯⋯ 263
발간사 ⋯⋯ 266

그림 목록

[1.1] 정신 ⋯⋯ 20
[2.1] 트라우마 반응 ⋯⋯ 52
[2.2] 트라우마의 영향 ⋯⋯ 73
[3.1] 정신의 분열 ⋯⋯ 79
[3.2] 건강한 자기가 지배적임 ⋯⋯ 95
[3.3] 생존 자기가 지배적임 ⋯⋯ 95
[3.4] 생존 전략 ⋯⋯ 97
[4.1] 생존 자기 ⋯⋯ 113
[4.2] 생존 자기의 구성 요소 ⋯⋯ 125
[5.1] 생존 자기 ⋯⋯ 149
[5.2] 희생자 생존 태도 ⋯⋯ 156
[5.3] 구조자와 희생자 행동 역동 ⋯⋯ 160
[5.4] 희생자, 가해자 그리고 트라우마 ⋯⋯ 168
[5.5] 생존 자기 ⋯⋯ 171
[6.1] 나오미의 감정 반응 타임라인 ⋯⋯ 192
[6.2] 관계 안에서 생존 자기의 지배적 스펙트럼 ⋯⋯ 196
[7.1] 세 가지의 발현 ⋯⋯ 213
[7.2] 우세한 생존 자기 ⋯⋯ 224
[7.3] 더 건강한 자기 ⋯⋯ 224
[7.4] 우세한 건강한 자기 ⋯⋯ 225
[7.5] 생존 자기 발현에 대한 요약 ⋯⋯ 231

머리말

대부분 사람이 상처받은 정신으로 살아가는 세상에서, 우리에게 정신이 있다는 것과 이 정신이 어떻게 발달하고 작동하는지를 아는 매우 가치 있는 일이다. 그래야만 우리는 상처받은 정신으로 무엇을 하고 있으며, 그것이 얼마나 더 많은 트라우마를 만들어내고 있는지 이해할 수 있다. 그렇게 할 때만 우리는 기꺼이 트라우마-생존 전략을 멈추고, 우리 자신에게 정말 좋은 것이 무엇인지, 우리가 이 지구상에서 함께 사는 다른 사람들에게 정말 좋은 것이 무엇인지를 성찰할 수 있게 될 것이다.

이제 우리는 또한 우리 내면을 탐구하고 이해하기 위한 가치 있는 방법들을 가지고 있다. 우리의 상처 입은 정신을 변화시키는 과정을 심리치료라 부를지 코칭이라 부를지는 중요하지 않다. 가장 중요한 것은 우리가 그 일을 시작했다는 것이다. 나는 줄리아 본 스미스Julia Vaughan Smith에게 감사한다. 그녀는 사람들이 자신의 트라우마 전기trauma biography에서 빠져나와, 건강한 정신에 기반을 둔 삶을 살도록 그 변화 과정을 어떻게 지원해야 하는지에 관한 지식과 기술을 나누어 주었다. 우리가 자신의 건강한 부분과 만나게 되면, 상처받은 부분은 우리에게 완전한 삶의 가능성을 다시 되돌려준다. 나는 이 사실을 정신의 분열된 부분들을 한 조각 한 조각 찾아 나아갔던 나 자신의 여정에서 알게 되었다. 그것은 멋진 일이었고, 내 인생에서 내가 했던 최고의 일이었다.

프란츠 루퍼트 Franz Ruppert

뮌헨, 2019년 4월

역자 서문

이제까지 트라우마는 심리치료의 대상이지, 코칭의 대상은 아니라고 여겨져왔다. 심지어 일부 코치는 트라우마 치료가 인간 내면의 깊은 정서적 고통을 다루는 것이므로 코칭에서는 손을 대지 않는 것이 오히려 윤리적이라며 경계를 긋기도 했다. 그러나 이 책의 저자 줄리아 본 스미스Julia Vaughan Smith는 이 책 『코칭과 트라우마』에서 그러한 생각을 완전히 바꾸어 놓았다. 이 책을 공역한 역자들은 줄리아와 마찬가지로 심리상담계에 먼저 발을 들여놓았고, 이제는 전문코치로도 활동하는 사람들이다. 따라서 트라우마는 심리치료적으로 접근하는 것을 당연하게 받아들이는 입장이었다. 그러나 이 책을 번역하면서 우리의 생각도 달라졌다. 줄리아는 상담과 코칭 양쪽 분야에서 오랜 임상 경험을 가진 사람으로서 트라우마에 관해 분명하고 심층적인 이해를 하고 있을 뿐 아니라, 트라우마를 치료하기 위해 상담에서 할 수 있는 일과 코칭에서 할 수 있는 일의 경계를 잘 제시해 주고 있다. 줄리아 덕분에 이제 우리는 코칭에서 트라우마에 관해 얼마나 멋진 작업을 해낼 수 있는지 확실히 알 수 있게 되었다.

줄리아는 트라우마가 무엇인지에 관해 분명하게 정의 내리면서, 뇌과학, 생리학, 후생유전학적 지식까지 동원하여 트라우마가 우리의 정신과 삶 전반에 어떠한 영향을 미치는지에 관해 폭넓게 설명해준다. 특히 그의 스승인 프란츠 루퍼트Franz Ruppert의 정신 분열 모델split of the psyche model을 도입함으로써 코칭에서 트라우마에 어떻게 접근할 수 있는지를 밝혀주었다. 그에 따르면, 트라우마는 이 세상 모든 사람에게 있으며, 아기가 엄마의 자궁 속에 있는 발달 초기에서부터 성인 시기에 이르기까지 오랫동안 축적되어 개인의 트라우마 전기trauma biography가 형성된다고 한다. 그 과정 속에서 인간의 정신은 트라우마 자기trauma self, 생존 자기survival self, 건강한 자기healthy self의 세 부분으로 분열된다고 설명한다. 우리 삶에 지속해서 부정적 영향을 미치는 것은 트라우마의 고통을 차단하고 살아남기 위해 생겨난 이 생존 자기와 생존 전략survival strategies들이다. 아마도 상담사들은 트라우마의 고통과 그것을 극복하기 위해 만들어진 생존 전략들을 공략하는 데 좀 더 많은 관심을 기울여왔을 것이다. 그러나 코칭에서는 건강한 자기를 매우 중요하게 여기며, 건강한 자기에 힘을 실어주어 현재 삶 속에서 잘못 작동하는 생존 전략들을 변화시키는 데에 더 초점을 맞춘다. 여기가 바로 코칭이 서 있는 중요한 자리이다.

줄리아는 자신의 개인 경험뿐 아니라 코치로서, 코칭 수퍼바이저로서 경험한 수많은 사례를 제시함으로써 매우 실질적인 도움을 준다. 특히 어린 시절의 트라우마가 성인이 된 뒤에도 직장에서의 대인관계와 일과의 관계에서 어떻게 작동하는지를 보여준다. 저자는 코치들이 트라우마를 탁월하게 다룰 수 있으려면 먼저 자신의 트라우마와 자신이 무의식중에 사용하는 생존 전략을 성찰해야 하며, 코칭 현장에서 어떤 어려움에 부딪

히더라도 건강한 자기로 존재할 수 있어야 함을 강조한다. 그를 위해 코칭 수퍼비전을 받아야 하는 중요성을 역설하고 있으며, 다양한 수퍼비전 실례를 들고 있다.

    여기서 이 책 속에 담겨있는 풍부한 내용을 다 소개할 수는 없다. 지금보다 더 탁월한 코치로 거듭나고 싶은 분, 트라우마를 더 효율적으로 다루고 싶은 상담사, 코치나 상담사를 지도하는 수퍼바이저, 그 외에도 직장에서 중간 관리자나 매니저로서 대인관계에 어려움을 겪는 분, 트라우마를 가진 우리가 모두 이 책을 읽고, 유익함을 받아 누릴 수 있기를 바란다.

2022년 여름에
역자 이명진, 이세민

소개의 글

심리치료 영역에서 이제 트라우마가 되는 사건들의 원인과 영향, 특히 유아기의 경험이 성인의 행동에 미치는 영향에 대해서 점점 더 많은 정보를 얻고, 더 많이 알게 되었다. 나는 그 지식을 코칭계에 전달하기 위해서 이 책을 썼다.

   심리치료사로서 훈련과 임상을 통해, 나는 어린 시절 경험의 영향에 관해 이해하고, 그것이 얼마나 다양한 양상으로 작동하는지 잘 알게 되었다. 나는 내가 터득한 것을 코칭과 수퍼비전에 적용해왔다. 2008년에 나는 가족 세우기 family constellation 강사로 훈련받았는데, 나에 대해 작업하면서, 상처가 여러 세대에 걸쳐 어떻게 연결 과정을 통해 전수되는지 이해하게 되었다. 내 트라우마의 역사는 우리 할머니로부터 시작된다. 할머니의 어머니는 할머니가 18개월 되었을 때, 아기를 낳다가 돌아가셨다. 할머니와 형제자매들은 (1886년 경에) 친척 한 사람과 아기를 받았던 간호사와 함께 호주에서 데본으로 돌아가야 했다. 그리고 형제자매들은 저마다 분리되어 위탁 가정에 맡겨졌다. 나는 내 가족 세우기 작업을 통해 할머니가 내 엄마에게 미친 영향과 그 다음으로 어머니가 내 유아기, 아동기, 성인기까지 어떻게 영향을 미쳤는지 이해할 수 있게 되었다.

2009년에 나는 프란츠 루퍼트Franz Ruppert 교수와 비비안 브로우튼Vivian Broughton 교수와 함께 일하기 시작했다. 이번에는 작업 초점이 가족 시스템에서 나 자신의 내적 역동으로 옮겨졌다. 나는 내 생존 전략으로써 방어에 관해 알게 되었고, 내 상처받은 감정들을 의식할 수 있었다. 그때까지 일생에 걸쳐 사용했던 내 생존 방어는 불안, 부인, 일 중독, 나 자신을 통제하는 것 등이었다. 나 자신의 내적 경험을 탐색하면서, 나는 이러한 방어들을 쓰고 있었다는 것과 무엇이 그런 방어들을 촉발했는지 알 수 있었고, 내가 정체성과 애정에 관련된 상처를 지니고 있다는 현실을 직시할 수 있었다. 나는 여러 면에서 성공했지만 여전히 이러한 내면 역동으로 갈등하고 있었다. 나에 대해 작업하고, 다른 사람들의 작업에 참여하면서, 나는 이 과정을 어떻게 안내해주어야 할지, 고객들에게 어떻게 사용할지, 이 이론을 내 코칭과 수퍼비전에 어떻게 적용할지 배우게 되었다. 이것은 오랜 시간의 학습과 수퍼비전을 필요로 하는 과정이었다.

이 책을 쓰는 동안 나는 트라우마 치료 분야에서 많은 사람의 연구를 접했는데, 그 가운데 루퍼트 교수(2012, 2014, 2016; Ruppert & Banzhaf, 2018)의 연구에 관심을 기울였다. 왜냐하면 그의 이론이 트라우마라는 매우 복잡한 현상을 이해하는 데 아주 간결한 모델을 제시해주고 있기 때문이다. 그 이론을 내 고객과 수련생들에게 소개했을 때, 그들은 기본 요소를 빠르게 습득하고, 그것이 코칭에 어떻게 적용될 수 있는지 이해했다. 그것은 코칭 임상에 새로운 차원을 열어주었으며, 내가 이해한 것을 코칭에 적용해보았던 코치들은 고객에게 미친 효과가 긍정적이었다고 말해주었다.

이 책은 독자적으로 코치나 수퍼바이저로 일하는 사람들뿐 아니라, 일상생활, 직장, 진로에서 개인이 외적인 변화를 이루고 성장할 수 있도록 도와주는 사람들을 위한 것이다. 코치들을 심리치료사가 되게 하려는 의도는 없다. 이 책은 당신이 더 유능한 코치나 수퍼바이저가 되도록 지원하기 위한 것이다.

1장에서는 용어를 분명하게 정리하였다. '트라우마'라는 용어가 너무 자유롭게 사용되고 있어서 용어에 대한 정리는 중요하다. 나는 유아기나 마찬가지로 태내기의 아기들도 얼마나 트라우마에 취약한지 밝혀준 연구 결과와 우리의 환경이 발달 초기에 얼마나 큰 영향을 미치는지에 관해서도 이야기하려 한다. 2장에서는 트라우마에 대한 신경학과 생리학을 조금 탐구함으로써 그 사실에 대한 우리 인식을 더 확장할 것이다. 또 발달적 트라우마의 원인에 관해 좀 더 상세하게 다룰 것이다.

3장에서는 프란츠 루퍼트 교수(2012)의 정신 분열 모델을 간략하게 개관한다. '정신'이라는 용어와 트라우마에 의해 초래되는 분열 개념을 루퍼트 교수가 어떻게 사용하는지 명료화한다. 이 장에서는 트라우마 생존 전략들을 알아보고, 코칭 상황에서는 그것이 어떻게 나타나는지 살펴보려 한다. 4장과 5장에서는 이러한 아이디어에 대한 확장이 일어난다. 특히 구성적/적응적 생존 자기와 트라우마에 대한 대응방식으로 만들어진 생존 역동에 관해 다룬다. 여기서도 역시 코칭 현장에 이런 관점을 적용한 많은 예를 접하게 될 것이다.

6장에서는 리더십과 팀에 초점을 맞춘다. 나는 트라우마를 경험한 집단의 역동에 관해 연구한 얼 하퍼^{Earl Hopper}와 동료들(2012)의 연구를 가져왔다. 나는 이 이론을 특히 트라우마를 경험한 팀 리더들과 구성원을 일대일로 코칭하는 데에 적용하였다.

7장에서는 트라우마 치료에서 심리치료와 코칭이 함께할 수 있는 영역과 코칭이 함께할 수 없고 침범해서는 안 되는 영역을 탐색한다. 나는 생존자기의 매우 다양한 지배력과 역동성에 관해 이야기하면서, 이것이 코칭에 시사하는 바가 무엇인지 밝히고자 한다. 그리고 이것이 수퍼바이저와 코치로서 성장하는 데 어떤 의미가 있는지 고찰하면서 마무리할 것이다.

모든 장마다 나는 사례를 제시하고 코칭에 적용 가능성을 모색하였다. 사례는 모두 경험에서 나온 것이긴 하지만 어떤 고객의 직접적인 예를 사용하지 않은 허구적인 내용이다. 인간의 조건은 널리 공유되는 것이고, 어느 사람의 상황과 어떤 식으로든 연결된다면, 그것은 우연의 일치이다.

이 책은 트라우마를 치료하기 위한 '도구 상자'가 아니다. 이 책은 트라우마를 어떻게 이해해서 이미 우리가 가진 코칭 기술과 개입 방법을 좀 더 적절하고 효과적인 방식으로 사용할 것인가를 알게 하려는 것이다. 일부 독자는 한 장을 끝까지 읽은 다음 다시 돌아와서 좀 더 세부적인 내용을 다시 읽으면 유익하다고 느낄 것이다. 어떤 사람은 노트에 기록하거나, 책 위에 메모를 할지도 모른다. 읽다보면 별로 관련이 없어 보이는 생각들이 떠올라 나중에 다시 생각해보아야 할 수도 있다.

제1장. 이 책의 주제는 무엇인가?

트라우마라는 용어나 트라우마에 대한 생각은 둘 다 코치들에게 염려와 불안을 불러일으킬 수 있다. 코칭계에서 트라우마에 관해 이야기를 꺼낼 때면, 나는 다음과 같은 반응들을 접하곤 했다:

'트라우마가 코칭과 무슨 연관이 있나요?'
'그건 당연히 심리치료의 영역이지요?'
'그게 왜 나에게 적절하고, 유익한가요?'
'당연히, 긍정적인 생각에 집중하는 편이 더 낫지 않아요?'
'트라우마라는 단어를 사용하지 마세요, 사람들을 좌절하게 할 거예요.'

이러한 반응에 더하여, 트라우마라는 용어는 너무 다양한 방식으로 사용되므로, 그 용어의 뜻을 규정하는 데에도 혼란이 있다. 이 장에서는 용어를 명확히 정의하고, 트라우마를 개관하며, 트라우마와 코칭의 관계에 대해서도 다룬다. 이것이 이 책의 기초를 놓는 것이다.

트라우마와 코칭

우리는 주변에서 온통 트라우마의 흔적을 본다 – 거리의 노숙자들, 중독이나 정신건강 문제를 가진 사람들, 젊은 갱단에 의한 칼 범죄, 전쟁터에서 귀향한 군인들. 이 그룹들 각각은 모두 트라우마와 관련이 있지만, 이들을 코칭 장소에서 마주치는 일은 거의 없다.

그러나 코칭에 오는 많은 사람은, 고객이든 코치든, 매우 성공한 것처럼 보이는 사람들조차 모두 다 트라우마 경험이 있다. 앞에 예로 든 사람들보다 증상이 심하지는 않지만, 개인과 주변 사람들에게 영향을 미치기는 마찬가지이다. 트라우마 증상의 표현이 극적이지는 않지만, 우리는 코칭에서 정기적으로 그런 사람들을 만난다. 이러한 트라우마 증상은 효과적인 코칭과 개인 성장에 방해가 된다. 그러므로 코치는 트라우마에 관해 배울 필요가 있고, 그 배운 지식을 자기 분야의 일에 적용할 수 있어야 한다.

비즈니스나 코칭 관련 저서의 색인을 찾아보면 트라우마라는 단어가 올라가 있는 일이 거의 없다. 내가 기업계에서 트라우마에 관해 이야기하기 시작했을 때, 사람들이 두려워하니까 그 단어를 사용하지 말라는 충고를 들었다. 나는 그런 반응이 나오는 것이 한편으로는 그 단어 자체가 트라우마의 영향을 받은 사람과 직접 연관이 있기 때문이고, 한편으로는 트라우마의 압도적인 존재에 대한 두려움에서 비롯된 것으로 생각한다. 트라우마라는 용어를 사용하지 않을 수는 없다. 그러나 용어와 그 의미에 대해 완전히 이해하는 것이 매우 중요하다. 용어를 올바르게 사용하면, 그 말이 우리의 신체, 정서와 생각 패턴에 미치는 영향을 이해하는 데 도움이 된다.

중요한 것은 용어를 바로 이해하는 것이 코치와 고객에게 '지금-여기'에서 무슨 일이 일어나고 있으며, 그 일이 과거 '그때-거기'와 어떻게 연결되어있는지 생각할 길을 열어준다는 것이다. 코칭에서 효과를 보려면, 과거의 그림자가 어떻게 현재에 드리워지고 있는지 이해해야 한다. 그래야 고객을 더 잘 지원할 수 있다. 코칭 고객이 변화하고 싶다고 말할 때, 이러한 그림자는 변화가 일어나는 것을 부분적으로 막고 있거나, 필요한 변화가 건강하지 못한 방식으로 일어나게 만든다. 이런 일은 특히 코칭 접근의 한 부분으로, 고객의 자기 인식과 내적 변화를 다루고자 할 때 더 많이 일어난다.

나는 이 책을 읽는 코치들에게 심리치료사가 되거나 '치료 행위'를 하라고 권하는 것이 아니다. 그러나 트라우마라는 주제에 관한 한, 코칭과 심리치료는 약간 겹치는 부분이 있고, 코칭이 트라우마 치유에 기여할 수 있다. 코칭이 심리치료는 아니다. 왜냐하면 치료는 대개 깊은 자기 탐색 과정을 포함하며, 그것을 통해 우리의 내러티브에 도전하고, 안전한 방식으로 고통스러운 감정을 온전히 자각하게 함으로써 정서적 고통에서 벗어날 수 있게 허용하는 것이기 때문이다. 그러나 우리가 코칭을 '고객이 원하는 변화를 이루기 위해 내적 자원들을 총동원해서 건강하고 바람직한 성과를 이루도록 도와주는 것'으로 생각한다면, 코칭은 분명히 치료적이 될 수 있다.

용어 명료화하기

트라우마에 관해 이야기할 때 가장 큰 어려움은 그 용어에 대한 정의이다. '트라우마'나 '트라우마를 입은traumatised' 같은 단어들은 다양한 방식으로 사용되기 때문에, 혼란과 우려를 자아낸다. 예를 들어:

- '이 일은 중대한 트라우마였다.' - 라스베이거스 총기 난사 사건
- '그들은 크게 트라우마를 입었다.' - 카리브해 허리케인의 희생자
- '그것은 트라우마가 되는 경험이었다.' - 어렸을 때 갑자기 대머리가 되었음
- '완전 트라우마였다.' - 주차할 장소를 찾으려고 노력함
- '매일 새로운 트라우마가 생긴다.' - 고요함을 유지하는 것에 관한 신문 머리기사

이렇게 우리가 무엇에 관해 이야기하고 있는지 명확하지 않을 때, 코치들이 트라우마에 대해 걱정하는 것은 당연하다.

먼저, 트라우마는 특정 사건을 가리키는 것이 아니다. 트라우마는 경험의 원인이 아니라 경험의 결과이다. 트라우마라는 단어는 상처wound를 의미하는 그리스어에서 왔다. 그러므로 트라우마는 우리에게 남겨진 '상처들'을 말한다.

트라우마가 스트레스받는 것을 말하는 것도 아니다. 예를 들어, 자동차 사고, 친한 친구의 갑작스러운 죽음, 또는 강도를 만나 높은 스트레스를 경험했던 사람은 스트레스 수준을 정상 리듬으로 되돌리고, 잘 적응하려면

도움이 필요하다. 그러나 그 경험들이 트라우마 반응을 일으키지 않을 수도 있다. 트라우마 반응은 생명에 대한 위협 수준이 매우 높고, 탈출할 수 없을 때, 그 스트레스에 대한 대응이 싸우거나 도망치는 것이 아니고, 그 대신 얼어붙고 깨어져버리는 것으로 대체될 때 일어나는 반응을 말한다.

트라우마는 실제로 생명을 위협받거나, 그렇게 느껴지는 상황에서, 탈출구가 없을 때 일어난다. 그것은 싸우거나fight 도망치거나flight 하는 정상적인 스트레스 대응 시스템이 '과열'되어 작동할 수 없을 정도의 위협이다. 그 대신에, 얼어붙고freeze 마비되어버리는 반응이 일어난다. 이 일련의 반응은 우리의 정서, 신경계(스트레스 호르몬), 신경학적(뇌 발달, 기억, 사고, 지각) 및 생물 생리학적 과정 같은 내면 시스템 망network of internal systems에 지속해서 영향을 미친다. 즉 우리가 느끼고, 경험하고, 다른 사람에게 반응하는 방식과 우리 자신과 주변 사람들에 대해 어떻게 생각하고 관계 맺는지에 끊임없이 영향을 미친다. 우리의 인지, 정서 및 신체 시스템은 영구적으로 변해서 트라우마 일부가 되어버린다. 트라우마는 신경-생리-정서적으로 연결되어 진행되는 과정이며, 이는 신체 시스템 내부에서 발생한다. 루퍼트Ruppert(2014; Ruppert & Banzhaf, 2018)는 이것을 '정신psyche'이라고 말하고, 그 반응의 복잡성을 설명하기 위해 정신-트라우마psyche-trauma라는 용어를 사용한다. 나는 이 책에서 이 용어들을 그런 의미로 사용하려고 한다.

트라우마라는 용어는 사고나 공격, 또는 대수술 결과로 생긴 신체적 트라우마와 관련해서도 올바르게 사용된다. 우리가 신체적 트라우마에 관해 이야기할 때는 상처, 혈액 또는 흉터 조직을 볼 수 있다. 그러나 정신-트라우마의 경우, 트라우마가 미친 영향에 대해서는 알 수 있지만, 상처를 직접 볼 수는 없다. 그 대신 우리가 만나는 것은 행동으로 드러나는 트라우마의 외현화된 결과이다. 즉 우리가 다른 사람들과 어떻게 관계 맺는지, 얼마나 안전하다고 느끼는지, 우리의 생각, 정서적 반응, 스트레스 수준 및 신체 경험 등을 말한다. 이는 '그때-거기'에서의 패턴들이 '지금-여기'에서 재연된 사례들이다.

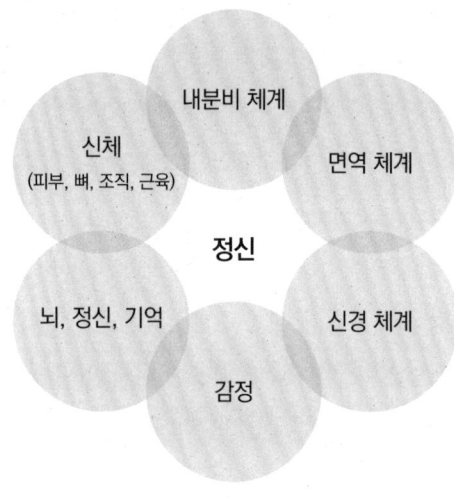

[그림 1.1] 정신

신체적 상처나 마찬가지로 정신-트라우마도 깊은 변화를 이루고자 하는 개인의 참여를 통해 어느 정도 치유될 수 있다; 그게 없으면 상처는 반복해서 다시 '덧나고', '재감염' 될 수 있다.

트라우마의 주요 원인은 태내기를 포함한 어린 시절의 경험이다. 내가 트라우마와 코칭에 관해 이야기할 때, 이 부분을 다루려고 하는데, 트라우마가 만연해 있는 이유가 바로 이것이다. 물론 어떤 삶의 경험(전쟁, 강간, 살인 미수)이 트라우마가 될 수 있고, 발달 초기의 트라우마를 재현할 수 있다. 그러나 코칭에서 직면하는 대부분 트라우마는 발달 초기의 경험에서 비롯된 것이다.

발달 초기 관계의 중요성

인간의 영아는 환경에 매우 취약하다. 이는 그들의 생리 및 신경 시스템이 태내에서부터 발달하며, 어머니가 스트레스를 심하게 받으면 그것이 탯줄을 통해 아기에게 전달돼서 아기에게서도 스트레스 반응이 유발되기 때문이다. 자궁 내 태아에 대한 수술은 생명을 구할 수는 있지만, 엄마와 아기 모두에게 높은 수준의 스트레스를 유발할 가능성이 있다. 제왕절개 수술 같은 복잡한 분만의 경우도 마찬가지이다. 인간의 유아는 일단 태어나면, 음식, 따뜻함, 안전함, 사랑, 만져줌과 같은 생존을 위한 공생적 필요를 채우기 위해 타인에게 의존하게 된다. 사람의 두뇌는 다른 사람들과 관계를 맺으면서 발달한다. 이러한 의존은 자궁에서부터 시작하여 아동기까지 계속된다. 왜냐하면 우리 두뇌와 마음은 어머니나 다른 가까운 친척과의 초기 관계를 통해 발달하기 때문이다. 이 관계는 안아주고, 바라보고, 말을 걸고, 함께하는 것을 통해 아기의 필요를 잘 충족시켜 주는 것 위에 세워진다. 시각에 문제가 있거나 청각에 이상이 있는 부모들도 자신의 아기와 긴밀한 관계를 맺기 위한 만남의 방법들을 찾아낸다.

이러한 필요들이 충족되지 않으면 인간의 유아는 죽게 될 것이다. 아기의 필요를 일관성 있게 채워주지 않으면, 안전감의 결핍으로 아기의 스트레스 수준이 너무 높아져 상처를 받게 되고, 트라우마 반응이 시작된다. 트라우마는 최초의 공생적 필요가 충족되지 않는 것과 그런 환경에서 살아남기 위해 무언가를 했던 것의 결과이다. 즉각적인 위협이 사라진 뒤에도 지속해서 어려움을 초래하는 것은 바로 이러한 생존 적응들이다. 마치 위협이 여전히 존재하는 것처럼 생존 적응이 지속하기 때문이다.

태내기와 유아기에 트라우마로 이어지는 요인들은 많다. 그 가운데서도 일차적으로 어머니와 아버지 또는 동거인의 생리적, 신체적 건강과 웰빙을 들 수 있다. 그들 자신이 상처가 있거나 신체적으로 아프면 아기의 필요에 일관되게 대응하기 어려울 것이다.

어린 시절에 어머니와 장기간 분리되면 그 후유증은 오래 지속하며, 트라우마가 될 수 있다. 예를 들어, 엄마나 아기가 아픈 경우, 아기가 출생 후 인큐베이터에 들어가거나, 부모가 질병이 있어서 병원에 있는 아기를 만나러 갈 수 없을 때이다. 또는 입양되거나 위탁 가정에 맡겨졌기 때문일 수도 있다. 불행하게도 특별한 보살핌이 필요한 많은 영아가 출생 후 엄마와 신체적 접촉을 할 수 없고, 엄마가 안아주는 대신 의료진에 의해 다루어진다. 이런 일은 유아에게 트라우마를 가져다주는 환경이 된다.

이러한 초기 경험 외에도 일부 어린이는 신체적 및/또는 성적 학대를 경험한다. 폭력과 분노가 일상화된 가정에서 성장하면서 어린아이는 겁에 질리고 매우 불안해진다. 아동에 대한 성적 학대는 무력한 피해자에 대한 침범이다. 가해자가 가족이거나 가까운 지역 사회의 일원일 경우 이는 신뢰에 대한 깊은 배신과 보호 결핍의 문제이다. 불행하게도 신체적 학대와 성적 학대는 우리가 믿고 싶은 것보다 훨씬 더 빈번하게 일어난다.

트라우마의 지속적인 영향으로 인해 아동기에 트라우마를 겪은 부모는 흔히 자기 자녀의 필요에 반응하는 데 어려움을 느낀다. 이렇게 트라우마는 연결 과정을 통해 세대에서 세대로 전수될 수 있다. 또 성적, 신체적 학대도 세대 간 전수될 위험이 있다.

빈곤 속에 사는 것은 사람들의 삶에 많은 스트레스 요인을 더해준다. 이미 트라우마를 겪은 가난한 부모가 자녀로 인해 지게 되는 짐은 그들이 자녀에게 적절한 방식으로 일관되게 반응하기 어렵게 만든다. 물론 집을 떠나 시설이나 다른 도피처를 찾아다니는 사람들도 마찬가지이다: 그것은 매우 스트레스가 되고, 트라우마가 되는 경험이다.

여기서 '충분히 좋은 엄마되기/부모되기' 개념에 유념하는 것이 도움이 된다(Winnicott, 1964). 어떤 부모도 초인이 아니다. '충분히 좋다'라는 것은 유아가 불안하거나 배고프거나 버려진 느낌이 들지 않을 만큼 적절한 때에 아이의 욕구가 사랑스럽게 채워져서 아기가 매우 건강하게 발달할 수 있음을 의미한다. 확대 가족도 그러한 환경을 제공하는 역할을 한다.

엄마와 동거인 사이의 관계의 질 역시 성인이 되어 다른 사람들과 관계 맺는 패턴에 지속해서 영향을 미친다. 보울비Bowlby(1971)와 에인즈워스Ainsworth 등(1979)은 모성 분리와 의존적인 영아가 사랑, 음식, 따뜻함, 접촉, 안전함을 제대로 받지 못할 때 받는 영향을 중요시했다. 이들은 관계에서 보이는 행동을 안정이나 불안정으로 분류했다. 불안정 애착은 이제 트라우마의 결과라고 여겨지며, 관계 안에서의 회피적, 양가적, 불안한, 저항적, 혼란한 행동들을 포함한다. 이것은 성인이 타인과 그들의 일과 자기 자신과 관계 맺는 방식을 규정짓게 된다.

어떤 엄마(와/또는) 그녀의 동거인이 어렸을 때 거부, 분노, 방치, 낙태 시도 또는 신체적, 성적 학대를 경험했을 경우, 그들은 그 이상의 정서적,

신체적 고통에서 자신을 지키려 애쓰던 어린아이처럼 관계 패턴을 수립하게 될 것이다. 이러한 관계 패턴은 새로 태어난 자기 아기에게로 이어질 수 있다. 그러한 부모들은 불안해하며, 아기에게 의존하고, 너무 주의를 집중해 아이를 숨 막히게 하거나, 그렇게 느끼든 – 못 느끼든 – 사랑을 두려워해서 아기와 최소한으로 접촉하거나, 아니면 아기에게 일관성 없이 반응한다. 그들은 엄격한 체제로 아기를 '관리'하면서 과잉보호하거나 미흡하게 보호할 수도 있다. 그들은 아기를 오랫동안 울게 내버려 두기도 하고, 아이와 접촉하는 양을 제한한다. 이러한 상처받은 부모의 자녀 양육은 아동에게서 적응적 행동을 초래하고, 이러한 트라우마 생존 방어는 우리가 그것들을 이해하고 변화시키지 않는 한 평생 지속할 수 있다. 이렇게 트라우마는 전수된다.

트라우마는 개인이 그들의 무의식적인 방어 행동에 대해 집중적으로 작업하지 않는 한 세대를 거쳐 이어질 수 있다. 성인에게 트라우마 생존 방어는 타인에게 매달리거나, 마음에 들려고 애쓰는 것처럼 극도로 의존적이거나, 아니면 다른 사람의 도움이나 가까워짐을 거부하고, 지속해서 친밀한 관계를 유지하지 못하는 것처럼 극도로 독립적이거나 한다. 어떤 성인들은 어디에나 나서고, 자기도 모르게 위험에 뛰어드는 등 관계 맺음에 대책이 없고 혼란스럽다. 그러므로 부모의 트라우마는 자녀에게 트라우마를 초래하고, 결과적으로 불안정한 애착 유형을 낳게 되며, 이는 성인이 되어서도 지속한다.

트라우마를 일으키는 환경의 희생자가 되는 것

트라우마는 환경의 영향을 받아 발생한다. 영유아에게 환경이란 그들이 가장 의존하는 사람들을 말한다. 사람들은 다른 사람의 의도적 또는 비의도적 행위로 인해 상처받으며, 정서적 (및/또는) 신체적으로 취약한 상태에 빠진다.

정서적/신체적 학대의 가해자는 폭력적인 분노나 전쟁의 경우처럼 전혀 모르는 사람일 때도 있지만, 사실은 피해자가 잘 알고, 믿는 사람일 가능성이 더 크다. 상황이 어떻든 학대받는 사람은 탈출할 수 없다. 트라우마를 주는 환경이 가까운 가족이고, 어른에게 의존할 수밖에 없는 경우, 아이는 아무 데도 갈 곳이 없다. 트라우마는 상처받는 사람인 피해자와 상호 관계를 맺고 있는 가해자를 포함한다. 그래서 관계의 결과로 생긴 트라우마라 하여 흔히 관계적 트라우마라고 언급되기도 한다.

삶의 사건들이 어떤 연령대에 발생하든지, 그것이 전쟁, 화재, 기근이든, 아니면 모르는 사람이나 잘 아는 사람에 의해 생명을 위협받는 경험이든, 많은 사람에게 트라우마가 된다. 그렇지만 사람들은 그러한 사건에 매우 다양한 방식으로 반응한다. 예를 들어, 두 사람이 테러 공격이나 삶을 뒤바꿀 만한 자동차 사고를 당했을 때, 한 사람은 정서적으로 트라우마를 입을 수 있는 emotionally traumatised 반면에 다른 사람은 심한 스트레스와 두려움으로 인해 정서적, 신체적 재활이 필요하긴 해도 지속적인 손상을 입지는 않는다. 개인이 어떻게 반응하느냐는 그들의 어린 시절 경험이 어땠는지 뿐만 아니라 얼마나 죽음의 위협을 절박하게 느꼈는지에 달려있다. 예를 들어, 그들이 이미 트라우마를 겪었다면 그러한 사건으로 인해 또다시 트라우마를 겪게 된다. 회복은 어떤 종류의 지원을 받고, 거기에 참여할 수 있는지에 따라 영향받겠지만, 한편으로는 트라우마 생존 반응에 의해서도 영향받을 수 있다.

환경에 대한 생존 반응

상처를 주는 초기 환경에서 생존하기 위해, 우리는 고통을 억제하고 더는 상처받지 않으려고 트라우마에 대한 반응을 개발한다. 우리가 트라우마를 상처, 즉 경험에서 받은 핵심적 고통으로 생각한다면, 이러한 생존 기제들은 (같은 일이 다시는 일어나지 않을 것이라고 안심시키면서) 우리 자신을 고통이 아닌 다른 일에 관심을 돌리게 하거나, 또는 상처를 덮어 버린다. 그래서 너무 많이 고통스럽지 않도록 만들지만, 그와 동시에 치유가 일어나는 것을 막아 버린다.

무의식적으로, '지금-여기'의 관계가 '그때-거기'에서의 초기 관계처럼 안전하지 않은 것으로 경험될 수 있다. 우리는 흔히 별로 위협적이지 않을 때조차 '지금-여기'의 경험을 다루기 위해, 성인이 된 우리에게 도움이 되지 않는 방식으로 '그때-거기'에서 쓰던 동일한 방어들을 사용한다.

사람들은 과거 패턴을 반복하면서, 지속해서 해로운 관계를 맺어가는 경향이 있다. 이는 다른 관계에서와 마찬가지로 직업 환경 속의 관계에서도 적용된다. 예를 들어, 우리는 알면서도, 아니면 모르고, 우리에게 정서적 피해를 주거나 과로하게 하여 육체적 피해를 줄 수 있는 그런 사람들과 함께하며, 그들을 위해서 일하고 있음을 알게 된다. 일부 조직은 일상적으로 직원들을 돌보지 않고 학대한다. 비록 우리가 과거 패턴을 반복하지 않는다 해도, 우리는 예기치 않게 '그때-거기'의 요소를 지닌 관계 환경에서 일하고 있음을 알게 되며, 그럴 때 트라우마 생존 반응이 촉발된다.

트라우마는 개인에게 독성 수준의 스트레스 호르몬이 나오게 하며, '정상'이 된 것처럼 느낄 수 있을 때도, 신체 시스템에는 남아서 계속 영향을 미친다. 우리는 그러한 높은 수준의 스트레스를 관리하기 위한 다양한 전략을 사용하지만, 흔히 더 나빠지기만 할 때가 있다. 이것은 우리를 환경 속의 더 많은 스트레스 요인들에 대해 더욱 취약하게 만든다.

트라우마와 연관이 있는 두려움, 공포, 분노와 깊은 외로움의 감정들은 깊숙이 숨겨져 있고 생존 방어 전략들에 의해 통제된다. 그러나 고객이 갑자기 '어디에서 오는지 모르는' 깊은 고통을 경험하면서 이런 감정들을 만날 때, 그들은 수치심과 당혹감을 느낀다. 한 코치가 수퍼비전에서 다음과 같이 설명하고 있듯이, 이것은 코치에게도 충격이 될 수 있다.

'저는 굉장히 충격을 받았어요. 우리는 이야기를 나누고 있었고, 저는 무언가 개입을 했어요. 무엇을 했는지 모르겠는데, 그녀는 마치 공황 발작을 일으키는 것처럼 매우 얕고 가쁘게 숨을 쉬기 시작했어요. 그녀는 어디론가 사라져버려 그 방에 저와 함께 있지 않은 것 같았어요. 저는 어떻게 해야 할지 정말 알 수 없었어요. 세션이 얼마 남지 않았기 때문에 걱정이 되었어요.'

고객의 이력

우리는 고객이 어린 시절 이야기를 꺼낼 때 트라우마 역사에 관해 듣게 된다. 어린 시절 트라우마의 원인일 것 같은 사실을 알게 될 때, 고객의 자서전은 다르게 들린다. 우리는 지속해서 영향을 미쳤을 생애 사건들과 그로 인해 생길 수 있는 생존 방어에 관해 알아듣게 된다. 우리는 결코 확신할 수 없으며 진단을 내려서는 안 된다. 그렇지만 우리는 코칭의 호기심을 이용해 '지금-여기'에서 고객의 코칭 주제가 '그때-거기'에서의 어떤 것과 연관이 있는지를 열어가는 질문을 할 수 있다. 그러한 예로는 (자신이나 엄마의 질병 때문에, 또는 위탁 양육을 받음으로 인해) 어머니와 만날 수 없게 된 것; 사망 또는 이혼으로 인해 중요한 애착 대상을 상실한 것; 성적, 정서적 또는 신체적 학대를 받은 것; 학교와 기숙사에서 따돌림을 당했거나 기숙학교에 보내진 것 등이 포함된다. 예를 들어, 다음과 같은 것들이다.

- '우리 아버지는 폭력적인 사람이었어요.'
- '어렸을 때 어머니가 매우 편찮으셔서, 제가 한두 살 때 몇 분의 이모들이 저를 돌봐주었어요.'
- '우리 가족은 정말 가난했고, 어머니는 진짜 힘들게 사셨어요.'
- '누나는 일곱 살에 죽었고, 그때 나는 네 살이었어요.'
- '저는 결핵에 걸려 2년 동안 병원에 입원해 있었어요. 부모님은 자주 방문하실 수 없었어요.'
- '엄마는 제가 두 살 때 돌아가셨어요.'

- '저는 일곱 살 때 기숙학교에 보내졌어요.'
- '여동생은 장애를 가지고 태어나서 많은 병원 치료가 필요했어요. 그 아이는 저보다 두 살 아래예요.'
- '잘 기억이 나지 않아요.'

코칭에서 자서전적 내러티브는 흔히 아동기 중반부터 시작되는 것 같다. 심리치료에서는 임신기, 출생, 최초 몇 년처럼 초기에 일어난 일에 더 많이 초점을 맞춘다. 그래서 코칭에서는 트라우마가 될 수 있을 법한 모든 지표에 관해 다 듣지 못할 수도 있다. 그러나 생존 방어 시스템은 트라우마의 존재를 드러내 줄 것이다.

우리가 '매우 행복한 어린 시절'을 보냈다는 생각은 자세히 조사해보면 그렇지 않을 때도 있다. 모든 것이 다 트라우마가 되는 것은 아니지만 누구나 어린 시절에는 도전이 될 만한 어려움들이 있다. 한 가족 내의 어린이들도 각자 다른 어린 시절 경험을 가진다. 어떤 두 아이도 똑같이 성장하지 않는다. 임신기의 상황, 출산 및 초기 환경과 마찬가지로 출생 순서, 성별 및 자녀의 성격, 이 모든 것들이 차이를 만든다.

때로 고객들은 자신의 역사를 이야기하다가 감정적으로 되기도 한다. 우리 역할은 말할 수 있는 공간을 허용하고, 잘 듣고, 인정하면서, 그들이 하는 이야기에 증인이 되어주는 것이다. 그들을 구원하려 하거나, 그들의 감정을 차단하려 해서는 안 된다. 우리는 그것을 잘 담아낼 필요가 있다. 어떤 사람들은 자기 이야기를 전혀 또는 거의 감정 없이 말하기도 한다. 어느 쪽이든, 그들은 우리에게 '그때-거기'에 대한 유용한 정보를 제공하는 것이다. 그것은 그들이 코칭에 가져 온 '지금-여기'에서의 문제를 탐색하는 데 가치 있는 정보일 수 있다.

코치는 자신이 그 문제를 감당할 수 없을 것 같은 두려움 때문에, 너무 많은 고통을 코칭에 가져오지 않기 바란다는 것을 자기도 모르게 전달할 수 있다. 그러나 비록 코칭이 고통에서 회복시키는 것을 목표로 하지 않는다 해도, 현재 고객에게 고통이 존재한다면, 코치는 고객이 안심하고 고통에 대해 나눌 수 있도록 코칭 과정을 진행해야 한다. 그렇게 하지 않으면 코칭은 피상적인 것이 되고 말 것이다.

코칭에서의 생존 방어

우리가 코칭에서 고객을 경험하고 그들에게 반응하는 가운데 주로 부딪치게 되는 것은 생존 방어들이다. 우리는 코칭이 잘 풀리지 않거나 어려워서 도전으로 느껴질 때, 그 방어의 영향을 감지한다. 또 우리는 어딘가에 고착되었거나 어떠한 변화도 만들어낼 수 없다고 느끼며, 자기 일과 삶의 방식을 지속할 수밖에 없다고 말하는 고객들에게서도 방어기제를 만나게 된다. 코치들이 설명하는 다음의 예들이 이를 잘 보여준다:

- 'G와의 코칭은 꽉 막힌 것 같고, 어느 곳으로도 나아가지 못하고 있어요. 저는 이제 그만하자고 제안해야겠다 생각하고 있어요. 제게는 이 작업을 더 잘하는 데 필요한 기술이나 경험이 없는 것 같아요.'
- '시간이 너무 천천히 흘러가는 것 같아요. 저는 계속 시계를 보면서 세션이 끝나기만을 기다리고 있어요.'

- 'M은 항상 우리 세션 시간을 변경하려 하고, 내가 도착하면 나가야 할 시간이 1시간밖에 남지 않았다고 말하곤 해요. 저는 매우 실망해요.'
- 'R은 직장 내 괴롭힘 혐의를 받고 있어요. 그는 그것을 부인하고 있고, 자신은 단지 자기 업무를 끝낸 것뿐이며 고발한 사람이 "남자답게 행동 man up" 해야 한다고 말해요. 그를 싫어하는 건 잘못인 줄 알면서도, 그가 아주 싫어요.'
- 'P는 상사를 따라다니는 데 너무 몰두해 있는 것 같아요. 더 많은 일을 떠맡고 훨씬 초과 근무를 하면서, 그럴 수밖에 없다고 방어합니다.'
- 'D는 항상 일하고, 매일 저녁까지 일하면서, 자신이나 가족을 위한 시간이 없다고 말해요. 우리가 그것을 어떻게 바꿀 수 있을지 탐색할 때, 그는 어떻게 해야 할지 몰라요. 우리가 몇 가지 작은 방법들을 찾아내도, 돌아가면 일을 줄이는 것이 아니라 더 많은 일을 맡아 가지고 와요.'
- '저는 그녀와 전혀 연결되지 않는 것 같았어요. 마치 그녀가 정말로 저와 함께 방에 있지 않은 것 같았어요. 그녀는 멀리 있고, 산만하고, 제가 하는 어떤 것도 들어가지 않는 것 같았어요. 반응을 얻어내기 위해 그녀에게 소리라도 지르고 싶은 마음이 들었지만, 그것도 효과가 있을 것 같지 않아요.'

고객의 생존 역동에는 직장에서의 대인관계 문제들이 포함된다. 지치고 화가 나는데도 주변 사람들을 구원해주려는 성향 때문에 직업이나 조직을 떠날 수 없다고 느끼는 것이 이번이 처음은 아니다. 이런 역동은 결과적으로 희생자처럼 느끼게 하고, 행동할 수 없게 만들고, 다른 사람을 괴롭힌다는 비난을 듣게 하고, 주위 사람들에게 공격적이고 공감하지 못하는 사람처럼 보이게 만든다.

고객의 방어기제는 코치에게 비판이나 공격을 받고, 자신의 개입이 무시되거나 거부되는 것처럼 느끼게 만든다. 우리는 고객이 거리를 두며, 회피적이고, 냉정하거나 의존적이라고 경험할 수 있다. 고객은 코칭이 혼란스럽거나, 실망스럽거나, 지루하거나 피상적이라고 느낄지도 모른다. 자칫 우리 자신의 트라우마가 건드려지고, 우리의 생존 방어가 활성화되어 보복하려는 유혹을 받을 수도 있다. 다음의 예는 코치 쪽의 공격성에 관한 것이다.

> '고객은 매우 공격적이었고, 제가 제안하는 것을 모두 거부했어요. 저는 회기 중에 저 자신이 매우 예민해지는 것을 알았어요. 그다음부터 저는 그녀에게 매우 공격적이 되는 것을 느꼈어요.'

아니면 우리는 모든 일을 다 해주거나, 아무것도 하지 않는 것에서 고객을 구원하려는 식의 반응을 할 수도 있다.

- 'H에게는 너무 어려운 일이라, 안쓰러워서 도와주려고 무엇이든 해주고 싶었어요. 저는 그에게 맞추려고 시간을 바꿔주었고, 그건 저한테 별로 문제는 아니었어요. 그렇지만 그가 시간이 없다고 하니까, 제가 중요하다고 느껴 그를 위하여 많은 리서치를 해주고 있었어요.'
- '저는 제가 모든 것을 다 하고 있다는 것을 알았어요. 진전이 없는 것 같았으므로, 계속해서 무슨 연습을 사용하는 것이 유익할지 생각하고 있어요.'

우리는 고객이나 조직의 방어체계와 우리 자신의 방어체계 사이에서 벌어지는 생존 '게임'에 휘말리기도 한다. 왜냐하면 '지금-여기'의 문제를 다루기 위해, '그때-거기'의 방어체계를 사용하고 있기 때문이다. 아래의 예는 그런 일이 어떻게 경험되는지를 보여준다.

> '저는 이 계약이 행복하지 않아요. 그때도 마음에 들지 않았던 뭔가가 있었어요. 저는 제가 어떤 식으로든 걸려들었다는 느낌이 들어요. 그렇지만 이것은 제게 중요한 계약이고, 그래서 저는 그들에게 다시 이용하고 싶은 누군가로 비치기를 원해요.'

우리 자신의 생존 방어의 예로는 이렇게 '너무 열심히' 일하는 것, 너무 많은 활동이나 도구를 사용하는 것, 말을 너무 많이 하거나 말을 거의 안 하는 것, 그리고 세션이 끝나기를 기다리는 것 등이 포함된다. 무기력함을 느끼고, 우리 능력에 의문을 제기할 수 있다. 그래서 서둘러 다른 사람에게 의뢰한다. 또 자신이 고객에게 수동공격적이 되거나 구조하려 든다는 것을 알게 된다. 우리는 고객에게서 멀어지려 하거나 회기에 정해진 시간보다 넘치게 더 많이 하기도 한다. 조직 역동organisational dynamics에 휘말려 거기서 벗어날 수 없을 것처럼 느낄 수 있다. 우리는 무력감을 느끼고 고객에 의해 상처받을 수 있다.

트라우마를 이해하게 되면 고객에 대한 이런 반응들을 식별하고 탐색하는 데 도움이 되며, 더 효과적인 코칭 위치로 돌아갈 수 있다. 아래의 예에서, 이 코치는 자신의 수퍼바이저에게 불안정 애착 패턴을 보이는 한 고객에 관해 이야기하고 있다.

> '말씀드렸어야 했는데, 이 고객은 너무 어렵고, 매우 도전적인 것 같아요. 그는

제가 제안하는 것은 뭐든지 무시하거나 조롱하고, 제가 제안하는 도구에 대해 도전하고, 가만히 앉아있지 않고, 방안을 계속 돌아다녀요.'

이 문제를 탐색하면서 그 코치는 자신이 고객의 행동으로 인해 도전받는다고 느꼈음을 인정했다. 그녀는 거부당하고 모욕당했다고 느껴서 때때로 고객에게 매우 성급하고 날카롭게 대하곤 했다. 그녀는 그 고객과 계속 만나고 싶지 않다고 말했다.

여기에서 그 고객은 공격적이고 무례하게 굶으로써 다른 사람과의 접촉 가능성과 도움을 밀쳐내는 것처럼 보인다. 코치는 자신의 트라우마 때문에 '나는 보잘것없는 코치야. 다른 코치라면 이 고객을 잘 다룰 수 있을 거야. 내가 이런 식으로 고객에게 접근하는 것은 잘못된 개입을 선택한 거야'라고 생각하면서 희생자의 태도로 빠져들 위험이 있다; 아니면 싸움에 휘말려 수동공격적이 되거나, 대놓고 공격적인 반응을 할 수도 있다. 어떤 쪽이 되든 코칭은 중단되었다. 수퍼비전 논의에서, 코치는 계약 당시로 돌아가 고객이 무엇을 기대하고 있었는지를 돌아보았다. 이 고객은 자기 분야에서 성공했지만, 팀과의 관계에 문제가 생겨서 코칭에 의뢰된 경우이다. 코치와 있을 때 보여준 행동은 그가 직장에서 동료들과 어떻게 지내는지에 대한 좋은 통찰력을 주었다. 무슨 일이 일어났는지 깨닫게 되자, 그녀는 어떤 코칭 개입이 유용할지 생각할 수 있었다. 그녀는 고객이 세션마다 꼭 왔던 것을 알아차렸고, 그의 한 부분은 거기에 있기를 원했던 것으로 추정했으며, '자기 모습을 잃지 않기 위해' 자신에게 필요했던 것을 탐색했다.

때때로 우리는, 아래의 코치가 설명하듯이, 변하고 싶다고 말은 하지만 변화에 저항하는 것처럼 보이는 고객 때문에 혼란스러울 때가 있다.

'고객의 목표는 일과 삶에서 좀 더 균형을 찾는 거예요. 그녀는 매일 저녁과 주말까지, 주당 80시간에 이르도록 일하고 있다고 해요. 그녀는 잠도 잘 자지 못하고 지쳐있어요. 저는 모든 것을 시도해봤어요. 목표를 설정하고, 현실을 검증하고, 가능한 것과 할 수 있다고 느끼는 것을 탐색하고, 동기를 부여했지요. 우리는 약간의 변화에 동의하고, 그녀는 행동으로 옮기겠다고 말하고 가지요. 그런데 다음에 오면 그런 행동을 할 수도 없었을 뿐 아니라 오히려 더 많은 일을 했다는 거예요.'

이것은 일 중독이고, 일종의 생존 방어 행동이며, 변화할 동기가 없는 것이다. 이 코치는 그것이 중독인 줄 모르고, 중독 행동을 변화시킬 방법을 찾고자 무엇이든 하려고 애를 썼던 것이다. 그 고객은 아마도 '그때-거기'에서 비롯된 정서적 고통을 억압하기 위해 일 중독을 이용하는 것으로 가정해 볼 수 있다. 그것이 바로 그녀가 그 행동을 버리는 데 저항하는 이유이다.

코치가 그 고객의 자신감 수준을 물어보았다면, 10점 만점에 2~3점이라고 평가하는 것을 들었을 것이다. 그러면 전반적인 결과는 같을지도 모르지만, 다른 대화가 이어졌을 것이다. 고객이 변화를 스스로 실행할 수 없을 것처럼 보일 때, '좋을 것 같은데, 아직 시도해보지 않았던 방법이 하나 있다'라는 생각은 고객을 변화시키기 위한 지속적인 시도 가운데 하나일 수 있다. 성찰하고 행동하는 식의 학습은 전문가의 임상 및 수퍼비전에서 중요한 부분이고, 우리 내면에서 무슨 일이 일어나는지 이해하는 데 도움이 될 것이다.

때때로 수퍼비전에서 어떤 코치는 고객이 '어디서 왔는지 모를' 말을 하는 바람에 자신이 무엇을 해야 했는지 확신할 수 없었다고 말할 것이다.

'S와 함께 일하기 어렵다는 것을 알게 되었어요. 코칭은 막혀버린 느낌이고, S는 선택의 여지없이 갇힌 느낌이라고 말했어요. 마지막 세션 중에 그녀는 어린 아이였을 때 3년 동안 가까운 가족 친구에게 성폭행을 당했다고 말했어요. 그리고 "그 일은 이미 다루었어요."라고 하면서 그 문제는 우리 작업의 일부일 필요가 없다고 했어요. 저는 매우 충격을 받았지만, 무언가 공감적인 말을 했고, 제 생각에, 그때 S는 제 말을 밀어냈던 것 같아요. 나는 그 일이 우리가 이야기를 나누어야 할 큰일이라고 여겼지만 다루기를 원치 않는다는 그녀의 말을 존중해야 한다고 느꼈으므로 매우 갈등했어요. 그렇게 우리는 계속 진행했어요.'

이 코치는 그때를 성찰하면서, 정서의 결핍이 그녀를 혼란스럽게 했고, 갑작스러운 노출에 충격을 받았다고 말했다. 그럴 때 우리는 무엇을 해야 할까? 그녀의 경험과 '지금-여기' 사이에 어떤 연관성이 있다면 그게 무엇인지 탐색해보라고 초대할 수 있을 것이다; 아니면 그 경험을 다루는 데 무엇이 도움이 되었는지 물어볼 수도 있다. 고객이 그 일을 꺼냈다는 것은 어떤 연결이 있을 수 있다는 것이다. 우리가 몇 가지 노련한 대응법을 적용할 수만 있다면, 고객은 지금 자신의 웰빙과 삶을 위해 원하는 것이 무엇인지에 계속 집중하면서도 그 일과의 연관성을 고려할 만큼 충분히 안전감을 느낄 수 있을 것이다. 아니면 그렇지 않을 수도 있는데, 고객의 의지에 반하여 무언가를 탐색하도록 강요하는 것은 우리가 해야 할 일은 아니다. 수퍼비전에서, 코치는 자신의 반응에 대해서 그리고 자신의 '그때-거기'와 연결된 생존 방어를 어떻게 사용하지 않을 수 있는지 탐색해볼 수 있다.

정신건강

우리는 또한 고객이 한동안 정서적 또는 정신적 건강 문제를 가지고 있었다는 이야기를 할 때 고객의 트라우마와 만나게 된다. 트라우마 분야에서 밝혀진 사실은 우울증, 양극성 장애, 성격 장애, 불안 상태 및 중독과 같은 대부분 정신질환은, 그렇게 진단을 받았든 아니든, 초기 아동기 트라우마에 뿌리를 두고 있으며, 트라우마 생존의 양상들이라는 것이다.

나 자신을 포함하여 많은 고객과 코치는 정신건강 문제를 가졌거나 가진 것에 수치심을 느끼며 그 사실을 숨긴다. 나는 20대에 상당한 기간 우울증, 불안과 거식증으로 고통을 겪었다. 나는 이제 그것들이 트라우마에 대한 생존 반응이라는 것을 이해한다. 그렇지만 나는 여전히 내가 정신건강 문제를 가졌다는 사실을 인정하는 데에 깊은 수치심을 느낀다. 이것이 실상이라는 것은 우리 사회에 대한 서글픈 성찰이다. 그러나 많은 이가 '사람들이 알게 되면' 그들의 직업 전망career prospects이 위태로울 수 있다고 여겨 두려워한다. 다행스럽게도 나는 그때 의료계에서 일하고 있었고, 많은 도움을 받았다. 어떤 코치들은 정신적 또는 정서적 건강에 관해 이야기하는 것이 불편해서 말하기를 꺼린다. 그러나 고객이 우울증, 불안, 높은 스트레스와 같은 정서적, 정신적 건강 문제를 겪고 있거나, 진단을 받아서 치료를 받았거나, 현재 받고 있다면, 그 사실을 아는 것이 도움이 된다. 또 만약 그들의 증상이 어떤 식으로든 코칭에 영향을 미친다면, 우리는 고객과 함께 그것을 탐색할 수 있다.

제니 로저스Jenny Rogers(2017)는 자신이 고객과의 첫 세션에서 정신적, 정서적 건강에 관해 함께 이야기했던 적이 없었다는 사실을 어떻게 오랜 기간의 임상 후에야 깨닫게 되었는지에 관해 썼다. 그녀는 우리가 '인생의 바퀴' 모델을 사용할 때(Whitworth et al., 1998), 이러한 대화를 하도록 끌어내는 촉진제로서 건강 부분health segment에 정신적/정서적 건강 요소를 더해야 한다고 제안한다. 로저스는 그것이 안 그랬으면 드러나지 않았을지도 모를 작업을 하는 데 얼마나 유용한 정보를 제공해주었는지 말해준다.

트라우마는 인간 조건의 일부이다

가보르 마테Gabor Maté는 그의 책 『굶주린 유령의 왕국에서: 중독과의 긴밀한 만남』(2013)에서, '정상'의 신화와 두 부류의 사람이 있다는 관점, 즉 트라우마를 겪어 진단과 치료가 필요한 사람과 영향을 받지 않은 사람이 있다는 발상에 관해 언급한다. 그는 그렇지 않다고 분명히 말하며, 그 대신 우리와 고객은 모두 하나의 연속선상에 놓여있다고 한다. 그가 전달하고자 하는 바는 이것이 '다른 사람' 또는 가장 취약하거나 장애가 있는 사람들에 관한 이야기가 아니라는 것이다. 어린 시절의 트라우마는 계급, 인종, 사회경제적 지위를 망라해서 널리 공유된다. 우리는 코칭 룸에서 수많은 방식으로 빈번하게 어린 시절 트라우마의 영향을 접한다.

고객과 우리 자신의 트라우마를 다루는 것은 코칭에서 '당연한 것norm' 이지, 예외 상황이 아니다. 트라우마 감정이 드러나는 정도나 생존 자기 suvival self가 '지금-여기'에서 그 사람의 삶을 지배하는 정도는 크게 다르다. 어떤 고객에게서는 그것이 존재하더라도 거의 드러나지 않는다. 다른 고객에게서는 그것이 드러나는데, 잘 알고 있으므로 코칭 과정에서 다룰 수 있다. 또 다른 고객에게서는 생존 방어가 지배적이어서 코칭을 어렵게 하고, 심지어 별로 도움이 안 되는 것으로 만들어 버린다. 코칭에 접근하는 사람들 가운데 아주 소수는 너무 영향을 받아서, 코칭이 전혀 작동하지 않는다. 코치도 마찬가지다: 어떤 코치는 대부분 자신의 방어에 걸려들고, 다른 코치들은 특정 고객과 있을 때만 방어한다.

건강한 자원

트라우마를 입은 사람들이 '그때-거기'에서의 트라우마로 인한 고통과 그에 따른 패턴화된 방어 역동을 사용하지 않고, '지금-여기'에서의 경험에 반응하는 역량이 있다는 사실은 트라우마 치료사들에 의해 확인되었다. 이 역량의 범위는 트라우마 반응의 강도, 경험을 성찰하는 인지-정서적 능력과 심호흡, 마음챙김, 명상 같은 스트레스 관리 기법의 사용에 따라 달라진다.

모든 성인은 내적으로나 외적으로 사용할 수 있는 자원이 있다. 어린 시절에는 사용할 수 없었지만 '지금-여기'에서는 그 자원들을 끌어내서 다른 반응을 불러일으킬 수 있다. 예를 들어, 우리는 지금 경험하는 것과 과거에 일어난 일 사이의 연관성에 대해 성찰할 수 있다. 상처받을 때 우리가 습관적으로 의지하는 자원들은 생존 방어이고, 그것들은 잘 확립된 신경 회로이다. 그러나 우리는 트라우마 반응에 얽혀들지 않은 자원들을 탐색할 수 있고, 새로운 경로를 수립할 수 있다. 그렇게 할 수 있다면 우리는 행복과 일의 관계를 포함한 여러 관계 측면에서 더 건강한 결과를 도출할 수 있을 것이다.

코칭의 초점은 이러한 자원들에 다가가는 것이다. 우리는 생존 방어 시스템을 코칭할 수 없다 – 그것은 변화와는 무관하다. 개인의 성장은 트라우마와 관련이 없는 자원에서만 일어날 수 있다. 그러나 이는 우리가 의지를 갖추고 '그때-거기'로부터의 고통을 감내해야 한다는 것을 의미한다. 과거와 현재 사이의 몇 가지 연관성을 이해하는 것과 성인이 된 우리는 의존적인 어린이가 아니며, 얼마든지 다른 선택을 할 수 있다는 지식은 이 일을 하는 데 도움이 된다.

비애 grief

나는 이 장의 서두에서 어떤 경험은 높은 스트레스를 유발하지만 내가 설명하는 것 같은 트라우마가 되지는 않는다고 말했다. 성인이 되어서 사랑하는 사람을 잃었을 때 슬퍼하는 것은 상실에 대한 정상적인 반응이다. 애도는 정서적으로 고통스럽고, 그것을 통과하는 것이 어렵다; 또 스트레스 수준을 높이기도 한다. 슬픔이나 높은 수준의 스트레스는 그것들을 통과하기 위해 정서적 지원이 필요할 수는 있지만 반드시 트라우마가 되지는 않는다.

그러나 어려서 부모를 잃고, 그때 적절한 정서적 지원을 받지 못했던 것과 같은 심각한 아동기 애착 손상을 겪었던 사람에게는 사별이 다시 트라우마가 될 수 있다. 그 상황에서 살아 있는 부모와 다른 가족들은 자신들도 애도하느라 슬프고 혼란스러운 아이에게 필요한 수준의 정서적 지원을 제공하지 못했을 것이다. 그러므로 성인이 되어서도 그 아이는 '지금-여기'에서 사별의 슬픔과 함께 '그때-거기'에서의 고통을 또다시 경험할 것이므로 그 슬픔은 더욱 강렬하고, 견디기 어려울 수 있다. 코치가 특별한 비애 상담 훈련을 받지 않는 한, 이는 코칭의 영역은 아니다.

깊은 슬픔과 애도 속에 있는 고객과 함께 일할 때, 비애 상담 grief counselling 이라고 할 수는 없지만, 코치가 사용할 수 있는 코칭 반응들이 있다. 예를 들어, 다음과 같이 질문할 수 있다.

- '어떻게 지내고 계시나요?'
- '어떤 추가적인 도움을 드리면 유용할까요?'
- '여기서 우리가 작업을 계속하면서 염두에 두어야 할 사항은 무엇인가요?'

고객이 코칭을 계속하기로 하면, 그 슬픔이 영향을 미칠 것이므로 고객과 함께 이를 탐색해야 한다. 고객은 '지금-여기'와 '그때-거기'를 연결하게 될 것이고, 이는 그들에게 상당히 의미가 있을 것이다. 아니면 상담에서 필요로 하는 정서적 작업을 진행하기 위해 코칭을 잠시 쉬고 싶어 할 수도 있다.

코칭 유지하기

당신은 때로는 고객을 염려하여, 그가 제기하는 주제를 다룰 준비가 되어 있지 않다고 느낄 수 있다. 이 특정 영역에 대해서는 당신이 제대로 훈련 받아 준비하지 못했다고 느낄지도 모른다. 당신의 능력 수준에 맞게 일해야 한다는 것을 염두에 두고, 코칭 수퍼바이저와 이야기하는 것이 좋다.

일부 코치의 경우, 불안과 트라우마 생존 방어가 작동되어 코칭을 중단한다. 아니면 무기력해지거나 과잉행동을 하기도 하고, 회피적이거나 지시적으로 되기도 한다. 그들은 유사 상담faux-counselling으로 빠질 수도 있다. 경험이 적은 코치들은 코칭 기술과 기법을 사용하는 능력이 아직 완전히 개발되지 않아서 이 일에 더 취약하다. 그러나 노련한 코치들도 자신의 트라우마가 활성화될 때, 코칭을 중단하기도 한다.

여기가 수퍼비전이 코치에게 매우 귀중한 자원이 되는 지점이다. 수퍼비전 그룹에서 수퍼바이저나 동료들과 함께 일하는 사람들은 자신의 반응을 성찰하고 무슨 일이 일어나고 있는지 탐색할 기회를 갖는다. 영국에 있는 대부분 인증된 기관에서는 코치가 전문성 개발의 하나로, 또 고객과 코치 모두의 보호를 위해서, 제대로 훈련받았거나 자격을 갖춘 사람에게 수퍼비전받도록 되어있다. 이것은 좋은 관행이다. 우리 자신과 고객 둘 다에게 트라우마 생존 역동이 강력할 수 있지만, 우리는 그 점에 대해 '보지 못하고' 있을 수 있다. 수퍼비전 관계로 다른 사람들과 함께 일하는 것은 우리가 이러한 것들을 더 분명하게 보고, 그렇게 함으로써 더 적절하고 효과적인 코칭 프로세스로 돌아가는 데 도움이 된다.

오래전에 동료들과 코칭 서비스를 시작했을 때, 그리고 뒤에 코치 훈련 프로그램을 기획하고 가르칠 때, 코칭이 무엇인지를 규정하기 위한 명확한 원칙들을 사용했다. 이 원칙들은 코치의 트라우마 생존 반응으로 왜곡될 수 있다.

원칙	어떻게 왜곡될 수 있는가
고객과 명확하게 계약을 맺어 그들과 해야 할 일을 규정한다. 우리는 무엇을 제공할 수 있는지와 일의 경계를 분명히 안다.	트라우마 생존이 활성화되면, 계약 과정이 어설프게 진행되거나 무시된다. 무언가가 계약을 제대로 맺는 것을 방해한다. 수퍼바이저로서 내가 자주 하게 되는 질문은 '고객이 무엇 때문에 왔습니까?'이다.
고객의 풍성한 자원에 대한 존중 – 고객은 그들이 추구하는 변화를 이루는데 필요한 자원이 있다. 우리의 역할은 그들이 자기 자원에 다가가서 사용할 수 있도록 돕는 것이다.	코치가 고객을 구조하려 하거나, 무엇을 하라고 하거나, 조언하거나, 포기할 수 있다. 이것들은 방어 반응이다.
코칭은 고객이 주도한다. 고객이 주제를 정하며, 변화 과정에서 그들의 동기와 자신감은 필수적이다.	코치가 주제를 주도하거나, 그 주제를 주도하는 것이 두려워 수동적인 방관자가 되어버릴 수 있다. 코치는 고객이 지지하고 바라는 결과를 내려다보니, 고객의 주제에 도전이 되는 관찰이나 반영을 할 수 없게 된다.
코칭은 미래에 초점을 맞춘다. 코칭은 미래에 원하는 결과를 초래할 수 있는 방식으로 현재에 행동하도록 하는 것이다.	변화를 이루기 위해 우리가 무언가 해야만 하는 것은 오직 현재뿐이다. 환상적인 미래로 도피하거나, 현실을 부정하거나 과거에 대한 반복된 이야기에 정신을 빼앗기는 것 등은 현실을 다루는 것을 회피하려는 생존 기제들이다.

원칙	어떻게 왜곡될 수 있는가
코칭은 목표 지향적이다; 코칭은 동기를 끌어내고, 작업 방향을 설정한다.	트라우마 생존 과정을 통과하면서, 고객의 건강하고 상처받지 않은 자원과 연결되지 않을 때, 목표 설정은 왜곡될 수 있다.
코칭은 변화에 관한 것이다.	코칭과 심리치료 둘 다의 딜레마 가운데 하나는 고객이 흔히 변화에 대해 양가적이라는 것이다. 즉 변화를 원하면서도 한편으로는 현상 그대로이기를 바라는 것이다. 이것은 생존 방어이다.

코칭에서 사용할 수 있는 가치 있는 기술, 기법 및 도구가 많다. 경험을 통해 우리는 이러한 기술을 능숙하게 사용하고 그 순간을 위한 최상의 개입을 선택할 수 있다. 우리가 효과적인 코칭을 위한 핵심적인 기술들에 대해 자신이 없지만 않다면, 우리 자신과 고객의 트라우마를 알게 되었다고 해서 새로운 기술이나 도구를 개발할 필요는 없다. 트라우마를 다루기 위한 핵심 기술, 기법 및 태도는 다음과 같다.

머릿속에 딴 생각하지 않고 주의 깊게 듣기, 말소리를 듣는 대신에 정서, 신체 언어 그리고 말로 표현되지 않은 무언가를 관찰하기	강력한 질문하기: 강력한 질문은 효과적으로 사용하면, 손상되지 않은 자원들을 겨냥한다.
온전히 현존하고, 자신과 자기 신체와의 접촉에 근거를 두는 코치의 역량	성찰하기, 고객에게 유용한 방식으로 피드백과 관찰한 것을 나누기
허락을 구하기	자기 인식, 진정성, 호기심
명료화하기, 인정하기, 승인하기	수용, 비판단

그러나 우리는 무엇이 고객의 트라우마 생존 방어에 대한 자각과 자기-치유에 도움이 되는지 알 필요가 있다. 트라우마가 무엇이고, 그것이 어떻게 존재하는지 이해하는 것이 도움이 된다.

트라우마를 다룰 때, 직업적인 경계와 사적인 경계를 존중하는 것이 중요하다. 즉 사교적이거나 친밀한 관계에 빠지지 않고, 허락 없이 고객과 접촉하지 않는다. 그 대신 일관성을 유지하고, 신뢰할 만하며, 고객이 안전하다고 느끼는 공간을 제공한다. 어린 시절 트라우마를 겪은 사람들은 경계를 침범당했으므로 많은 사람이 순식간에 안전하지 않다고 느낄 수 있다. 그러한 사람들은 경계를 보호하는 데 강하지 않으며, 그래서 경계를 침범하도록 자초하기도 한다. 코치는 경계 주제에 깨어있어야 하고, 전문적으로 지켜내야 한다. 작업 경계 안에서 어떤 변화가 감지되면 언제든지 수퍼바이저나 동료 수퍼비전 그룹에 이야기해야 한다.

제2장. 트라우마의 내면화

 우리는 생명이 시작되는 그 순간부터 트라우마에 취약하다. 우리의 스트레스 호르몬 반응이 활성화하면 기억력은 저하된다. 우리가 어린 시절에 맺는 관계는 우리 뇌가 어떻게 발달할지를 결정할 뿐 아니라, 우리 자신에 대한 관점을 형성해간다. 이 장에서는 트라우마가 뇌 발달, 스트레스, 기억력 및 우리 자신에 대한 관점에 미치는 영향과 또 그 영향이 코칭에서는 어떻게 나타나는지 이해를 돕기 위해서 트라우마와 연관된 신경과학과 생리학을 살펴보고자 한다. 또한 트라우마 전기trauma biography의 개념 또는 트라우마 경험의 누적 영향에 관해서도 소개할 것이다.
 어린 시절 우리에게 일어난 일을 바꿀 수는 없지만, 이제 성인이 된 우리는 '지금-여기'에서 그 일이 우리에게 미친 영향과 지금 우리가 어떤 선택을 할 수 있는지 알 수 있다. 고객과 함께 '그때-거기'와 '지금-여기'를 연결하려면, 그 경험의 영향을 인식할 수 있어야 한다. 그래야 우리는 코칭에서 고객의 자서전적 이야기를 더 온전하게 들을 수 있고, 상처를 알아볼 수 있다.

두뇌 발달

우리의 취약성은 수정될 때부터 시작한다. 이 사실은 애착 손상과 그것이 뇌 발달에 미치는 영향, 독성 스트레스 및 기억력 등에 관한 신경과학 이론에 의해 분명해졌다. 이전에는 최초의 관계가 두뇌 발달에 중대한 영향을 미친다는 것은 인정했지만, 태내의 영아는 정신-트라우마psyche-trauma를 입지 않을 것으로 가정하고 있었다.

뇌는 태내에서 첫 2주째부터 발달하고, 임신 3기와 생후 첫 3년 동안 급격하게 성장해간다. 인간의 아기는 뇌가 부분적으로만 발달한 상태로 태어난다. 왜냐하면 만약 두개골이 완전히 발달한다면 자연 분만을 하기에 너무 커질 것이기 때문이다. 뇌간과 변연계가 먼저 발달한다. 이들은 각각 '파충류 뇌reptilian brain'와 '정서적 뇌emotional brain'라 불린다. 둘 다 위험을 감지하고 반응하는 것과 아직 미숙하지만 발달 중인 내분비계와 스트레스 반응 체계의 활성화에 관여한다. 정서적 뇌의 요소들은 정서를 처리하고 경험한 기억을 저장하는 것과 관련이 있다.

뇌의 외부층인 피질은 태내에서 발달한다. 1분마다 25만 개의 뇌세포가 생성되고 세포들 사이에 경로가 생기며, 태어날 때는 1,000억 개의 뇌세포가 존재하는 것으로 추정된다. 전두엽 피질은 우리를 고등 영장류로 구별해 주는 뇌 부분으로 출생 후에 주 양육자와의 관계 속에서 발달한다. 이것은 정체성, 도덕적 판단, 합리적 사고, 의사결정과 관련된 뇌 부분이다. 또 우리가 어떻게 정서를 관리하고, 자기 조절self-control을 배울 것인지와도 관련이 있다.

뇌에는 우뇌와 좌뇌가 있다. 우뇌가 먼저 태내에서 발달하면서, 정서 조절, 기억 그리고 신체와의 신경학적 연결이 가능해진다. 우리는 영아로서 약 2세까지 우뇌에 의존한다. 그 사이에 좌뇌는 언어를 발달시킨다. 트라우마는 우뇌 발달과 우뇌와 좌뇌가 연결되는 방식에 영향을 미친다. 트라우마는 신체, 마음, 그리고 정서 사이의 신경 연결이 파편화될 수 있고, 성인이 자신의 신체와 신체가 제공해주는 정서적 정보와의 연결을 방해한다.

이렇게 발달하는 두뇌 환경은 처음에는 엄마 몸의 일부인 자궁이다. 엄마가 경험하는 것은 아기도 경험하게 된다. 임신이나 전반적인 건강으로 인해 엄마가 스트레스를 받으면 아기도 스트레스를 받을 것이다. 스트레스 호르몬은 탯줄을 통해 전달되며, 높은 수준의 스트레스 호르몬의 영향을 받으면 아기에게 트라우마 반응이 나타난다. 출생 후의 환경이란 타인과의 관계이다. 엄마와의 즐거운 상호작용과 사회적 상호작용을 통해 전두엽 피질이 확대된다. 이런 상호작용이 없으면, 전두엽 성장은 줄어들거나 손상을 입게 되고, 결국 대인관계의 어려움, 자기 규제의 부족, 정체성과 성격에 관한 문제를 평생 지니게 된다.

이러한 상호작용을 통해, 우리는 타인의 욕구 투사나 하나의 대상으로서가 아니라 당당한 우리 자신으로서의 존재감을 얻는다. 이것은 '변연계 공명limbic resonance'을 통해, 즉 어머니나 주 양육자가 말이 아닌 신체 접촉, 표정, 그리고 눈 맞춤을 통해 사랑이 담긴 정서적 메시지를 전달할 때 일어난다. 이것은 유아의 우뇌에 의해 수신되며, 이를 엄마와 아기의 '교감 attunement'이라 한다. 교감은 애착 형성과 유아 발달에 필수적이다. 상처받은 엄마들은 그들 자신이 이 연결을 잘 성취할 수 없고, 교감하지 못함으로써 유아의 트라우마 반응을 활성화한다. 우리가 코치로서 고객과 함께

함이 느껴지고, 그들과 연결되어 좋은 만남을 경험하게 될 때, 그들과 잘 교감한다. 일차적 돌봄 제공자로서, 우리 자신에게 상처가 있으면 이 일을 잘 해낼 수 없게 된다.

두뇌와 신경회로의 발달과 더불어, 태내에서 발달하기 시작해 출생 시에는 완전히 형성되는 심장과 장기는 뇌와 연결된 광범위한 신경 세포망을 가지고 있다. 미주신경이 뇌간에서부터 위와 내장으로 이어진다 – 이것이 우리의 '직관적 본능gut instinct'의 기초이다. 이 신경 체계는 상처가 되는 환경에서 고도로 활성화하고, 그런 채로 계속 있게 된다. 이것이 이런 장기들이 스트레스 호르몬들에 의해 만성적인 차원의 영향을 받는 이유이다.

영유아가 수정 이후부터 줄곧 그들이 성장하는 정서적 환경에 매우 취약한 것은 이런 이유에서이다. 인간은 매우 의존적인 영아기와 유아기에 일찌감치 안전과 신뢰, 우리가 얼마나 사랑스러운지, 어떻게 생존해야 하는지를 배운다. 코칭과 관련해서는, 아주 초기의 경험이 지속적인 트라우마를 일으킬 수 있음을 이해하는 데 도움이 된다. 그 영향은 어른들이 맺어가는 관계들 속에서 계속 느껴진다. 그 영향은 사람들이 자신의 내면세계와 맺는 관계 속에서도 드러난다. 자신이 무엇을 원하는지 알아내거나, 자신이 느끼고 경험한 것을 확신하지 못하는 어려움으로 나타날 수도 있다.

초기 외상이 언어가 발달하기도 전에 발생해서 우리의 기억은 무의식적이 되고, 생각이나 그림들로 회상할 수 없음을 인식하는 것도 중요하다. 따라서 초기 외상 경험은 우리의 자서전에는 나타나지 않을 수 있다. 만약 나타난다면, 그 경험들은 그들이 직접 경험한 것이 아니라 다른 사람들이 들려준 이야기들일 것이다.

스트레스와 외상

1장에서, 비록 스트레스를 받는 것이 곧 트라우마가 되는 것은 아니라고 말했지만, 트라우마와 스트레스는 밀접하게 얽혀 있다. 정신-트라우마는 위험에 대한 정상적 스트레스 반응으로 '싸우든지 도망쳐야 하는' 상황에서, 심장박동수가 증가하고, 피가 근육으로 몰리고, '과열' 되어 시스템이 '차단'되면서, 결국 무감각, 부동성 또는 마비 등이 초래되는 경우에 발생한다([그림 2.1]). 또 해리가 일어나기도 하면서 감정과 신체 감각과의 연결이 끊어진다. 신경회로가 차단되어 '지금-여기'의 현실에 참여할 수 없다. 신체 경험과의 연결도 줄어든다. 일어날 위협에 대비하다가 위험에 굴복해버리는 것이다. 이것은 고양이가 위협할 때 쥐가 하는 행동과 같다. 죽은 체 '연기'하는 것이다. 그러한 굴복은 수치심을 가져다주기도 한다. 이 과정에서 그 경험에 대한 기억들은 파편화된 상태로 저장되며, 그래서 트라우마 경험에 대한 기억을 잘 떠올릴 수 없다. 무슨 일이 일어났다는 감은 있는데, 재생할 수 있는 '사진이나 음성 녹음'은 가지고 있지 않다.

태내기와 생애 초기의 아기는 싸울 수도 도망칠 수도 없으므로 이런 반응에 취약하다. 그들은 아무 데도 갈 곳이 없고, 위험을 피할 수도 없다. 그들은 넘쳐나는 경계경보와 스트레스 호르몬 반응에 압도되어 버린다.

트라우마는 우리를 독성 스트레스 상태에 빠뜨리고, 그로 인해 우리는 계속해서 높은 수준의 스트레스와 불안을 경험하게 되며, 얼마 지나지 않아 곧 그것이 '정상'이라 여기게 된다. 몸은 지속해서 항상 위험이 존재하는 것처럼 행동한다. 즉 그 사람은 과각성^{hypervigilant} 상태가 되고 극도로 경계하게 된다. '그때-거기'의 위험이 '지금-여기'로 투사된다. 독성 스트레스는 신체의 면역계, 내분비계, 심장계, 소화계, 골격계 등에 해를 주기 때문에 건강과 웰빙에 장기적인 영향을 미친다. 또 쉴 수 있는 능력을 손상하기 때문에 스트레스를 안고 살다가 결국 탈진해버린다.

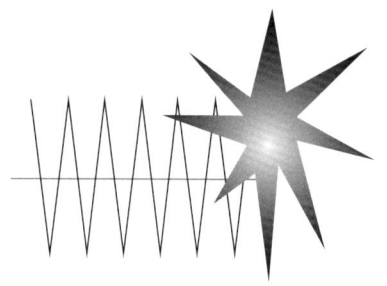

얼어붙음(마비)
무감각
해리
굴복
파편화된 기억
수치심

[그림 2.1] 트라우마 반응

건강한 뇌에서는 전두엽과 변연계와 파충류 뇌 사이에 정보와 에너지의 흐름이 원활하다. 이는 자기-조절과 스트레스 관리를 위해 필요하다. 트라우마는 이 과정을 손상하고, 현존하는 스트레스 호르몬 수치에 지속해서 영향을 미친다. 연결이 효율적으로 이루어지면 전두엽이 합리적인 사고에 사용될 수 있다. 전두엽은 변연계에서 오는 무의식적 '위험 경보'에 대하여 실제 위험 수준을 '지금-여기'에서 평가할 수 있게 된다. 이러한 방식으로 경고 시스템에서 오는 촉발 요인들을 완화할 수 있고, 그러면 우리의 스트레스 수준은 정상으로 돌아간다.

중추 신경계 부분들을 연결하는 과정은, 트라우마로 인해서든 또는 아기가 자기-조절을 하는 데 실패했기 때문이든, 어린 시절에는 잘 발달하지 않을 수도 있는데, 이것은 그 자체로 트라우마가 된다. 유아는 전두엽이 아직 발달하는 중이어서 자기 조절을 위한 과정을 스스로 이용할 수 없다. 그들은 신체 접촉을 포함하여 차분하고, 달래주고, 안심시키는 의사소통을 통해 그들에게 조절을 제공해줄 어머니/일차 양육자를 필요로 한다. 만약 어머니나 일차 양육자가 자신의 불안을 관리하는 데 문제가 있고, 스트레스 수준이 유아 앞에서 고도로 활성화하면, 그들은 적절하게 조절할 수 없을 것이다.

다음 세 명의 코치가 설명하는 것처럼 우리는 코칭하면서 이러한 독성 스트레스와 감소된 자기-조절의 몇 가지 징후와 만난다:

- '앤지Angie는 평소 동요하는 모습을 자주 보이는 사람이에요. 그녀는 스트레스를 느낀다고 말하기도 하지만 우울하고 지쳤다고도 말합니다. 같이 앉아있으면서, 그녀가 안절부절하는 모습을 자주 볼 수 있었어요. 그녀는 아주 빨리 말해요, 그러다가 마치 그녀가 사라지고 방에 나와 함께 있지 않은 것처럼 침묵해버립니다. 그녀와 함께하는 것은 이상한 경험이에요.'
- '존John은 자신이 스트레스를 잘 견디며, 스트레스 수준이 치솟지 않도록 일상 속에 방법들을 구축해 놓았다고 말해요. 그는 아드레날린이 쏟아지는 것을 좋아한다고 말해요. 그러나 그는 잠을 잘 수 없고, 쫓기는 것 같다고 말합니다. 그는 "좋은 스트레스"에 대해 자주 이야기해요.'
- '내가 메리Mary에 대해 알게 된 것은 그녀가 쉬는 방법을 모르는 것 같다는 거예요. 그녀는 내내 활동적인 것에 관해 이야기하는데, 제 생각에는 그것이 그녀가 정서적으로 취약함을 느끼지 못하게 하는 거로 생각해요.'

트라우마와 연결된 지속적인 높은 스트레스는 과잉 경계, 과잉 행동,

고통, 얕은 호흡 및 불면증을 초래한다. 그것은 또한 우울증, 만성 피로나 탈진, 소화 불량 그리고 신체와 연결되지 못함을 포함할 수 있다. 흔히 사람들은 과각성과 우울감 사이를 오간다. 이것은 자율신경계 안의 교감신경계와 부교감신경계의 영향이다.

앤지의 경우, 그녀는 그 방에서 해리를 일으킨 것이다. 해리는 '그때-거기'에서 비롯된 과잉 스트레스 반응의 일부가 '지금-여기'에서 나타난 것이다. 트라우마 감정이 자극되면 비록 드물기는 하지만, 이런 일이 세션 중에 일어날 수 있다. 이것은 상처받은 감정들을 차단하려는 시도이다. 동시에 다른 사람들과의 단절이 일어난다. 고객이 세션에서 해리를 일으키면 당신은 마치 그들이 '거기에 없는' 것처럼 느껴지고, 멀어진 것 같을 것이다. 이런 일이 일어나고 있음을 알게 되면 고객의 이름을 자주 불러가며 그들과 이야기하는 것이 도움이 된다. 그리고 그들이 말을 하도록 하고 다시 돌아와 당신과 연결되도록 격려해야 한다. 예를 들면:

'앤지, 당신이 꽤 오랫동안 초조함을 느끼는 것 같더니, 이제는 말이 없어졌군요. 지금 당신에게 무슨 일이 일어나고 있나요?'

괴로운 감정을 차단하기 위해 성인기에 해리를 자주 사용하게 되면, 결과적으로 몸에 대한 알아차림이 없어지고, 그 결핍은 스트레스로 인한 신체 증상을 무시하고 과로하여 탈진하게 하며, '한눈팔지 않고 계속 일하게' 만든다.

위에서 언급한 고객 가운데 한 사람인 존은 스트레스를 잘 견딜 뿐 아니라, 이를 설명하는 방법도 개발했다. 그러나 그 효과는 오래가지 않는다.

우리는 모두 도전적인 일을 처리하기 위해 에너지와 동기부여에 의존한다. 그러나 일단 스트레스 반응이 활성화하면 식욕과 수면에 영향을 받기 쉽다. 우리가 잘 기능할 수 있으려면 다른 사람들과의 관계와 우리 행동을 기꺼이 참아내려는 다른 사람들에게 의존해야 한다. 스트레스를 많이 받는 사람들은 그들의 불안, 요구, 그리고 불신을 기꺼이 참아내려고 하는 사람들이 그들 주위에 있을 때만 제대로 기능할 수 있다. 마찬가지로 만성 스트레스로 인해 어떤 사람이 직장에서 일어나는 일과 관련하여 정서적으로 단절되면, 동료들은 그들을 위해 감정 노동을 하게 될 것이다.

추가적인 스트레스를 유발하는 어떠한 생활 방식도 건강에 해로운 생리적 결과를 초래한다. 특히 우리의 내분비, 면역, 심장 및 소화계통에 대해 그렇다. 실제적인 위험에 대처하기 위한 스트레스 반응 말고는, '좋은 스트레스'란 없다. 존이 하는 것은 일종의 중독처럼 아드레날린 분출에 의지해서 사는 것이다. 아드레날린 분출은 언제나 부교감신경계의 상쇄적 균형을 불러오며, 그로 인해 소진, 무감각, 우울증이 유발된다.

앤지, 존, 메리가 높은 수준의 스트레스를 탐색할 마음이 열려 있다면, 그들에게 다음과 같은 다양한 질문을 할 수 있다:

- '당신이 경험하는 스트레스와 불안 수준을 줄이는 데 도움이 되는 것이 무엇이라 생각합니까? 어떻게 그것을 좀 더 많이 할 수 있습니까?'
- '당신이 느끼는 스트레스 수준에 얼마나 익숙한가요?'
- '마지막으로 평온함과 평화로움을 느꼈던 때는 언제였습니까? 당신은 어디에 있었고, 당신 주위에서 무슨 일이 일어나고 있었나요?'

우리는 고객이 어떻게 호흡하는지도 알아차려야 한다. 그들이 단지 폐로만 얕은 숨을 쉬고 있는가? 고객이 어떻게 말하고 있는지, 숨 쉴 때 그들의 어깨가 어떻게 움직여지는지를 보면 고객의 호흡이 어떤지 알 수 있다. 스트레스 반응의 단서인 얕은 숨을 보게 되면 나는 내가 관찰한 바를 말해주고, 고객의 경험과도 맞는지 확인한다. 이것은 호흡에 관한 이야기로 이어질 수 있고, 스트레스와 불안과 자기 조절에 관한 정보로 이어질 수 있다. 자기 조절 수단으로써 복식 호흡에 도움이 되는 자료들은 인터넷과 유튜브에서 찾아 이용할 수 있다.

고객이 자기 조절과 진정 능력을 개발하고 싶다면, 마음챙김, 명상 훈련, 태극권Tai Chi(타이 치) 또는 복식 호흡을 배우고 활용하는 데 시간을 투자해야 한다. 공인된 교사가 지도하는 마음챙김이 스트레스 조절에 긍정적인 영향을 미치며, 항우울제나 마찬가지로 효과가 있다는 증거가 있다(Davis, 2018). 스트레스 배출에 초점을 맞추는 치료 과정도 있다. 즉 신체-기반 치료를 통해 독성 스트레스의 일부를 방출한다. 또 어떤 치료는 고객이 스트레스 수준이 높아진다고 느낄 때 '자신을 데려갈' 수 있는 심리적으로 안전한 장소의 이미지를 구축하도록 돕기도 한다(Levine, 1997).

외상 후 스트레스

위에서 보았듯이, 독성 스트레스는 트라우마가 지속해서 영향을 미치는 한 부분이다. 외상 후 스트레스는 유아기 경험의 지속적인 영향이거나 성인기의 생명을 위협하는 경험에 대한 반응일 수 있다. 외상 후 스트레스 장애PTSD는 의사들이 진단을 내리고 치료 개입법을 처방하기 위해 사용하는 진단 범주이다. 트라우마 분야에 종사하는 많은 사람이 성인기의 경험들이 아무리 무섭다 해도 그 경험들이 그렇게까지 영향을 미치는 것은 그 경험이 이전 트라우마의 기억을 무의식적으로 활성화하기 때문으로 여긴다. 외상 후 스트레스 장애로 진단받은 군인이나 죽을 뻔한 자동차 사고를 경험한 사례가 바로 그런 경우이다. 치명적인 자동차 사고를 비슷하게 겪은 두 사람이 자신의 경험에 전혀 다르게 반응할 수 있는 것은 그 때문이다.

트라우마에 의한 스트레스는 무서운 기억이 자꾸 떠오르면서 현재와 분리되는 상태로 나타난다. 이러한 플래시백flashback은 본질에서 청각적, 시각적, 신체감각적somatic 또는 정서적으로 일어나며, 항상 과각성 상태이다. 우리는 현재 처해있는 현실 속의 기억을 식별하는 능력을 잃게 되며, 과거의 기억들이 마치 '지금-여기'에서 일어나는 것처럼 느껴진다. 강렬한 경험이 기억되는 동안 언어와 연결된 뇌 영역은 '접속 불량'이 될 수 있다. 이러한 일이 발생하면, 당사자는 그들이 경험하는 것을 말할 수 없게 된다. 다음은 두 사람의 코치가 치명적인 트라우마 경험으로 인한 플래시백을 이야기했던 고객에 관해 보고한 내용이다.

- '케이트Kate는 딸이 옆에 있는 자동차 의자에서 죽어가고 있는데[그들은 끔찍한 교통사고를 당했다], 자신은 움직일 수가 없어 딸에게 다가갈 수 없었고, 만질 수도, 말할 수도 없었던 끔찍한 기억이 불현듯 떠오른다고 말했어요.'
- '데이비드는 아직도 학교에서 교사 중 한 명에게 성추행당했던 기억이 불현듯 떠오를 때가 있다고 말했어요. 그는 떨기 시작했고, 마치 토할 것처럼 춥고 으슬

으슬한 느낌이 든다고 말했어요. 그는 자신에게 무슨 짓을 하려 드는 선생님을 마치 그 일이 지금 일어나는 것처럼 생생하게 느낄 수 있었어요.'

외상 후 스트레스를 경험하고 있거나 외상 후 스트레스 장애 진단을 받은 사람들은 누구나 회복을 위해 전문적인 도움이 필요하다. 코치가 제대로 훈련받고 자격을 갖추고 있지 않으면 이것은 코칭 영역이 아니다. 그러나 모든 코치는 고객이 그 경험을 처리하는 데 필요한 도움을 찾아보고, 다가갈 수 있도록 지원할 수 있다.

드물게는 고객이 세션 중에 재외상 경험을 할 수도 있다. 이것은 스트레스 호르몬 반응이 급성으로 다시 자극된 것이다. 고객은 추워지고, 몸을 떨 수 있으며, 해리를 일으키고, 숨을 헐떡이기 시작한다. 이런 일이 발생하면 침착하게 당신 자신의 호흡을 잘 관리하는 것이 좋다. 고객의 이름을 자주 불러주고, 지금 어디에 있는지를 상기시킨다. 그들에게 계속 말을 건다. 고객의 반응을 예측할 수 없으므로 신체 접촉은 피한다. 고객은 해리 상태에서 돌아왔을 때, 부끄러움을 느끼고 몸을 떨 수 있다. 그들에게 물 한 잔을 주고 회복할 시간을 주라. 호흡이 정상으로 되도록 돕는 데 계속 집중하라. 그들이 세션을 마치고 무엇을 할 계획인지 확인하고, 잠시 조용히 어딘가에 앉아있으라고 조언하라. 누군가 와서 집으로 데려다줄 사람을 부르고 싶은지 물어보라.

기억과 트라우마

트라우마 경험과 관련된 초기 기억은 의식적 인식을 벗어나 있으므로 인지적으로 회상하기 어렵다. 그러한 '암묵적' 기억들은 그 경험에 대한 정서적, 감각적 정보를 담고 있으며, 몸의 신체적 경험과도 연결되어 있다. 인지적 회상이 가능한 기억은 언어가 발달하고, 코딩 및 저장 시스템이 구축되는 2세 경부터 저장된다. 이것이 '명시적 기억'으로 우리가 이야기로 회상해낼 수 있는 그림, 소리, 경험 등을 제공한다.

어떤 기억은 외적 상황이 그 기억이 저장되었을 무렵의 조건을 반영할 때 촉발되어서 암묵적 또는 명시적 기억으로 떠오를 수 있다. 이를 '상태-종속 기억state-dependent memory'이라 부른다. 간단한 예로, 내가 어느 도시를 다시 방문하기 전에는 그 도시의 배치를 전혀 기억할 수 없었다. 그러나 일단 그곳에 가면 내가 돌아다니는 길을 쉽게 기억할 수 있었다. 트라우마 기억은 더 깊은 수준에서 이와 같은 방식으로 풀려 나올 수 있다. 만약 그것이 암묵적 기억이라면 초기 외상에 연결된 정서적 또는 신체-기반 경험이 들어있을 것이다. 만약 본질에서 명시적 기억이라면, 이미지나 소리를 떠올리게 할 수도 있다. 예를 들어, 한 여성이 어렸을 때 성적 학대를 받은 경우, 출산이나 질 검사 중에 이런 경험을 할 수 있다. 또 우리가 성적 또는 신체적 학대 같은 트라우마 경험을 했던 장소에 가게 될 때 발생할 수 있다.

트라우마 기억은 트라우마 해리 반응의 일부로 본질에서 파편화되어 있다. 명시적 그리고 암묵적 기억은 무질서하고 연결되지 않은 방식으로 저장된다. 그래서 우리는 우리에게 일어난 일을 연결해줄 일관된 이야기를 갖지 못하고, 회상된 기억들은 모호하고 불확실해 보일 수 있다. 트라우마를 경험하는 동안에는 명시적 기억의 저장 과정이 가능하지 않을 수 있다. 그 결과, 성인들은 학대가 있었다는 문서화된 증거가 있는데도 어릴 때 학대를 받았다는 것을 분명하게 기억하지 못할 수 있다(Freyd, 1996). 암묵적 기억은 존재하지만 숙련된 도움 없이는 거기에 접근하기 어렵다. 가족의 내러티브는 흔히 트라우마 기억을 잘 숨겨두는 역할을 하곤 한다. 사람들은 그와 연결된 수치심과 정서적 고통 때문에 명시적 기억들을 억압해버린다.

코칭에서는 명시적 기억에 대한 의존도가 더 높고, 고객은 기억들을 설명한다. 때때로 그들은 기억을 나누는 것이 아니라 다른 사람들이 들려준 이야기를 나눈다, 예들 들어:

- '저는 어렸을 때 거의 익사할 뻔했다고 들었는데, 무슨 일이 있었는지 저는 모르겠어요. 하지만 부모님은 그로 인해 매우 놀라셨다고 해요.'
- '어머니는 내가 18개월 때 돌아가셨지만 이모가 나를 돌봐주셨고, 내가 이모와 행복했다고 해요. 그래서 나는 그 일이 내게 큰 영향을 미쳤다고 생각지 않아요.'

이러한 내러티브들은 이야기해준 사람이 '아이를 보호'하기 위해서나 '말하는 사람을 보호'하려는 의도로 만들어냈을 수도 있다. 물론 개인의 어린 시절 기억은 암묵적 메모리에 저장되어 있다가 '지금-여기'에서 촉발될 수 있다.

명시적 기억은 암묵적 기억과 달리 복합적인 사건들, 상상, 지각, 우리가 들었던 말, 그리고 우리가 잊어버린 사실 등으로 인해 왜곡되기 쉽다.

이처럼 경험에 대한 정확한 기록은 거의 없다. 내가 한 친구에게 청소년기 기억들을 떠올려 말한 적이 있었다. 엄마가 알까 봐 불안해서 아무에게도 말하지 않고 몇 번의 'O' 레벨 시험을 빼먹고 나서 교장 선생님에게 창피를 당했었던 때의 일이었다. 나는 친구에게, '그게 내가 학교를 자퇴해버린 이유야'라고 말했다. 내가 학교를 그만둔 것은 사실이다. 그러나 나는 지금 내가 학교를 그만둔 것은 그 사건이 있고 나서 2년 반이나 지난 뒤였음을 알고 있다. 회상하는 가운데, 내가 이야기했던 기억은 다른 사건에 대한 이유와 뒤섞여버리고 말았다.

고객이 트라우마 경험에 대한 명시적 기억들을 이야기할 때, 코치는 더 많은 정보를 말하라고 재촉하지 않도록 조심해야 한다. 무슨 이야기가 나올지 예측할 수 없고, 코치는 대체로 그것을 다룰 준비가 되어있지 않다. 우리는 그들이 말하는 것을 주의 깊게, 공감적으로 듣고, 우리가 관찰하고 들은 것을 성찰할 수 있다. 우리는 고객에게 '지금-여기'에서 그들이 경험하는 것의 일부는 '그때-거기'와 어느 정도 관련이 있을 수 있다는 생각을 말할 수 있다. 그들은 다음과 같이, 또는 이와 유사하게 답할 것이며, 거기에 탐색해야 할 영역들이 있다.

- '어떤 연관이 있을 거라고는 한 번도 생각해본 적이 없어요.'
- ''그때-거기'의 일이 '지금-여기'에 그처럼 영향을 미칠 수 있을 거라고는 깨닫지 못했어요.'

또는 고객이 완전히 다른 방식으로 응답할 수도 있다.

- '아니요, 아무런 관련도 없다고 생각해요.'
- '아니요, 그 일이 나에게 큰 영향을 미쳤다고 생각하지 않아요.'

이와 같은 응답은 고객이 그 일을 탐색할 준비가 되어있지 않음을 나타낸다. 그러면 예를 들어, 다음과 같이 대답할 수 있다: '엄청난 경험을 하셨던 것 같아요. 어떤 사람에게는 지속적인 영향을 미쳤을 것으로 생각해요.' 그러나 고객이 이 주제를 다루기 원치 않으면, 고객의 허락 없이 계속 진행하지 않아야 한다.

몇 년 전 언론에서는 '거짓 기억false memory'과 '거짓 기억 증후군'에 관한 기사가 많이 실렸다. 거짓 기억이란 일어나지도 않은 사건에 대해 사람 마음속에 자리 잡은 생각들이나, 만들어진 이야기인데, 기억인 줄로 잘못 여겨진 것들과 관련이 있다. 원래는 심리치료사들이 고객에게 잘못된 기억을 심어주거나 만들어준다는 것에 대한 비난이었다. 이른바 '거짓 기억'에 관한 대부분 언급은 성적 학대에 관한 것이다. 이것을 코칭에서 염려할 필요는 없다고 생각한다. 우리는 고객이 우리에게 말하는 것을 존중해야 하고, 그것이 사실인지 아닌지를 결정하는 것은 우리가 할 일이 아니다. '지금-여기'에서 일어나는 일을 설명하기 위하여, 기술이나 개입을 사용해서 과거에 관한 이야기를 만들어내도록 촉구하는 것도 우리가 할 일은 아니다.

명시적 기억이 왜곡될 수 있다고 해서 그것이 '거짓-기억'이 되는 것은 아니다. 단지 불완전한 기억일 뿐이다. 오직 감정과 몸에 느껴지는 반응까지 포함한 암묵적 기억만이 체험의 깊이와 실재에 대해 의심의 여지를 남기지 않는다.

기억과 내러티브를 구별하는 것이 도움이 된다. 내러티브는 기억을 통해 정보를 얻지만, 이야기하는 동안 다른 것이 된다. 더 많이 이야기할수록 내러티브는 변하고 '기억'은 다시 한번 왜곡될 수 있다. 내 '자퇴' 사례는 하나의 내러티브이다. 이것은 우리가 자서전을 다룰 때 자주 듣게 되는 일이다. 그래서 고객이 원한다면, 고객과 함께 탐색해볼 수 있다. 우리는 고객에게 무슨 일이 일어났다고 들었는지 또는 기억나는 게 조금이라도 있다면 무엇을 직접 기억하는지 살펴보도록 초청할 수 있다. 나는 내 이야기를 곰곰이 생각하면서, 뒤섞여버린 내 내러티브에서 빠뜨렸던 어떤 것이 내가 학교를 나와 다시는 돌아가지 않게 했었다는 사실을 깨달았다. 이렇게 성찰하는 것은 흥미로웠고, '지금-여기'의 주제들에 대한 통찰력을 주었다.

생물-생리학과 후성유전학

독성(트라우마) 스트레스가 몸 안에서 생리적으로 세포 구조에 미치는 영향에 관해서는 과학적 이해가 발전하고 있다. 이러한 변화의 결과는 되돌릴 수 있으며, 내외적으로 조건이 바뀌면 개인적인 작업을 통해 새로운 프로세스를 생성할 수 있다. 따라서 트라우마의 영향은 세포 수준에 존재하며, 그래서 - 암묵적 기억의 한 부분으로 - 세포기억$_{celluar\ memory}$이라는 것이 있다는 아이디어가 나온다.

우리 몸은 정보와 에너지를 전송하고 공유하는 시스템들의 복잡한 네트워크로 구성되어 있다. 이 전송에 필요한 화학 물질들은 트라우마에 영향 받는다. 예를 들어, 세로토닌의 생성은 트라우마 반응으로 방해받을 수 있다. 세로토닌은 웰빙과 행복을 위한 역량에 중요하게 기여할 뿐 아니라, 인체에서 매우 다양한 기능을 하는 화학 물질이다. 트라우마를 치료하는 일부 의료진은 트라우마 치유의 하나로 화학 물질의 구성 요소들을 다시 맞추는 것을 포함한다. 치료의 다른 요소로는 스트레스 조절 능력 개발과 신체 기반 치료를 통해 암묵적 기억을 의식화하는 것 등이 포함된다.

세포의 유전자 인식에 영향을 미치는 유전적 변화에 관해 연구하는 후성유전학 분야에서는 요즘 트라우마가 유전적 변화를 자극하는지에 관한 논란이 일고 있다. 만약 그렇다면, 그 변화가 한 세대에서 다음 세대로 전수된다는 것을 말한다. 따라서 우리 할머니의 트라우마는 세포 조직의 유전자 인식에 영향을 미치는 후성유전학적 변조를 초래하고, 그것이 어머니에게 전수되고, 그리고 나에게 전수되어 내 생리에 영향을 미치게 된다. 이러한 일이 발생한다는 것을 시사하는 약간의 증거가 있긴 하지만, 이를 확인하기 위해서는 추가 연구가 필요하다. 만약 폭력적이거나 중독적인 생존 행동 같은 트라우마 증상이 있는 사람이 '내 유전자 때문이야'라고 말한다면, 그 사람은 희생자 정신 상태를 보이는 것이고, 자신의 시스템에 새로운 정보와 에너지를 업로드하는 개인 작업에 참여하지 않음으로써 세포 구조와 생리를 변화시킬 책임을 회피하는 것이다.

트라우마에 관한 생물-생리학은 과학에 관심이 있는 사람들에게 매력적인 분야이고, 트라우마의 지속적 영향의 깊이와 범위를 이해하는 데 도움이 된다. 그러나 현재까지는 코칭 과정에서 트라우마 증상에 어떻게 대응해야 하는지에 관한 방법을 바꿔 놓지는 않았다. 그래서 트라우마 내면화의 과학적 측면에 관해서는 자세히 다루지 않았다.

우리의 존재감과 세상에 대한 정신적 모델에 미치는 영향

우리의 발달 초기 관계는 우리 자신의 존재감과 애착 유형의 기초가 되며, 우리는 그것을 성인의 삶까지 가지고 간다. 앞에서 이미 언급했듯이, 영유아와 그들의 주 양육자 사이의 초기 관계의 질은 우리가 얼마나 사랑스러운지, 세상이 얼마나 안전한지, 우리가 얼마나 다른 사람들을 믿을 수 있는지에 관한 아이디어와 자기 연민 능력을 갖추는 데 결정적으로 중요하다. 상처받은 부모는 스스로가 독성 스트레스와 불안정한 애착 패턴을 지니고 있어서, 오랫동안 자녀와 건강하게 유대 관계를 맺기 어렵다. 스스로 사랑받을 만하고, 안전하고, 쉽게 신뢰할 수 있다고 느끼지 못하는 엄마나 주 양육자는 역기능적인 밀착 과정을 통해 그것을 자기 아이에게 넘겨준다.

인간의 유아는 생존을 위해 전적으로 다른 사람에게 의존하므로, 정서적 거리 두기 신호sign에 매우 민감하다. 아기들은 어머니나 다른 사람들이 자신을 돌보도록 유도하기 위해 할 수 있는 것은 무엇이든 한다. 이러한 적응적 관계 패턴은 나중까지 자신, 타인, 그리고 일과의 관계로 이어진다. 가보르 마테Gabor Maté(2013)는 우리가 자율성, 즉 완전히 우리 자신이 되는 자유보다 생존을 위한 애착을 선택하는 것이라고 말한다. 이것은 성인기에도 나타나는 일반적 패턴이다. 우리는 실제로 존재하거나, 지각되었거나 투사된 다른 사람들의 필요를 충족하기 위해 우리 자신의 필요를 저버린다.

예측 가능함과 사랑함을 통해, 의존성과 발달적 필요들이 잘 충족되어서 안정된 애착을 경험한 아동은 자신감을 가진 성인으로 성장하게 된다. 그들은 건강한 관계를 유지하고, 경계를 관리하며, 자신을 위해 좋은 선택을 한다. 트라우마를 겪은 부모의 자녀는 불안정 애착 유형이 되며(Ainsworth et al., 1979), 그것을 성인의 삶까지 가지고 간다. 우리 자신에 대한 생각들을 비롯한 안전감, 신뢰, 자신감이 모두 손상을 입게 되며, 다양한 적응적 행동들로 이어진다. 우리는 코칭하면서 우리 자신과 고객에게서 이러한 관계의 방식들을 만나게 된다. 그것은 사람들의 초기 경험에서 생겨난 것에서 복잡하고 견고하게 깊숙이 자리 잡고 있다.

정신-트라우마 전기

정신-트라우마는 시간을 거쳐 축적된다. 생애 초기에 반복되는 트라우마적 경험은 스트레스 호르몬의 축적과 해리 반응을 유발하며, 우리의 발달하는 뇌, 신경 회로 및 생리에 각인된다. 트라우마 반응이 한 층 한 층 구축되는 것이다. 우리의 트라우마 반응의 역사라 말할 수 있는 '트라우마 전기 trauma biography'는 다음과 같은 경험들로 구성된다.

발달초기 트라우마	원하지 않는 아기, 임신 중의 어려움, 낙태 시도, 독성 스트레스 및 어머니가 경험한 트라우마 성인기에는 과잉 경계 및 불안에 취약할 수 있다. 불안정한 애착과 정체성 문제를 지닐 수 있다.
역기능적 애착	사랑받지 못함/사랑받는다고 느끼지 못함. 영아가 갑작스러운 공생적 결핍에 부딪힘; 어머니와의 이별, 방치 성인기에는, 불안정한 애착 유형, 불만족스러운 인간관계, 스트레스 조절 능력 감소, 낮은 자존감과 자신감

신체적, 성적 학대	보호받지 못함. 우리를 보호할 것으로 기대하고 믿었던 자들의 배신 성인기에는 사랑과 학대를 혼동함; 가해자를 식별하는 데 어려움; 사적인 경계 관리를 못 하고, 추가로 학대받기 쉬움

초기 트라우마의 경우는 역기능적 애착의 결과로 오는 트라우마일 가능성이 가장 크다. 초기 트라우마와 역기능적 애착을 지닌 사람들은 추가적인 성적 및 신체적 학대에 취약하다. 이런 식으로 누적해서 상처를 받은 사람들은 학대의 가해자가 될 수도 있고, 이는 그 자체로 트라우마를 남기므로 트라우마 전기에 추가된다(Ruppert, 2016).

커다란 트라우마 전기를 가진 사람들은 불안정하고 혼란스러운 애착 유형을 갖기 쉽다. 그들은 알코올 및 약물 남용(과/또는) 우울증, 해리성 정체감 장애, 양극성 진단 등을 포함하는 정신건강 문제로 고통받을 가능성이 더 크다. 트라우마 전기의 크기는 코칭이 얼마나 효과적일 수 있는지, 그리고 코치에게 무슨 영향을 미치게 될지에 영향을 미친다.

성적 및/또는 신체적 학대의 경우, 아동은 그들을 보호해야 할 사람에게 배신을 당했다. 그러한 학대는 대부분 가족과 소규모 공동체와 같은 가까운 관계망 속에서 일어난다. 사람들은 학대받는 아이들에게 학대를 비밀로 하라고 말하며, 아동이 사실을 밝히려 해도 자주 무시하거나 믿지 않는다. 학대를 받은 아이들은 사랑과 학대를 혼동하는 어른으로 성장한다. 그들은 가해자를 알아볼 수 없으므로 흔히 그들을 자신의 삶으로 초대한다. 그들은 자신의 경계를 지키지 못하거나, 자신에게 해를 끼치는 관계를 떠날 수 없다. 이것은 그들이 직장을 포함해서, 하나의 학대적인 관계에서 또 다른 학대적 관계로 들어갈 수 있음을 뜻한다.

그러한 아이들은 흔히 자기 자신이나 자녀들을 보호할 능력이 부족한 부모가 되어버린다. 자아 경계가 손상되고 전두엽이 발달하지 않아, 실행력 있는 의사결정을 하기 어렵다. 그리고 그들은 결과적으로 학대적이거나 지지적이지 않은 관계 속에 머물러 있게 된다. 따라서 그런 부모의 아이들은 가족이나 가까운 공동체 안에서 방치되거나, 신체적 및/또는 성적 학대를 당하기 쉽다.

때때로 고객이 가정 내의 폭력이나 성적 학대에 관한 이야기를 하면서, 그 일이 그들에게 별로 영향을 미치지 않았다고 일축하거나, 또는 그 일에 대해 이미 '다루었다'라고 말할 때가 있을 것이다. 그들을 반박하는 것은 코치의 일이 아니지만, 그들이 '지금-여기'에서 다루고 있는 것이 '그때-거기'의 반향을 불러일으키고 있을 가능성이 있음을 열어두어야 한다. 우리는 이런 일을 그냥 단순히 '처리해버려서는' 안 된다. 그러나 고객이 그것을 여는 고통이 너무 크거나 공개할 장소가 아니라고 여겨 그 일을 코칭에서 논의하고 싶어 하지 않을 수 있다. 다시 말하지만, 우리는 그것을 존중해야 한다. 고객에게 해당 메모리 파일을 열도록 요청하는 것은 우리의 역할이 아니다. 우리는 단지 고객과 함께 그 일이 존재한다는 것을 인정할 필요가 있다.

가난 속에 태어난 아이들은, 특히 잘 먹이고 입히지 못하는 경우, 스트레스가 많은 환경에 태어난 것이다. 가난은 그들의 영양 상태, 신체 및 인지 발달에 영향을 미칠 뿐만 아니라, 주 양육자가 스스로 받는 스트레스 때문에 아이들에게 세심하게 주의를 기울이지 못한다. 어린이와 성인에게 트라우마가 되는 빈곤의 영향을 이해하고자 하는 독자를 위해서 대런 맥가비 Darren McGarvey의 저서인 『빈곤 사파리 Poverty Safari』(2017)를 추천한다. 그는 해리에 대해, 어떻게 '스위치 끄기 switching off'가 방어기제로 사용되는지에 관해 명료하게 말한다. 그는 또한 부모나 돌보는 사람 쪽에서 예측할 수 없는 행동을 할 경우, 아이들이 집에서 안전함을 느낄 수 없어도 달리 갈 곳이 없어서 취하는 기본적인 태도 default position인 과잉 경계에 관해 설명한다. 좀 복잡한 상황이긴 하지만, 덜 폭력적이긴 한데, 예측할 수가 없어서 상처받는 관계가 존재하는 가족 내에서 아동들의 반응도 이와 유사하다.

우리 자신에 대한 관점은 자기 가치감과 자신감, 자기 연민 능력과 함께, 초기 양육자와의 관계 안에서 형성된다. 우리가 고객의 자서전에서 충분히 정보를 얻게 되면, 고객이 자기감과 애착 유형을 자기 이야기와 연결 짓도록 도울 수 있다.

- 'K, 당신이 상사에 대해 가지는 느낌이 어릴 때 부모 중 한 사람과의 경험과 관련이 있는지 궁금합니다.'
- '어린 시절의 초기 관계는 우리가 성인으로서 사람들과 어떻게 관계 맺는가에 지속해서 영향을 미칩니다. 지금 직장 동료에 관해 이야기하는 내용과 어렸을 때 일어났던 일 사이에 어떤 연결이 조금이라도 있는지 생각해볼 수 있나요?'

다양한 양육 구조

나는 내가 제시하는 그림이 전통적 유형의 임신과 출산에 관한 것이라는 것을 안다. 그러나 트라우마를 입은 정신에 대한 또 다른 논의도 있다. 예를 들어, 대리모를 통하거나, 기증된 난자 또는 체외수정을 이용하거나,

입양 및 위탁 양육을 하는 등 잉태한 어머니가 아이를 키우는 사람과 다른 경우가 있다. 이처럼 임신을 추진하는 과정의 변화들은 정신과 두뇌 발달에 대해 또 다른 차원의 사고를 가능하게 했다. 대리모 행위는 다른 입양의 경우와 마찬가지로 영향을 미칠 것이다. 입양은 영아에게 정신적 트라우마이다. 그렇지만 입양 뒤에 만나는 환경이 영아가 보호받고 사랑받는다고 느끼는 환경이 될 수도 있다. 애착에 미치는 추가적인 영향은 입양 부모가 얼마나 상처를 받았는지와 그래서 상처가 아이의 필요에 반응하는 데 얼마나 부정적으로 영향을 미치는지에 달려있다. 위탁 양육은 흔히 반복적인 변화와 불안을 초래하여 애착 형성 능력에 영향을 미친다.

고객의 내러티브 듣기

특히 우리가 고객에게 자서전적인 정보를 요청할 때나 고객이 '지금-여기'와 관련해서 '그때-거기'와 연결을 지으려 할 때, 코치들은 고객의 내러티브를 자주 듣게 된다. 고객이 고통스러운 경험을 나누려고 하면 우리는 단지 경청하기만 하면 되고, 그 이야기의 증인이 되어주고, 그들의 감정을 인정해야 한다. 고객을 얼른 다른 이야기로 가게 해서 고통에서 구출하거나 우리 자신을 구해내거나 할 필요는 없다.

내담자가 외상 경험에 관한 기억들을 이야기한다면, 우리는 다음과 같이 질문할 수 있다:

- '이 얘기를 하시면서, 지금 마음이 어떠신가요?"

- '어떻게 잘 살아남으셨어요? 그러기 위해 어떤 자원을 사용하셨나요?'
- '이 경험이 오늘 당신이 일상적으로 기능하는 데 어떤 영향을 미치고 있습니까?'
- '만약 조금이라도 있다면, 이것이 우리가 하는 일에 어떤 영향을 미칠 수 있을까요?'
- '우리의 코칭 작업이 효과적이기 위해 내가 알아야 할 필요가 있는 다른 것은 무엇이 있나요?'
- '이러한 문제들과 관련해 무엇이라도 전문적인 도움을 받고 있거나, 받아본 적이 있습니까?'

고객이 과거에 관해 이야기를 많이 해서 코칭이 잘 진행되지 않는다면, 그것은 고객이 과거를 주의 집중의 방해물 또는 현재에 집중하지 않기 위한 수단으로 사용하는 것일 수 있다. 우리는 모두 '지금-여기'에서 일어나는 일을 회피하기 위한 수단으로 과거에 대해 똑같은 이야기를 반복하는 일에 매일 수 있다. 수퍼비전에서 나는 자주 코치들로부터 고객이 계속해서 '저기 밖'의 이야기를 하는 것이 자신의 현실과 연결되는 것을 피하는 것처럼 보여서 힘이 든다는 이야기를 듣곤 한다. 이러한 일이 일어나기 시작하면 다음과 같이 질문해서 고객을 현재로 데려오라. '이것이 현재 당신에게 일어나고 있는 일과 조금이라도 연결되어 있습니까?' 아니면 스토리텔링을 방해하는 다른 코칭 개입을 사용해보라.

코칭에서 자서전을 사용하는 것은 진단을 위해서가 아니라 정보를 모으기 위해서이다. 그러나 우리는 트라우마 경험의 단서에 귀를 기울일 수 있다. 그리고 나중에 코칭에서 '그때-거기'와 '지금-여기'를 연결하기 위해 그 단서들을 사용할 수 있다. '지금-여기'의 삶에 부정적인 영향을 미치는 것은 트라우마 경험에 대한 생존 방어들이다. 우리가 들을 수 있는 것들의 예는 다음과 같다.

임신과 그 상황에 관한 이야기, 아기를 원치 않았다거나 강간의 결과였다는 이야기; 임신 동안 산모 또는 태아의 어려움; 쌍둥이인데 혼자만 살아남음	제왕절개 또는 어려운 출산; 인큐베이터에서 보살핌이 필요하거나 조산
생애 초기에, 사망, 어머니 또는 고객의 입원, 입양 또는 위탁 등에 의해 어머니로부터 분리됨	부모나 생애 초기의 가까운 애착 대상이 사망하고, 적절한 정서적 지지를 받지 못함. 어린 나이에 기숙학교에 보내짐
알코올 중독, 처방을 받았거나 불법적인 약물 중독에 빠진 부모	가정에서 아동에게 직접 가해졌거나, 아동이 보고, 듣거나 감지한 신체적 폭력
어린 시절의 성적 학대 또는 그 후에 일어난 폭력적인 강간	형제자매의 따돌림과 학대, 성적 학대를 포함한 학대
장애, 심각한 질병 또는 사망으로 인해 어머니와 다른 사람들의 많은 관심을 필요로 했던 형이나 동생이 있었음. 여기에는 고객이 잉태되기 전에 일어난 유산이 포함됨	어머니의 질병이나 장애로 인해 자녀가 어릴 때부터 오랫동안 어머니의 보호자가 됨
극심한 빈곤	커다란 기억의 공백 – 이는 어린 시절에 일어난 해리의 증상일 수 있다.
전쟁 지역 또는 위험 수준이 매우 높았던 곳에서 잉태되거나, 태내에 있었거나 출생함	임신이 되기 전에 부모가 전투원 또는 민간인으로서 전쟁이나 무력 충돌에 휘말렸음
육아 스타일에 대한 내러티브들, 즉 통제적, 경계가 없는, 냉정한, 일관성 없는, 숨 막힐 것 같은, 거부하는 유형; 비합리적으로 느껴지는 기대들	반대 성의 아이를 원하는 부모의 이야기, 또는 어떤 이유로든 '불편한' 출생의 이야기

자서전 정보를 수집할 때, 잘 연습이 된 내러티브에서 벗어나, 아동 내면의 역동에 더 많은 통찰력을 제공하는 기술들을 사용하는 것도 도움이 된다. 그런 접근들에서는 질문을 사용할 수 있다. 예를 들어, 고객이 책이나 텔레비전 프로그램 또는 영화의 어떤 등장인물과 자신을 동일시하는지, 어떤 이야기나 영화를 좋아하며 왜 그런지, 자신을 위해 어떤 상상력이 풍부한 게임을 만들어냈는지와 같은 질문이다. 이는 자신에 대한 아이디어와 그리고 누구와 동일시했는지, 왜 그랬는지에 대해 또 다른 통찰을 제공해준다.

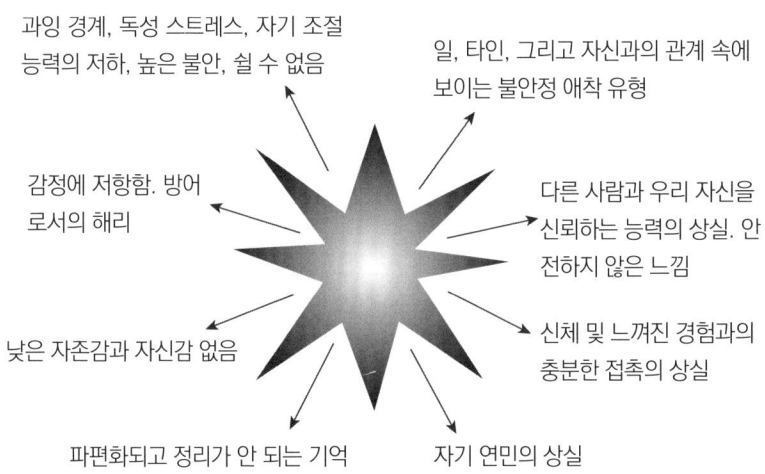

[그림 2.2] 트라우마의 영향

그러한 경험의 지속적인 영향은 과거에서 현재로 드리워진 트라우마 그림자trauma shadows를 만든다([그림 2.2] 참조).

신경가소성 neuroplasticity

수십 년 동안 뇌는 불변하고 변화시킬 수 없으며 정적인 것으로 여겨졌다. 신경과학 분야의 새로운 연구는 이 핵심 신념이 잘못되었다는 것을 보여주었다. 뇌는 실제로 끊임없이 변화하는 역동적인 기관이다.

신경과학 및 생물학 연구가 발전함에 따라 뇌는 평생 새로운 신경 연결을 형성함으로써 스스로 재구성할 수 있음이 분명해졌다. 신경가소성은 뇌의 신경세포인 뉴런이 상처와 질병을 보완하고, 새로운 상황이나 환경적인 변화에 대응하여 스스로 활동을 조정할 수 있도록 허용해준다.

트라우마 치유는 이른바 체화된 경험이라 일컬어지는 신체와의 감정 연결을 통해 무의식 속의 암묵적 기억을 풀어내는 것을 포함한다. 이러한 재경험은 우리의 생리적 시스템에 관여하여 그것이 '업데이트updated' 되도록 만든다. 그런 식으로 독성 스트레스와 트라우마 전기의 영향에서 벗어날 수 있다. 그러나 먼저 우리는 심리치료적 작업을 해야 한다.

우리의 이력 중에서 트라우마가 영향을 미칠 수 있는 것이 무엇인지 아는 것이 중요하다. 이것은 우리가 경험하는 현실을 직시하고 '지금-여기'에서의 어려움과 연결하는 데 도움이 된다. 그렇지만 고객에게 무엇이 트라우마인지 아닌지를 결정해 주는 것은 코치의 역할이 아니다. 탐색하고 결정하는 주체는 고객이어야 한다.

코치에게 있어, 초기 환경에서 상처가 되었을 요인들을 이해한다는 것은 '지금-여기'가 과거에 깊이 뿌리를 두고 있고, 둘이 매우 긴밀하게 연결되어 있음을 인식하게 해준다. 또 고객에게는 스스로 연결하는 것이 도움이 될 수 있다. 왜냐하면 그것이 귀중한 통찰력을 제공하고, 성인이 된 그들 앞에 놓인 선택들을 다르게 생각해볼 수 있게 해주기 때문이다.

이 장에서는 애착 트라우마에 관한 신경과학에 관해 아주 간략하게만 소개했다. 이 정보가 가치 있었기를 바란다. 좀 더 많은 것을 얻고자 하는 독자들을 위해 앨런 쇼어Allan Schore(2001, 2010), 가보르 마테(2003, 2013), 바베트 로드차일드Babette Rothschild(2000), 베슬 반 데르 콜크Bessel van der Kolk(2015)의 저서를 추천한다.

제3장. 트라우마를 개념화하는 방법

나는 지난 9년 남짓 프란츠 루퍼트Franz Ruppert(www.franz-ruppert.de) 교수에게 배웠다. 이 장은 그의 연구에서 가져왔고, 그의 트라우마 이론과 복잡한 과정을 간결하게 만든 그의 모델을 핵심적으로 설명한 것으로, 코칭하는 데 매우 유용하다.

    루퍼트Ruppert의 이론은 쉽게 접근할 수 있으며, 코치와 고객이 자기 인식을 높이고 개인의 발달을 증진하는 데 도움이 된다. 그의 이론은 코칭이 왜 잘 안 되고, 코치가 잘못한 것이 무엇이며, 그래서 무엇을 해야 하는지 이해하는 데 도움이 된다. 우리 자신의 트라우마를 이해하려면 잘 훈련받은 치료사와 개인적으로 작업할 필요가 있다. 그러나 그의 이론을 이해하는 것은 우리 자신의 자기-성찰적 임상에 도움이 되고, 효과적인 코칭이 되도록 지원한다.

루퍼트 모델 – 정신의 분열

트라우마가 우리 내부에서 어떻게 작용하고, 우리가 어린이나 성인으로서 자신 및 다른 사람과 관계 맺을 때 그것이 우리 행동에 어떤 영향을 미치는지에 관한 루퍼트의 아이디어는 25년 이상의 임상 실습과 연구를 통해 개발되었다. 그의 연구 업적은 우리가 태내에서부터 얼마나 트라우마에 취약하며, 그 취약성이 성인들에게도 존재한다는 것을 규명하는 일에 길을 열어주었다.

루퍼트(2012, 2014, 2016)는 얼어붙음freez, 분열fragment, 굴복submission 및 해리dissociation 등 트라우마 반응의 핵심은 '정신의 분열split in the psyche'을 일으키는 것이라고 말한다. 그는 트라우마의 고통스러운 정서를 견디기 위해 생존 자기가 만들어지며, 그것이 트라우마 감정을 의식에서 소외시키는 기능을 하면서 정신의 온전함에 분열이 일어난다고 말한다. 이 생존 자기는 삶이 계속됨에 따라 강화되고 성인이 되면서 그 사람의 삶을 주도할 수 있다. 그것은 방어적 성격의 보호막 역할을 하여 분열된 트라우마 감정이 숨겨져 있도록 지켜준다.

이 모델의 강점 가운데 하나는 건강한 '자기'와 '부분들'이 트라우마의 영향을 받지 않은 채 남아있다는 것이다. 건강한 자기는 분열되지 않은 자기와 우리 자신의 정체감을 담고 있다. 건강한 자기는 생명, 건강, 그리고 온전히 우리 자신이 되는 것을 뜻하는 **개성화**의 추구를 위한 동력을 계속 유지한다. 이러한 부분이나 자기의 범위, 그리고 자원에 접근하는 능력은 우리의 **트라우마 전기**trauma biography, 즉 우리가 태어날 때부터 받은 트라우마 역사에 달려있다. 고객들은 흔히 건강한 부분이 있다는 것에 안심하며, 그것과 접촉을 느꼈을 때가 있었음을 인정한다.

[그림 3.1] 정신의 분열
출처: © 2012 프란츠 루퍼트Franz Ruppert

[그림 3.1]은 분할의 세 가지 요소를 보여준다: 트라우마 자기trauma self, 생존 자기survival self, 그리고 건강한 자기healthy self이다. 이 '자기들'의 크기는 우리의 트라우마 전기에 따라 저마다 다를 수 있다. 또 한 개인에게도 성인으로서 환경에 어떻게 반응하는가에 따라 자기의 비율이 달라질 수 있다. 예를 들어, '지금-여기'에서의 직장이나 개인 환경이 '그때-거기'의 측면과 비슷하게 보이면, 트라우마 자기와 생존 자기는 확대되고 건강한 자기는 줄어들 것이다. 이것이 어떤 조직, 역할 및 관계들이 왜 우리에게 부정적인 영향을 미치는가 하는 이유이다.

건강한 자기

건강한 자기는 트라우마에 영향을 받지 않은 우리 자신에 대한 감각을 담고 있다. 정서, 몸, 마음 사이에서는 정보와 에너지가 꾸준히 흐른다. 건강한 자기는 가중된 스트레스와 불안이 없으므로, 아무리 고통스럽더라도 우리가 명료하게 생각하고 진실을 직시할 수 있게 해준다. 정서와 몸은 긴밀히 연결되어 있다. 우리는 자기-연민과 자기-가치감을 지닌다.

이는 우뇌가 좌뇌와 효율적으로 소통하면서, 전두엽, 변연계, 뇌간 사이를 연결하는 기능을 잘하는 것으로 이해할 수 있다. 건강한 자기에는 감정이 있다. 아마 슬픔, 분노, 비애, 수치심 같은 모든 감정은 외부 요인들에 대해 일어날 수 있는 정상적인 반응이다. 그러나 우리는 이런 감정들에 의해 압도되거나 소모되지 않는다. 이 건강한 자기 안에서 우리는 다른 자기들에서는 가질 수 없는 사랑, 기쁨, 열정 같은 감정도 느낄 수 있다는 사실이 중요하다.

건강한 자기는 우리가 주체의식과 접촉하는 장소이다. 즉 우리 삶이 우리가 살아내고 주도해야 할 우리의 것임을 깨닫고 필요한 행동을 취할 능력을 제공한다. 우리는 다른 사람들이 우리를 위해 결정하도록 만들거나 기다리지 않는다; 삶의 결정들을 회피하지도 않는다. 이것은 우리의 의지력이라기보다는 '의지'와 연결하는 능력이다. 우리는 건강을 위해 무엇이 필요한지 안다; 우리는 건강한 것과 건강하지 않은 것을 구별할 수 있다.

루퍼트(2012)는 건강한 자기로 다른 사람과 관계 맺는 것을 설명하기 위해 **건강한 자율성**healthy automomy이라는 용어를 사용한다. 우리는 우리의 필요를 양보하지 않고, 다른 사람들의 필요에 맞추지 않고도 다른 사람들과 가까워질 수 있다. 더는 거절당하거나 혼자라고 느끼는 것을 두려워하지 않으므로 건강하지 못한 관계에서 벗어날 수 있다. 건강하지 못한 관계는 우리가 다른 사람이 되거나, 우리의 필요를 너무 많이 양보하거나, 계속해서 다른 사람들의 요구 사항을 충족시키도록 요구한다. 우리 자신을 건강하게 만든다는 것은 더는 반항이나 보복, 통제 또는 구조에 의존할 필요가 없다는 것을 의미한다. 이 모든 것은 생존 자기의 부분들이다.

건강한 자기는 개인적인 통찰과 변화를 할 수 있는 곳이다. 그것은 코치와 고객 모두에게 있어, 코칭의 중요한 요소가 된다.

트라우마 자기

트라우마 자기는 정서적 고통과 트라우마 사건들에 관한 파편화된 기억들을 담고 있다. 불행히도 우리 가운데 많은 사람이 들어왔던, **'고통을 잘 숨기는 것이 좋다'**라는 생각은 건강한 정신을 만들지 못한다. 이것은 생존 자기의 지배로 인해 일어나는 정서의 차단 성향으로 성인들의 삶에서 문제를 일으킨다. 트라우마와 연결된 정서들은 부분적으로는 신체적, 발달적 필요가 충족되지 않았거나, 버림받았거나, 학대의 희생자가 되었던 데서 비롯된 것이다. 그것은 공포, 적개심, 극심한 외로움, 안전에 대한 깊은 결핍, 수치심, 정서적 고통의 감정들이다. 그 감정들은 계속 숨겨져 있었는데도, '지금-여기'에서 우리에게 지속해서 영향을 미친다.

이러한 감정은 처음 해리가 일어났던 시점에 얼어붙는다. 그 감정들은 아동/성인으로 성장하더라도 '성숙'해지지 않고, 트라우마를 경험했던 그

나이에 연결된 채로 남는다. 그래서 폭발을 하면 퇴행이 일어나 그 감정을 경험했던 어린이의 나이로 돌아가 버린다. 그런 재경험은 떨림이나 오한을 동반할 수 있다. 어떤 기억들은 우리가 말하기 이전으로부터 온 것일 수 있다. 그래서 감정의 효과를 느끼더라도 그것에 이름을 붙여 표현하기 어려울 수 있다. 우리는 기억함으로써 압도당하거나, 파편화되거나 어떤 식으로든 파괴될지 모른다고 두려워할 수 있다. 생존 자기의 기능은 우리가 그 감정들을 기억하지 못하도록 막는 것이다.

우리는 드물기는 하지만 코칭에서 트라우마 자기를 가끔 만난다. **재외상**re-traumatization은 '지금-여기'가 '그때-거기'로부터 트라우마 감정을 촉발할 때 사용되는 용어이다.

생존 자기

생존 자기의 목적은 트라우마 감정들을 차단하는 것이다. 그것은 복잡한 방어 시스템으로 생존 전략들, 적응적 정체성의 생성, 관계를 관리하는 방식들, 위험으로 인식되는 것 등을 멀리하려는 모든 시도를 포함한다.

생존 자기는 우리 몸과의 연결 상실을 포함하는데, 그것은 '지금-여기'에서 우리가 느끼는 경험, 즉 정서, 감각, 직감 같은 것들과 연결하는 능력이 떨어진다는 것을 의미한다. 그 대신 우리는 다양한 인지적, 행동적 생존 전략들을 만든다. 생존은 표준처럼 여겨지는 높은 수준의 스트레스를 동반한다.

2장에서 나는 고객과 코치 모두의 생존 방어 반응이라 할 수 있는 해리에 대해 언급했다. 코치가 해리되면 그들은 고객을 제대로 '보거나' 만나지 못하고, 그저 '코칭하는 척'하게 된다.

코칭은 유능한 코치가 자신의 신체와 조화를 이룰수록, 그래서 건강한 자기 안에 온전히 머물 수 있을 때 훨씬 향상된다. 혹시 당신이 '다른 곳으로 가버렸다' 또는 '내 생각에 빠져있다'라고 느낀다면, 자신의 중심을 잡는 데 집중하라. 즉 깊이 숨을 들이쉬고, 발을 땅에 단단히 딛고, 엉덩이가 의자 위에 잘 앉아있는 것을 느껴보라. 당신의 환경과 다시 연결하라.

해리는 '지금-여기'에서 '그때-거기'의 기억이 활성화되는 것에 대한 생존 방어 반응이다. 또 자서전 내에서 기억나지 않는 공백memory gaps을 설명해주는 것이기도 하다. 또 다른 생존 방어들에는 부인, 환상, 중독, 주의 산만, 자신과 타인에의 통제, 구조, 회피, 정신질환somatisiation, 그리고 신체적 증상을 통해 정서적 고통을 표현하는 **신체화** 등이 있다.

부인은 강력한 방어이다. 그것은 우리의 한 부분이 사실임을 알고 있는 어떤 것을 받아들이기를 거부하는 것을 말한다. 무의식적인 동기는 우리의 트라우마를 부정하려는 것이다. 부인은 트라우마가 되었을 만한 경험으로 인한 정서적 영향을 받아들이지 않는 고객에게서 볼 수 있다. 아래 예에서 고객은 아버지에 대해서는 부인하고 있지만, 현재 상사에게는 약간의 반응을 한다고 인정한다. 다음과 같이 말하면서도 고객은 부인을 사용함으로써 잘 연결하지 못하고 있다.

'내 상사, 그 사람은 우리 아버지가 집에서 욕설과 폭력을 행사하던 때를 기억나게 합니다. 나는 떠날 수 있을 때, 집을 나왔으므로 아버지는 나에게 별로 영향을 미치지는 않았어요. 그런데도 이 작자는 나를 괴롭게 합니다.'

부인과 같은 생존 전략은 트라우마의 고통을 억누르는 것을 목표로 하지만, 그렇다고 트라우마 감정이 비활성화되지는 않는다. 그들은 계속해서 우리의 행동과 안녕감에 영향을 미치며, 우리를 과거에 가둔다. 그러나 트라우마 감정이나 기억을 되살리도록 강요하는 것은 코치가 해야 할 일이 아니다. 그것은 우리의 역할이 아니며, 고객에게 피해가 될 수도 있다.

나는 최근에 나 자신이 부인하는 경험을 했고 그것이 얼마나 강력한지 충격을 받았다. 응급으로 심장 수술을 해야 한다는 말을 들었을 때, 나는 체력도 좋고 건강하다고 느꼈으며 규칙적으로 8km씩 달리고 있었다. 사실 나는 즉시 병원에 입원해야 했고, 벌써 죽지 않은 것이 다행이라는 말을 들었다. 내 생존 부분은, 내가 간호사였는데도, 내 심장에 문제가 있다거나 또는 심전도 검사ECG 증거가 바로 앞에 있는데도 내가 위험에 처해 있다는 사실을 믿으려 하지 않았다. 그래서 컨설턴트가 내 눈을 똑바로 바라보면서 적어도 세 차례나 그렇다고 말해주었다. 나는 그들이 잘못 알았을 것으로 확신했다. 그런데 되돌아보니, 몇 달 동안 가끔 가슴에 통증이 있었으므로 뭔가 문제가 있다는 것을 내 한 부분은 알고 있었다는 것을 깨달았다. 내 건강한 부분은 나를 의사에게 데려갔다. 그러나 생존 부분은 그것을 부인해버렸다. 나는 증상들이 비애-스트레스 때문이라는 내 진단에 의사가 동조하게 하려고 애썼다. 나는 내 생애의 다른 단계들에서도 무언가 매우 심각한 상황에 부딪히면 패턴처럼 사용하는 내 생존 전략을 인정하게 되었다. 진실을 직시한다는 것은 내 자기감을 크게 조정해야 하고, 취약성과 두려움의 존재를 허용해야 한다는 것을 의미한다.

코치는 흔히 다음과 같은 부인하는 표시를 듣게 된다:

- '괜찮아요, 조금 피곤할 뿐이에요.'
- '저는 아주 열심히 일하는 것을 좋아해요.'
- '제게 아무 일도 일어나지 않았어요.'
- '집에서는 모든 것이 매우 행복했습니다.'
- '글쎄, 기숙학교가 대단히 좋지는 않았지만, 그것도 괜찮았어요, 제게 좋았다고 확신해요.'
- '속도를 늦출 필요는 없어요. 계속할 수 있어요.'
- '두통이 골칫거리지만 진통제를 계속 먹고 있어요. 문제 없어요.'

말한 내용이 고객이 이야기해준 다른 내용과 모순되는 경우, 우리는 부인을 감지할 수 있다. 예를 들어, '**난 괜찮아, 그냥 피곤해**'라고 해도 탐색을 해보면 실제로는 클라이언트가 지쳐있고, 그런 지 오래되었다. 만약 일시적인 상태라면, '**괜찮다**'라는 말이 실제로 그런 게 아니라 안심시키려는 것처럼 보이고, 약간의 부인이 들어있다면, 이것은 거쳐 가는 단계이다. 기숙학교 사례에는 상충하는 이야기가 문장 속에 들어있다. 우리는 기숙학교에 다녔던 것이 코칭에서 탐색되는 주제와 어떻게 관련 있는지 물어볼 수 있다. 이렇게 하면서 우리는 고객과 논쟁하려는 것이 아니라, 부인으로 인해 닫혀 있던 것을 열어주려는 것이다.

진실을 받아들인다는 것은, 내가 그랬던 것처럼, 우리가 몇 가지 중요한 조정을 해야 한다는 것을 의미한다. 환상이라는 생존 전략은 부인의 생존 전략과 밀접한 관련이 있다. 부인은 우리 경험과 아이디어에 대한 환상을 만들어 낼 수 있다. 사람들은 흔히 자유로워지고 싶다고 이야기한다. 그러나 탐색해 들어가 보면, '자유롭다'라는 개념은 사람들 사이에 상호작용 문제가 전혀 없는 완벽하고 사랑이 넘치는 장소에 대한 환상이다. 영성과 연결된 모종의 언약도 그 안에 완전성이나 인간 조건으로부터의 해방 같은 아이디어를 담고 있다면 그것 역시 환상일 수 있다. 영성이 생존 자기로부터 작동하게 될 때 그것은 환상이 된다. 그러면 그것은 정서적 통합을 위해 해야 할 일을 간과하려는 시도로 사용된다. 우리가 미래에 대해서나 다른 사람들에 대해서 이상적인 아이디어를 만들었을 때도 역시 마찬가지이다. 나는 몇 차례 동기부여를 위한 강연에 참여한 적이 있는데, 연사는 자신이 깊은 영적 여정을 거쳤으며 그 여정을 통해 어떻게 긍휼히 여기며 돌보는 방식의 리더십을 가지게 되었는지 말하는 것을 들었다. 청중들은 언제나 동기부여를 받고, 당장 그런 유형의 리더가 되고 싶어 하며, 그에게서 빠르게 배운다. 그러나 그들이 잊고 있는 것은 그 연사가 자신의 청년기에 구조화된 방식으로 멘토들과 함께 명상과 학습을 하느라 21년을 보냈다고 말한 사실이다.

방어로서 환상 개념을 다루기 가장 좋은 지점은 바로 우리 자신이다. 우리는 무언가 중요한 것을 다루는 것을 회피하느라 환상을 사용하고 있지는 않은가? 고객이 자신의 이야기 속에서 환상처럼 보이는 무언가 이야기하는 것을 듣게 되면, 때로는 적절한 도전을 해보는 것이 유용할 수 있다. 그렇지만 어떤 고객은 그것을 받아들이지 않을 수도 있으며, 그러면 우리는 그들이 좀 더 수용적으로 될 때까지 한동안 관찰할 필요가 있다. 환상이 현실에서 회피하기 위해 사용될 때 그 환상 속에는 긍정적인 생각이 들어있을 수 있다. 마찬가지로, 감정들을 '좋다' 또는 '나쁘다'라고 이름 붙이는 것은 감정의 기능을 잘못 이해하는 것이다. 특히 '나쁜' 감정들을 없애버려야 한다고 생각한다면 그것은 더 큰 오해이다. 모든 감정은 그것들이 우리에게 무엇이라고 말하는지 보기 위해서 환영하고 수용해야 한다. 그 감정들에 압도될 필요도 없고, 행동으로 표출할 필요도 없다. 긍정적인 생각은 매우 가치가 있는데도, 우리는 그것이 생존 전략으로 오용될 가능성이 있음을 염두에 두어야 한다. 환상적인 긍정적 사고의 반대는 부정적 사고가 아니다; 건강한 자기에서 나오는 현실 참여 능력이다.

트라우마로 인한 독성 스트레스는 다양한 고통스러운 감정들을 초래하며, 중독과 같은 생존 전략들은 그 고통을 무감각하게 만들려는 시도이다. 중독은 술, 운동, 과로, 성, 쇼핑, 약물, 소셜 미디어/인터넷 사용, 또는 도박과 연결될 수 있다. 중독은 모종의 '절정감'이라 할 수 있는 회피 순간을 제공한다. 그러나 그 절정감은 순식간에 사라지고 저하 상태가 온다. 우리는 소용없다는 것을 알면서도 '우리를 이완시키거나' '풀어주기 위해' 또 한 잔의 포도주를 찾는다. 그리고 그것이 우리가 기대하는 위안을 제공하지 못하면 음주 양을 늘린다. 또는 사람들은 두통이나 다른 통증 때문에 정기적으로 진통제를 복용한다. 극단적인 경우 사람들은 불법 약물이나 이른바 합법적인 '마약성 약물'에 다다른다. 어떤 사람은 고통을 마비시키려고 과량을 복용한다. 어떤 사람들은 절대로 입거나 사용하지 않을 물건들을 사들인다. 강박적으로 일하는 것은 우리 자신이나 다른 사람과 관계 맺는 것과 연관된 불편한 감정이나 주제들을 차단해버린다. 코칭으로 해결하지 못한 일과 삶의 불균형 문제를 가진 고객들은 일을 이런 방식으로 사용한다. 중독을 이해하는 데 유용한 책으로는, 가보르 마테Gabor Matè가 캐나다에서 오랜 세월 마약 중독자와 일한 경험에 근거해 저술한 『굶주린 유령의 왕국에서In the Realm of the Hungry Ghosts』(2013)가 있다.

산만함은 중독의 일부로, 우리가 느끼는 감정에서 우리를 떼어놓기 위해 사용된다. 우리의 마음과 주의를 감정에서 멀어지게 할 수 있는 것은 무엇이든 산만함에 속한다. 예를 들어, 휴가를 떠나기 전에 집을 돌아다니며 청소를 하는 것은 비행과 연결된 불안에서 주의를 분산시키는 것이다. 고객은 자기가 '저기 밖'에 있는 이야기를 할 때, 코치가 '지금-여기'에서 '여기' 있는 무엇인가에 초점을 맞추지 못하게 하려고 주의를 산만하게 한다. 그들은 아무런 감정도 표현하지 않은 채 긴 이야기를 하거나, 다른 사람에 관해서 이야기한다. 코치들은 불안에서 벗어나려고 다른 도구나 실습을 도입하거나, 어렵게 느껴지는 고객과 일하며 무력감에 빠져있을 때, 주의를 산만하게 만든다.

우리는 또한 우리 자신과 다른 사람과 환경을 통제함으로써 내면의 고통과 불안을 관리한다. 우리 자신에 대한 통제는 우리의 외모, 음식 섭취, 운동이나 소유물, 우리가 스스로 하도록 허용하는 것과 하지 못하게 하는 것에 대해서이다. 어떠한 자율성도 금지된다. 우리는 다른 사람에게 무엇은 할 수 있고, 무엇은 할 수 없다고 말함으로써, 또 그들에게 제한을 두고, 순종하지 않을 때 벌을 줌으로써 다른 사람들을 통제한다. 다른 사람을 통제하는 것은 우리가 '책임을 지고 있다'라고 느낄 수 있게 만들며, 다른 사람들의 변덕이나 요구에 대해 안전하다고 느낄 수 있게 한다. 통제는 범죄의 한 형태이다. 통제를 사용함으로써 우리는 내면의 혼란을 다스리려 한다. 우리는 잘 통제하고 있다는 환상을 만들어내기 위해서 최대한으로 불편함을 피한다. 그 결과로 우리는 자신을 감옥에 가두게 된다.

음식과의 관계도 문제가 될 수 있다. 이는 폭식으로 나타날 수 있는데, 정상적으로 식사를 잘하다가도 감정적으로 촉발이 되면 너무 많이 먹어서 배가 아프고, 먹고 나서 토하게 된다. 또 다른 사람들에게서는 자진-금식, 음식물 박탈, 또는 먹고 토하기 같은 형식들이 고통스러운 감정을 통제하고 억압하기 위한 수단이 되기도 한다. 또 어떤 사람들에게서는 음식물과의 복잡한 관계가 덜 극단적인 행동으로 나타나기도 한다. 이것들은 모두 트라우마로 인해 비롯된 생존 전략들로써, 중독, 부인, 통제 및 자해를 조합해서 사용하는 것이다. 코칭 고객들은 자신의 음식과의 관계에 대해서는 거의 말하지 않으므로, 그러한 생존 반응을 가진 사람들과의 작업에는 전문 기술이 필요하다. 그러나 그런 행동은 트라우마의 신호이며 그런 이야기가 나오면 우리는 잘 듣고, 질문하고, 고객이 필요한 도움을 발견하도록 지지할 수 있다. 이런 생존 행동이 트라우마의 고통을 억압하기 위해 고객이 사용하는 유일한 전략인 경우는 별로 없다.

사실은 그렇지 않은데, 자신을 다른 사람의 희생자로 보고 구조하는 것도 역시 생존 전략이다. 그것들은 '그때-거기'와 어떤 연결이 있는 관계들에 대한 반응이다. 보상, 예를 들어, 광대 같은 행동은 또 다른 생존 전략이다. 여기에는 즐겁게 하는 사람이 되는 것, 농담하는 것, 히스테리에 가깝게 웃는 것들이 포함된다. 그러한 행동을 관찰하고 고객에게 피드백을 제공해서 그런 행동 뒤에 무엇이 있는지 성찰해보도록 초대하는 것이 도움이 될 수 있다. 예를 들어:

- '당신이 직장에서 사람들을 많이 구해주고 그래서 결국에는 더 많은 일을 하고 있다고 말하는 것을 알겠어요. 당신은 그것이 무엇을 말한다고 생각하는지 궁금합니다.'
- '당신이 우스갯소리를 잘하는 사람이고, 학교 다닐 때 광대였고, 지금도 그렇다고 말했던 것을 알고 있습니다. 그러나 당신은 항상 자신이 승진을 위한 진지한

경쟁자로 여겨지지 않는 것을 염려하고 있습니다. 저는 당신이 광대가 되는 것에 대해 어떻게 생각해보았는지 궁금합니다.'

생존 전략은 상처를 주는 관계들에서 나오는 것이어서, 우리의 생존 자기는 친밀한 관계들에 대해 조심하고 갈등한다. 건강한 친밀감은 다른 건강한 자기와 관계를 맺기 위해서 건강한 자기를 필요로 한다. 생존 자기로부터, 우리는 어린 시절의 뒤얽힌 관계를 반복하면서, 결과적으로 다른 사람들과의 관계와 일과의 관계 속에서 고통받는다.

카렌 호나이Karen Horney(1950)는 관계적 트라우마의 영향에 대해 진정으로 이해하기도 전에 관계 방어 시스템을 규명하였다. 호나이는 그것을 자기 혐오의 정체성 개념과 연결했다. 이는 지금 우리가 초기 관계에서 경험한 증오의 내면화나 사랑스러운 공감의 부재라고 이해하는 개념이다. 그녀는 이 자기 혐오를 우리가 행동으로 옮긴다고 가정했다.

애착과 트라우마에 관한 최근 연구는 그녀가 관찰했던 행동을 지금은 다르게 해석한다는 것을 의미하지만, 그녀가 규정했던 세 가지 범주는 여전히 이해를 도와준다. 그녀는 관계적 선택지로서 '~을 향해 움직임', '~에서 멀어짐', '적대적으로 움직임' 세 가지를 설명했다.

- ~을 향해 움직임: 인정 추구, 안심, 집착적 의존, 그리고 순응함이다. 이것은 우리 자신의 가치를 의심하는 데서 발생하며, '타인'이 우리를 구원해주기를 바라는 것이다.
- ~에서 멀어짐: 현실적 접촉에서 멀어지는 것이다. 그것은 흔히 완벽에 대한 욕구를 포함하는데, 이는 일종의 환상이다. 사람들은 타인에게 의지하지 않아도

되고, 타인에게 상처받을 위험을 당하지 않으려고 독립을 추구한다. 결과적으로 삶과 열망은 '그때-거기에서 온 겁먹고, 무가치하다고 느끼는 깊은 감정들로 인해 제한된다.
- 적대적으로 움직임: 공격적인 형태로 관계를 맺으며, 접촉과 친밀감 대신 권력과 착취를 사용한다.

불안정 애착 유형과의 연관성에 주목해보자. 우리는 최초의 관계 경험을 미래의 자신, 타인, 그리고 일과의 관계를 위한 틀로 취하게 된다.

마음이 다른 곳에 가 있을 때라도 몸은 항상 현재에 존재한다. 따라서 우리가 어떤 것이나 다른 무언가를 의식적으로 경험하지 않더라도 몸은 경험한다. 우리는 상처가 되는 경험에서 살아남는 방법으로 특정 자세를 취할 수도 있으며, 그것은 성인기에 근육 및 골격 문제로 이어질 수 있다. 예를 들어, 나는 어깨 통증으로 고생하는데, 그 가운데 일부는 컴퓨터 책상에 너무 오래 앉아있기 때문이라고 설명할 수 있지만, 내가 긴장할 때 내 자세를 어떻게 취하는지의 방식과도 관련이 있다고 깨달았다. 그것은 '그때-거기'에서 스트레스 상태에 있는 나 자신을 돌보던 신체적 패턴이다. 신체가 특정 자세를 취하는 것과 마찬가지로, 트라우마로 인한 독성 스트레스는 두통, 과민성 대장 증후군과 같은 장 문제, 자가 면역 및 내분비 장애를 초래할 수 있다. 이는 이러한 생리적 시스템에 스트레스 호르몬이 작용하기 때문에 발생한다. 의사이자 심리치료사인 가보르 마테는 그의 책 『몸이 아니라고 말할 때 When The Body Says No』(2003)에서 트라우마의 독성 스트레스에 대한 신체 반응에 관해 말한다. 그는 '단지 스트레스일 뿐'이라고 말하면서 건강검진받기를 피하는 한 환자의 예를 든다. 이는 내 심장 상태가 심각했던 것처럼, 심각할지도 모를 실제적인 육체적 질병에 대한 부인이며, 일 중독이 지속함으로써 악화된다. 독성 스트레스와 신체 시스템과의 연결은 루퍼트와 밴자프Banzhaf(2018)의 책에서도 다루어졌다. 우리는 일 중독으로 매우 열심히 오랜 시간 일하며, 장에 문제가 있다고 말하지만, 이 둘 사이에 아무런 관련이 없다고 생각하는 고객들을 만날 수 있다. 몸은 그렇게 많은 독성 스트레스를 감당할 수 있다.

식별 가능한 신체적 원인이 없는 경우에도 사람들은 병에 걸리거나, 고통을 받거나, 심지어 불구가 되기도 한다는 기록이 많다. 신경과 전문의 수잔 오 설리번Suzanne O'Sullivan 박사는 그녀의 책『모든 게 당신 머릿속에 있다It's All in Your Head』(2015)에서 몇 가지 더 극단적인 예를 설명한다. 그녀는 다음과 같은 환자의 사례를 제시한다. 예를 들어, 간질 발작에 걸린 것처럼 보였지만 실제로는 그렇지 않았거나, 꼼짝할 수 없게 되어 지속적인 보살핌과 휠체어가 필요했지만, 딱히 진단 내릴 만한 신체적 원인은 없었던 사례들이다. 그녀는 근본적인 신체적 문제는 없어도 이 환자들은 진짜 아프다는 점을 강조했다; 그들의 몸은 그들의 마음에서 받아 경험하게 된 증상들을 따라 하는 것이다. 그런 사람들은 불안해서 진단과 치료를 계속 찾아다닐 가능성이 크다. 몸과 연결되어 나타나는 트라우마의 영향으로 많은 사람이 신체적으로 취약함을 느끼며, 흔히 외적 조정이나 안심시키는 말에 의존한다. 예를 들어, 정기적으로 의사의 수술을 참관하거나 자신의 건강이나 다른 사람의 건강에 대해 걱정을 한다.

우리가 보아왔듯이 부인, 주의 산만, 중독, 통제 등은 신체적 증상을 무시하게 만들어서 자주 건강을 해칠 정도가 된다. 사람들이 어떻게 그들의 몸을 대하고 몸과 관계를 맺는지는 우리가 다른 사람들과 어떻게 관계를

맺는지를 말해준다. 한 코치가 고객에 대해 다음과 같이 말한다:

'저는 V가 매우 통제를 받기도 하고 통제를 하기도 하는 것으로 보입니다. 그녀는 직장에서 일을 잘하지만, 자기 몸을 그녀가 일할 수 있게 하는 기계로 보는 것 같습니다. 직장의 다른 사람들에 대해 말할 때도 피곤하거나 아프거나 장애가 있는 주변 사람들에 대한 공감이나 불쌍히 여기는 마음이 없어요. 그녀는 사람들이 열심히 일하지 않으면 아무런 가치가 없는 것처럼 취급하는 것 같아요. 그녀가 나약하다고 보는 그런 점 때문에, 그녀는 다른 사람들과 문제가 많아요.'

이 고객은 자신과 다른 사람의 몸을 기계처럼 취급한다. 사람들은 그런 대접 받기를 싫어해서 리더십 발휘가 불가능해진다. 문제는 그녀와 그녀 몸과의 관계이다. 신체화라고 일컬어지는, 신체적 증상을 통한 정서적 고통의 표현은 코치가 신체 기반 작업에 관해 적절히 훈련받지 않는 한 잘 다룰 수 있도록 준비된 분야는 아니다. 그러나 코치는 관찰과 피드백 개입을 사용할 수 있다. 고객이 자기-연민이나 자기-돌봄을 하지 못하는 경우, 코치는 고객이 자신의 몸을 중요하게 여길 수 있도록 개입하고 격려해야 한다. 스트레스와 수면 또는 소화기 문제 사이의 연관성을 설명하고, 고객이 건강에 좋은 해결책을 찾도록 돕기 위한 코칭을 제공할 수 있다. 중요한 것은 당신 자신에게 초점을 맞추고, 당신의 몸과 몸을 보호하는 장비body armour에 대한 자신의 태도를 성찰하는 것이다. 다음 장에서는 고객이 몸으로 느끼는 경험과 연결되도록 격려하는 것에 관해 조금 더 이야기하겠다.

생존 전략의 또 다른 세트는 '정신건강 문제'라는 이름표가 붙은 것들이다. 그러한 진단에는 우울증, 양극성 장애, 정신증, 강박 충동 장애, 사재기, 거식증, 폭식증, 성격 및 불안 장애 등이 있다. 이러한 진단 범주들은 증상들을 한군데 모아서, 정신건강 전문가들이 진단을 내리고 치료를 처방하도록 돕기 위해 만들어진 것이다. 치료에 성공했다는 증거는 다양하지만, 많은 증상이 만성화되어 버린다. 즉 오래 지속하며 그 사람 삶의 핵심 요소가 된다. 이런 상태는 트라우마와 연결된 정서, 생리, 인지의 복잡한 조합으로 이루어진다.

코칭에서 생존 자기의 현존

우리 자신과 고객 둘 다에서 우리가 주로 만나는 자기는 건강한 자기와 생존 자기([그림 3.2] 및 [그림 3.3])이다. 코칭이 원활하게 흘러가지 않을 때 고객은 자신의 생존 자기 안에 있고, 아마 당신도 그럴 것이다. 생존 전략을 사용함으로써 생존 자기가 더 많이 드러날수록 표면 아래에 있는 트라우마 감정이 더 크게 활성화된다. 그 감정들을 숨기려면 더 향상된 생존 전략이 필요해진다.

 우리와 우리 주변 사람들에게 문제를 일으키는 것은 생존 자기가 적응하려는 행동이다. 문제가 되는 것은, 중요하기는 해도 트라우마의 고통 자체가 아니라, 그것에 대한 우리의 두려움과 부인이다. 트라우마가 해결되지 않고 트라우마 감정이 차단되는 한, 스트레스 호르몬은 항상 높은 경계 상태에 있어서 그 사람을 보이지 않는 위험과 싸우게 만든다. 트라우마 감정과 현실을 통합할 수 있게 하는 작업은 코칭이 아니라 심리치료 작업이다. 그러나 코칭은 고객이 건강한 자기 자원에 접근하고, 자기 생존 전략에 대해 자각하는 능력을 향상할 수 있도록 도울 수 있다.

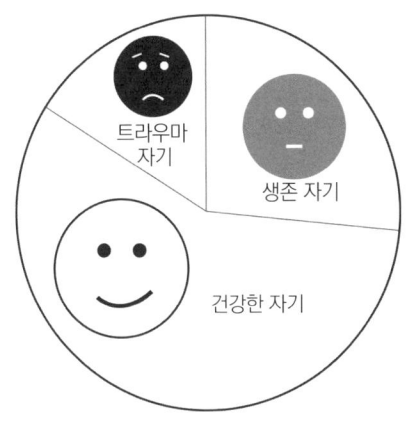

[그림 3.2] 건강한 자기가 지배적임

출처: 비비안 브로우튼Vivian Broughton(2014)에서 인용

[그림 3.3] 생존 자기가 지배적임

출처: 비비안 브로우튼Vivian Broughton(2014)에서 인용

어머니, 아버지 또는 동거인이 트라우마를 겪은 경우에는 그들의 자녀와 관계를 맺을 때 자신의 생존 전략과 불안정한 애착 패턴을 사용하게 된다. 이는 부조화와 역기능적 애착을 초래한다. 그들이 사용하는 생존 전략에는 유아를 통제하는 것과 권리를 가진 인간으로 관계 맺지 않아도 되게끔 그들을 대상화하는 것이 포함된다. 그들은 또한 아기를 낳으면 '모든 것이 잘 될 것'이라는 환상을 가질 수도 있다. 거기에서는 해리, 부인, 회피가 일어난다.

부모는 건강한 자기를 가졌으며, 그것을 통해 그들의 자녀와 교감하고, 유아의 의존과 관련하여 발생하는 자신의 불안과 감정을 관리할 수 있다. 영아에게 트라우마가 되는 것은 부모의 생존적 양육에서 건강한 양육으로의 이동이 불일치하고 예측 불가능하다는 것이다. 어떤 부모들은 너무 상처를 많이 받아서 어린 자녀와 연결할 수 있는 건강한 자기를 별로 가지고 있지 않다.

트라우마 감정을 억제하느라 생존 전략은 고갈되고, 자발적 능력은 사라진다. 그것들은 어쩔 수 없이 해야 한다는 요소들을 가지고 있다. 다르게 해보려는 어떤 시도도 좌절되고 만다.

- '아니요, 당신은 이해하지 못합니다 ……. 나는 X를 하기 전에 이 모든 것에 전념해야 합니다.'
- '아니요, 나는 초과 근무를 하는 게 아니고, 할 일이 너무 많으니까 모든 것을 잘 처리해야 하는 것뿐이에요.'

당신은 변하기 원하면서도 행동을 바꾸는 것에 저항하는 고객이 보여주는 모순을 개방적으로 다룰 수 있다. 다음과 같은 탐색은 당신의 건강한 영역에서 나와야 하고, 신뢰와 안전감이 확립된 고객과 좋은 작업동맹 상황 안에서 이루어져야 한다.

[그림 3.4] 생존 전략

'나는 당신이 일에 지쳐 에너지를 다 써버려서, 좋아한다고 말한 것을 할 수 있는 여유가 없는 것처럼 보입니다. 그래도 내가 상상하기로는, 당신은 해야만 할 일을 하고 있고, 선두에 있다고 스스로 확신하는 것 같습니다. 나는 당신이, 어떤 점에서는 이렇게 하지 않으면 계속 일을 할 수 없을까 봐 두려워하고 있는 게 아닐까 궁금해집니다.'

이것은 건강한 자기를 겨냥한 것이다. [그림 3.4]는 생존 전략들을 요약한 것이다.

트라우마 전기

트라우마 전기는 우리의 트라우마 역사이다. 루퍼트 모델에서 각각의 트라우마 경험은 정신의 또 다른 분열을 일으키고, 그 결과 내부 분열은 점점 더 심화한다. 이것은 우리 안에 왜곡되고 파편화된 거울이 많이 있는 것과 같다(Kalsched, 2013). 결과적으로 가장 심한 트라우마 전기를 가진 사람들은 자신의 삶과 관계를 관리할 수 있는 능력이 훨씬 더 떨어지므로 코칭 과정에 찾아올 가능성이 작다.

사회 내의 트라우마 유병률이나 '광범위한' 또는 '덜 광범위한' 트라우마 전기를 가진 사람들의 비율을 보여주는 통계적 증거는 없다. 그러나 스펙트럼이 있다고 가정할 수 있다. 한쪽 끝에는 역기능적 애착, 성적, 신체적 학대로 축적된 트라우마를 가진 사람들이 있고, 다른 쪽 끝에는 덜 침범적이고, 덜 누적된 상처를 입은 사람들이 있다. 코칭에서 우리는 가장 광범위한 트라우마 전기를 가진 사람들과는 거의 일하지 않는다. 이는 마치 심리치료사가 별로 깊은 영향을 받지 않은 사람들과는 거의 일하지 않는 것과 마찬가지이다.

루퍼트(2014; Ruppert & Banzhaf, 2018)는 트라우마 전기의 진행 과정을 다음과 같이 설명한다.

- **정체성 트라우마**. 루퍼트는 정체성 트라우마는 초기 트라우마와 그것이 생리적, 정서적, 신경세포 네트워크인 정신에 미치는 영향, 그리고 태내에서의 스트레스와 해리의 결과라고 말한다. 건강한 자기의 발달은 정체성 트라우마와 그 결과로 일어나는 분열에 영향을 받

는다. 여기서 생존 자기가 생겨난다. '우리가 누구인지'를 안다는 것은 우리 자신과 정서적으로 연결되어 있고, 잘 정의된 정체성 설명을 지닌다는 것을 말한다. 어린 시절의 트라우마는 이러한 신체, 정서 및 생각 사이의 연결에 손상을 준다. 정체성 트라우마는 바로 우리 자신과의 연결을 심화시키지 못하는 상실과 관련이 있다. 그래서 우리는 환경에 대한 생존 자기의 반응을 통해 대체물로서 생존 정체성을 개발하게 된다.

- **사랑의 트라우마**. 이는 트라우마를 입은 어머니나 주 양육자와의 역기능적 애착 관계에서 기인한다. 그것은 우리를 주변 사람들과 평생 얽히거나, 동반 의존적인 관계로 이끈다. 우리는 사랑과 소속을 추구하거나, 우리에게서 사랑을 빼앗아 갈 수 없도록 하려고 사랑받을 수 있는 어떠한 가능성도 차단한다. 여기에는 외로움과 버려짐이라는 핵심적인 고통이 있다.
- **섹슈얼리티 트라우마**. 이는 우리 자신에 대한 감각과 다른 사람들에 대한 신뢰에 해로운 영향을 미칠 뿐만 아니라 우리 자신의 성적 감각과 표현에 영향을 미친다.
- **가해자가 되는 트라우마**. 이 이론에서 모든 가해자는 한때 광범위한 트라우마 전기를 가진 희생자였다. 가해자로 행동하고, 다른 사람을 해치는 것은 정신을 더욱 분열시킨다.

루퍼트의 치료 과정

루퍼트는 그의 임상 작업을 통해, 신체-기반 경험을 사용해서 정신의 무의식적 분열을 의식적 자각으로 가져올 수 있게 하는 치료 과정을 개발했다. 분열된 트라우마 감정들은 건강한 자기를 확장하고 생존 자기를 줄어들게 함으로써, 그에 압도당함 없이 안전하게 경험될 수 있다. 이것은 독특한 치료 과정이지만, 감각 운동 요법과 신체 경험 요법somatic experiencing 등의 다른 트라우마 요법에서도 같은 의도를 가지고 작업한다. 이러한 모든 치료법에서는 전문가로서의 훈련과 기술이 필요하다.

그러나 코칭은 '지금-여기'와 '그때-거기' 사이를 연결하고, 우리의 생존 반응 밑에 존재하는 감정들과 연결함으로써 트라우마 치유에 가치 있는 기여를 할 수 있다. 우리의 주요한 기여는 건강한 자기에 초점을 맞추고, 고객이 생존 자기의 자원들로 돌아가지 않고 건강한 자원들에 접근해서 활용하도록 지원하는 것이다. 필요하다고 느낄 때, 우리를 치료적 작업으로 데려가는 것은 건강한 자기 속에 있는 자원들이다.

코칭 주제

트라우마 역동에 대한 이러한 사고방식이 어떻게 코칭에 유용하거나 관련이 있을까? 출발점은 먼저 자신에게서 시작되어야 하며, 당신의 생존 전략을 전반적으로 탐색하고 나서, 고객과는 좀 더 구체적으로 탐색해야 한다. 당신은 이 모델을 작업에 대한 성찰적 질문의 일환으로 사용할 수 있다. 함께 일하는 것이 즐겁지 않거나, 코칭이 어렵게 진행되거나, 다른 사람에게 의뢰하고 싶은 고객과 함께 일할 때, 이 모델은 특히 도움이 될 수 있다. 당신은 어떤 식으로 생존 모드에서 작동하는가? 당신이 자신과 고객을 집중하지 못하게 하는가? 그들이 당신을 산만하게 만드는가? 코칭을 당신이 너무 주도하는가, 아니면 고객의 산만함이나 해리로 인해 지루함을 느껴서 뒤로 물러앉아 있는가? 당신은 그들을 구원해주고 있는가, 아니면 처벌하고 있는가? 당신이 반응하는 근원은 무엇일까? 이는 '그때-거기'에서 온 핵심적인 주제일 수 있다.

내가 모든 코치에게 말하고자 하는 주요 메시지는 우리가 중심이 잘 잡힌 건강한 자기 상태에서 코칭을 하기만 한다면, 고객의 트라우마가 무엇인지 또는 그것이 어떻게 드러나는지는 별로 문제가 되지 않는다는 것이다. 그런데 그것은 쉬워 보이지만 전혀 그렇지 않다. 실제로 일어나는 일은 우리가 무의식적인 역동에 사로잡혀 생존 자기와 생존 전략으로 발을 들여놓게 되는 것이다. 결과적으로 우리는 코칭을 못 하게 된다. 중심을 잡고 우리 자신의 건강한 자기에 머문다는 것은 우리가 고객에게 '그때-거기'에서 쓰던 패턴을 적용하지 않는다는 것을 말한다. 건강한 자기에 머문다고 해서 항상 긍정적인 코칭 결과가 나오지는 않는다. 코칭 결과는 고객이 코칭에서 사용할 수 있는 건강한 자기의 양에 달려있다. 그러나 코치가 건강한 자기에 머문다는 것은 자신의 생존 자기로부터 반응하거나, 자신의 능력에 대한 부정적인 생각에 사로잡히지 않게 된다는 것을 말한다. 건강한 자기 안에 있다는 것은 우리가 자아 비판 없이 따뜻한 마음을 가지고 자신의 개입에 대해 현실적으로 생각해볼 수 있고, 그 과정을 통해 배울 수 있다는 것을 말한다. 코칭은 코치가 자신의 건강한 자기로서 고객의 건강한 자기와 '대화'할 때 효과적으로 된다.

트라우마를 다루기 위해 '새로운 도구'가 필요한 것은 아니고, 고객과 함께 있는 대부분 시간 동안 건강한 자기를 유지할 수 있도록 스스로 개발 작업을 해야 한다. 이것이 왜 이 책이 트라우마를 다루기 위한 '도구 상자'가 아닌가 하는 이유이다. 당신이 온전히 현재에 존재하고, 중심을 잡고, 고객과 조화를 이루고 있다고 느낄 때 가장 효과적으로 될 수 있다; 그렇게 하면 현명하고 적절하게 개입들을 선택하고, 사용할 수 있다. '어떻게?', '무엇을?', '어디서?', '누가?', '언제?'로 시작하는 강력한 개방형 질문들은 건강한 부분을 겨냥한다. 폐쇄형 질문은 그렇지 않으며, 질문인 듯 숨겨진 암시된 명령도 그렇지 않다. 건강한 자기와 관련하여 다음과 같은 열린 질문을 할 수 있다.

- '지금 상황이 많이 안 좋다는 이야기를 들었지만, 당신의 삶에서 잘 되어가고 있는 부분은 무엇인지 궁금합니다.'
- '당신이 많은 것에 대해 확신이 없는 것처럼 들리는데, 그래도 당신이 확신하는 것은 무엇입니까?'
- '현재 존재하지만, 당신이 직면하지 않고 있는 것은 무엇입니까?'(이야기 속에서 계속 맴돌고 있는 것처럼 보이는 고객에게 질문)
- '어떤 점에서는 당신이 현재 겪고 있는 고통이 그동안 주의를 기울이지 않았던 무언가를 생각하게 만들 수 있지 않을까요?'(신체적 고통으로 괴로워하는 고객에게 질문)

이와 유사한 모든 질문은 좋은 작업동맹을 통해 형성된 충분한 신뢰와 안전이 있을 때 물어보아야 한다.

우리가 생존 모드에 있을 때 코치와 고객은 너무 빨리 침묵으로 들어가기 쉽다. 이런 질문을 할 때는 건강한 자기가 반응할 수 있게 시간을 주어야 한다; 처음에는 생존 자기가 먼저 뛰어들 수 있지만, 공간을 주면 무언가 다른 목소리가 나올 수 있다.

분열과 그로 인한 생존 전략들의 해로운 영향에 대해 아는 것도 중요하지만, 그것들의 목적이 무엇인지 인식하는 것이 중요하다. 그것은 '우리를 안전하게 지키고', 우리를 취약함, 즉 고통스러운 감정에 의해 압도되지 않도록 지키려는 시도이다. 생존 전략들은 감정과의 접촉을 막는 동시에 회복에 필요한 감정들의 통합도 방해한다. 코칭에서 우리가 해야 할 일은 고객의 생존 전략을 '파괴'하거나 공격하려는 것이 아니라, 그것들의 존재를 고객과 함께 인정하는 것이다.

고객에게 트라우마 전기에 관해 설명하는 것은 별로 도움이 될 것 같지 않지만, 상처가 되는 다른 경험들이 인생의 초기부터 우리 안에 축적된다는 사실을 설명하는 것은 가치가 있다. 고객에게 우리의 초기 경험들이 나중의 삶에서 관계와 직업 선택과 행동에 계속 영향을 미친다는 것 - 즉 '그때-거기'가 '지금-여기'에 영향을 미친다는 것에 대한 이해를 제공할 필요는 있다. 물론 고객이 어떤 종류의 경험이냐고 물을 때 이야기해주어도 좋다.

루퍼트의 자기 분할 모델을 사용하는 것은 고객이 자신에게 무슨 일이 일어나는지 이해하도록 돕는 방편으로써 가치가 있다. 그러나 당신이 그것을 완전히 이해하고, 당신 자신과 관련하여 생각해보고, 예를 들어, 동료 수퍼비전에서 그것을 도입하는 연습을 해보는 것이 매우 중요하다.

고객에게 루퍼트 모델을 도입하는 것은 다른 어떤 모델이나 도구를 소개하는 경우와 마찬가지이다. 첫째, 고객에게 그 모델을 사용하는 것이 코칭에서 그들이 하는 일에 어떻게 이로운지 알려줌으로써, 그것을 사용해도 좋은지 허락을 구해야 한다. 세 가지 자기에 관해 이야기하는 데서 시작하되, 건강한 자기를 강조한다. 생존 자기에 관해 이야기할 때는 고객이 사용하는 것으로 보였던 생존 전략들을 끄집어낸다. 또 그러한 트라우마가 사람들 사이에 얼마나 널리 퍼져 있는지에 관해서도 이야기하면서 사람들에게 상처가 있는 것이 정상이라고 말해준다. 그렇게 함으로써 고객은 그것이 인간 조건의 일부라는 것을 알 수 있다. 그들의 경험이 독특한 것이긴 하지만 유사한 경험들이 인구 전반에 걸쳐 광범위하게 복제되고 있다.

사례 3.1

'고위 간부인 그 고객은 자신의 역할에서 경험하는 일과 관련한 직장 문제로 오고 있었다; 그러나 그녀는 탈진으로 고통을 겪고 있었고, 일을 쉬어야만 했다. 첫 번째 세션에서 내가 그녀의 자서전적 정보에 관해 물었을 때, 그녀는 어렸을 때 어머니가 정신질환으로 한동안 병원에 입원해 있어서 장기간 가족과 분리되어 살면서 고통을 겪었다고 말했다. 그녀의 부모님은 그녀가 아홉 살 때 힘든 관계 끝에 이혼했고, 아버지는 나중에 재혼하여 다른 가족을 만들었다. 어머니는 그녀가 열세 살 때 돌아가셨다.'

이것은 트라우마가 될 가능성이 있는 경험의 좋은 예이다. 우리는 그녀의 태내 기간과 어린 시절에 관해서는 잘 모른다. 그러나 우리는 상처를 받고, 또다시 상처를 받는 패턴이 그녀 자신과 그녀의 상처 극복 방식에 큰 영향을 미치고 있음을 알 수 있다.

'고객이 코칭받으러 온 주제는 직장에서 엄청난 압박감을 느낀다는 것과 자신이 대인관계에 문제가 있고, 그녀 스스로 거의 강박적이라 말할 정도로 매일 새벽 5시에 한 시간 이상 달리기를 하고 있으며, 일을 계속하기 위해 카페인에 의지한다는 것이었다. 모든 것이 그녀에게 너무 버거워졌고, 그녀는 쓰러질 지경이 되어서 일을 쉬어야만 했다. 그녀의 몸은 과도한 운동, 휴식 부족 및 높은 스트레스 반응으로 고통받고 있었다. 그녀는 또한 매우 외롭고 우울해졌다.'

'나는 그녀가 자신의 건강한 자기의 자원을 끌어내기 위해 온 것으로 생각했다. 첫 세션을 마치고, 나는 그녀에게 루퍼트 모델을 보내주었고, 그녀는 그것이 자신과 잘 맞는다고 말했다. 그녀는 몇 년 전에 트라우마에 관한 몇 권의 책을 읽었는데, 독서 내용과 이 모델과 현재 하는 작업이 잘 연결된다고 했다. 나는 그녀의 건강한 자기를 지지하고 **현재 역할과 직장이 자신을 위한 건강한 미래의 일부가 될 수 있는지** 탐색하기 원했다. 그러면 그녀가 멈추고 싶어 하는 생존 행동의 일부를 내려놓고, 그녀 자신의 건강한 자율성과 권한 속으로 발을 들여놓을 수 있을 것이다.'

우리는 여기에서 '계속 전진하기 위해' 고통스러운 감정을 억압하려고 애쓰는 가운데 그녀를 탈진하게 했던 다양한 생존 전략들을 보게 된다. 위에 굵은 글자로 표시된 코치의 언급은 고객이 건강한 자기의 자원을 사용할 수 있도록 지원하려는 것이다.

사례 3.2

'그 고객은 정말 높은 성취를 이룬 사람이었다. 그렇지만 그녀는 자신이 지쳤고, 그녀가 일하는 속도로는 더 버틸 수 없다는 것을 알게 되었다고 말했다. 그녀의 업무 패턴은 직장 밖에서의 관계에 나쁜 영향을 미쳤다. 그녀는 어떤 때는 자신이 이른바 '다람쥐 쳇바퀴'에 갇혀 있는 것에 절망을 느끼지만, 그래도 계속할 수밖에 없는 것처럼 느낀다고 말했다.'

'그녀는 어린 시절에 대해 커다란 기억의 공백이 있다고 말했다. 자기가 태어날 때 무슨 문제가 있었다고 하지만 그게 무엇인지 물어본 적이 없었다고 했다. 그녀는 부모님이 차갑고, 멀고, 요구가 많았다고 묘사했다.'

기억의 공백은 아마도 해리 기간이었음을 시사하지만, 이 고객에 대한 자서전적 정보는 많지 않다. 그러나 우리는 그녀가 처한 환경이 상처가 되었을 것이라는 가설을 세울 수 있다. 출산 시의 어려움은 산모와 아기가 '죽느냐 사느냐'의 투쟁을 겪었거나, 또는 엄마가 고통스러운 문제가 있어 갓 태어난 아기에게 도움이 되지 않았거나, 고객이 아기일 때 상처를 받았다는 것을 의미한다.

'세 번째 세션에서, 별로 크게 달라진 것이 없을 때, 나는 그녀에게 루퍼트 모델을 소개했다. 나는 그것이 그녀의 자기 인식에 도움이 될 것이라고 느꼈다. 우리는 중독과 생존 반응이 되어버린 과로에 관해 이야기를 나누었다. 그녀는 '잘 알아들었고', 청소년기에는 거식증으로 힘들었다고 말했다. 우리는 트라우마 감정이 다시 활성화하고, 생존 전략이 반응하던 '그때-거기'에 관한 이야기를 나누었다. 그러자 그녀는 자신이 충분하지 않은 것과 게을러서 벌 받을 것에 대한 두려움이 있다고 이야기했고, 즉시 '그때-거기'와 연결했다. 네 번째 세션에 왔을 때, 그녀는 우리의 대화에 관해 많이 생각했다고 말했다. 그녀는 현재 작업 상황에서는 이러한 생존 반응을 줄일 수 없을 것 같다고 느끼며, 자신을 위해 무엇이 더 건강할지 생각해보고 있다고 말했다.'

이 사례 역시, 우리의 건강과 행복을 위협하는 생존 자기 속의 자원들에 의존하기보다 어떻게 건강한 자기 안에 있는 자원을 사용할 것인가를 바라보게 한다.

사례 3.3

'그 고객은 직장에서 몇 가지 대인관계 문제를 겪고 있었다. 그는 통제를 원하는 것처럼 보였고, 자기 자신을 통제하고 있었다. 다른 사람들이 모두 다 변화하기를 원했지만, 자신의 행동이 별로 도움이 되지 않는다는 것을 알게 된 것 같았다.'

'나는 세 번째 세션에서 고객에게 이 모델을 소개했다. 왜냐하면 건강한 자기와의 접촉이 제한되어 있어서 별 진전이 없는 것 같았기 때문이었다. 그는 어렸을 때의 문제들에 관해 이야기했지만 별로 구체적이지는 않았다. 그는 여동생이 장애를 가지고 태어나서 많은 관심이 필요했다고 말했다. 여동생이 그보다 18개월 어렸던 것 같은데, 확실하지는 않다. 나는 그가 그것에 관해 전혀 이야기하고 싶어 하지 않는다고 느꼈다. 나는 단지 그가 흘린 몇 가지 말을 통해, 그가 어린 시절에 많은 혼란을 겪었을 것이라고 직감했다.'

'내가 그 모델을 소개했을 때, 그는 매우 관심을 보였고, 나는 '지금-여기'에서 '그때-거기'에 관해 이야기했다. 나는 그에게 건강한 자기에 관해 이야기해주었고, 최근에 건강한 자기로 있었던 때가 언제였는지 물어보았다. 그 경험은 무엇이었고, 어떻게 경험했는지? 누구와 어디서 무엇을 하고 있었는지? 나는 그가 이 시간에 대한 명확한 기억을 표면으로 가져올 수 있도록 하려고, 이것을 약간 앵커링 훈련 anchoring exercise을 하듯이 사용했다. 그런 다음 나는 "이제 좀 더 자주, 건강한 자기 속에 있으려면 무엇을 해야 할까요?"와 같은 질문을 했다. 나는 그가 모든 것을 너무 엄격하게 통제해야 한다는 필요성을 어느 정도 내려놓을 수 있도록 자신에게서 자원을 끌어내는 것에 대해 말해 주었다.'

이 코치는 건강한 자기와의 연결을 전경으로 가져오기 위해서 약간 다른 접근 방식을 사용했다. 위의 사례들은 더 충분한 자서전을 갖는다는 것이 얼마나 도움이 될 수 있는지 보여준다. 코치는 '지금-여기'를 '그때-거기'와 연결하는 작업을 조금 더 해야 한다. 그러나 이 마지막 사례의 경우, 할 수 있는 작업이 거의 없다. 건강한 자기에 초점을 맞추다보면 쓸 만한 정보가 좀 더 많이 드러날 수 있겠지만, 물론 꼭 그러리라는 보장은 없다.

일의 세계, 스스로 선택했든 부과된 것이든 맡은 역할들, 대인관계와 소속 그룹, 이 모두가 개인에게 다시 트라우마를 가져다줄 수 있다. 즉 '그때-거기'에서의 감정이 활성화하는 것이다. 그 결과로 생존 전략 반응은 더 고조된다. 어떤 경우에는 직업 자체의 속성이 높은 재외상 위험을 포함하기도 한다(예를 들어, 군대, 구조대, 건강 및 사회복지 같은 일이다). 우리가 '생존'에 갇혀 있을 때는 건강한 자기와 행복을 위해 최선의 결정을 내리고 행동하는 것을 잘 할 수 없다. **'이것이 나에게 건강한가, 건강하지 않은가?'** 라는 질문은 우리 자신에게 물어보고, 고객에게도 스스로 물어보게 해야 할 유용한 질문이다. 예와 같이, 코칭은 고객의 건강한 자기가 더 건강한 작업 환경으로 가는 길을 찾을 수 있게 지원하는 것이다.

모든 개입을 거부하고, 함께 일하기 가장 어려운 고객은 생존 전략들이 '매우 높음' 상태로 전환된 것처럼 보이는 사람들이다. 그래서 그들은 비판적이고 판단적이며 코치의 전문성을 거부하거나 그들이 원한다고 말하는 변화를 가져오는 데 필요한 자기 주체 의식에 도달할 수 없는 것처럼 보인다. 이들은 코치에게서 생존 전략 반응을 자극하는 고객들이다. 코치들은 그 자극에 반응해서, 지시적이고 통제적인 작업 모드로 전환하게 되거나 위축되고 소극적이 되거나 아무 기술도 먹히지 않는다고 느끼며 스스로 잘 못하는 비효율적인 코치라는 생존자 내러티브를 만들어낸다. 그 결과 코칭은 막혀버리거나 매우 어렵게 느껴지거나 크게 진전이 없는 것 같아진다. 코치가 판단 없이 따뜻한 마음으로 건강한 자기 안에 머문다면 고객의 건강한 자기를 목표로 하는 개입들을 좀 더 잘 사용할 수 있을 것이다. '어려운 고객'에 대해서 우리가 우선하여 해야 하는 반응은 우리가 그 어려움에 기여한 것이 없는지 살펴보는 것이어야 한다. 그러나 생존이 지배하는 고객은 여전히 코칭에 잘 반응하지 않을 수 있다. 그들이 변경을 원한다면, 심리치료의 길이 그들에게 가장 좋을 수 있으며, 그 대안에 접근하는 데 우리가 도움을 줄 수 있다.

제4장. 생존 자기

생존 자기는 생존 반응과 생존 행동의 복합적인 조합인데 나는 그것을 상호작용하는 세 그룹으로 나누었다([그림 4.1]). 이 장에서는 생존 자기의 특징과 그것이 코칭에 방해가 되는 이유에 초점을 맞춘다. 또 어린 시절 상처를 주는 환경에 대한 반응으로 우리가 구축하는 생존 정체성을 탐색한다.

생존 자기의 존재 인식하기

우리는 정기적으로, 특히 코칭이 잘 풀리지 않을 때, 생존 자기의 표현과 만난다. 우리는 **꼭, 반드시, 항상, 절대로,** 이런 단어를 사용하는 말 속에서 생존 자기의 표현을 듣는다. 우리는 완벽하고, 강하고, 다른 사람들로부터 독립하기를 원하는 사람들에게서 생존 자기를 관찰한다. 그것은 나르시시즘, '가면 증후군', '반항자rebel'의 페르소나persona와 같은 특정 행동 가운데 존재한다. 통제, 구출, 비판, 공격을 사용하는 데서 우리는 그것을 관찰한다. 또 순응하고 복종적인 행동에서, 그리고 슬럼프로 인해 무기력에 빠진 사람들이나 피해자 태도를 보이는 사람들에게서 생존 자기를 만난다. 코치인 우리 자신은 무능하게 느끼고, 자신이 고객에게 맞지 않는 코치라고 스스로 확신할 때 생존 자기와 만난다. 우리는 다른 사람, 역할 그리고 일과 관계 문제의 맥락 속에서 자주 생존 자기에 관해 듣는다.

휴식, 수면, 육체적, 정신적 건강에 관한 삶의 선택들이 미치는 영향을 무시할 때, 우리는 생존 자기의 존재 안에 있다. 생존 자기는 호의적인 자기가 아니며, 그것의 기능은 건강 악화, 소진 및 행복의 상실을 초래할 수 있다.

건강한 것이기도 하지만 생존 방어라고도 말할 수 있는 몇 가지 행동이 있다. 이는 그 행동이 어떤 자기에서 왔는지, 즉 건강한 자기에서 왔는지 생존 자기에서 왔는지에 달려있다. 예를 들어, 수술 후 재활을 위해 우리 자신에게 동기를 부여하는 것과 자신에게 벌을 주는 행동 사이의 경계는 어디일까? 그것이 의존성이나 취약성 감정을 회피하려는 수단으로 사용될 때, 그리고 몸을 훈련시켜야 하는 적^{enemy}으로 바라볼 때 그것은 벌을 주는 것이 된다. 몸으로 일하고 충분히 휴식한다면 그것은 건강하다. 생존 자기는 사람들과 가까워지면 트라우마 감정이 활성화 될까 봐, 다른 사람과 친밀해지는 것을 두려워하므로 진정한 연민과 공감을 할 수 없다. 결과적으로, 생존 자기로 살아갈 때 우리는 자신과 다른 사람들을 못되게 대한다. 생존 자기는 코칭에서 이른바 '그렘린^{gremlin}'이라 부르는 내부 비평가를 데리고 다닌다. 이 비판은 흔히 '그때-거기'에서 비롯된 반응이다. 예를 들어, 우리가 스스로 어리석다고 자책하고 있다면, 그것은 아마도 우리가 어렸을 때 사랑받기 위한 조건으로 '바보 같지 않거나' 영리해야 한다는 기대를 받았기 때문일 것이다. 우리가 어떠한 실수를 하거나 스스로 세

워놓은 높은 기준을 충족하지 못하게 되면, 상상 속의 다른 사람들이 우리를 거부하기도 전에 우리는 이렇게 자기-거부self-rejection와 만나게 된다.

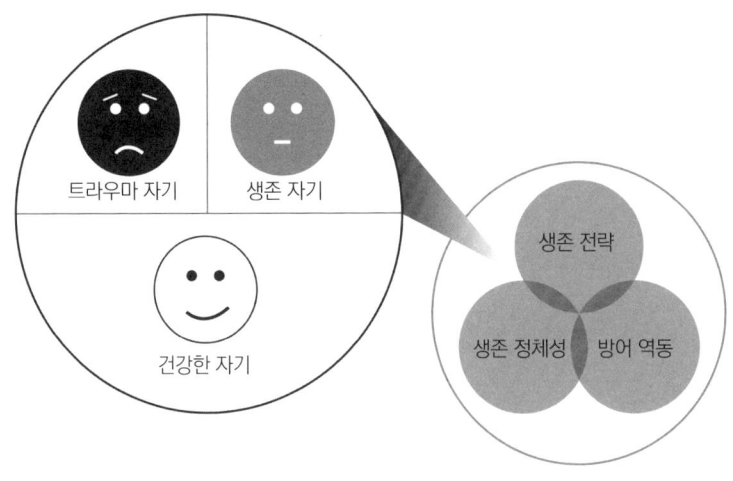

[그림 4.1] 생존 자기

출처: 프란츠 루퍼트Franz Ruppert(2012)에서 인용

생존 자기의 특성

생존 자기는 코칭할 수 없다. 왜냐하면 개인의 변화를 위해 필요한 정서적 경험을 차단하기 때문이다. 그것은 비효율적이거나 부적절한 코칭이 된다. 생존하는 자기surviving self와 그것이 어떻게 작동하는지를 이해하게 되면, 우리와 고객이 그것에 대해 작업할 때, 여러 요소를 의식적인 인식

으로 가져와 탐색할 수 있게 된다. 우리는 개인의 변화를 활성화하기 위해 건강한 삶에 초점을 맞추면서, 생존 자기와 관련해서도 코칭할 필요가 있다. 이러한 자기 인식은 건강한 자기를 확장하고, 해리와 재외상 없이 경험에 함께할 수 있는 능력을 확대하는 데 도움이 된다. 그것은 우리가 트라우마 전기에서 빠져나오는 데 기여한다.

생존 자기는 정체성 트라우마, 사랑의 트라우마, 섹슈얼리티 트라우마의 맥락 안에서, 우리가 관계적 환경에 반응하는 가운데 발달한다. 두려움/공포, 정서적 고통, 분노, 수치심, 그리고 취약성 같은 트라우마 감정들은 억압될 뿐 아니라, 신체가 느끼는 경험과의 연결도 최소화된다. 신체 인식은 우리의 경험을 탐구하는 데 필수적이다. 그것은 우리의 자기를 인식하는 배경background이 된다. 우리가 느끼는 감정을 알기 위해서는 두뇌의 데이터 처리와 신체 사이에 정보와 에너지의 흐름이 필요하다. 우리가 무엇을 느끼고 경험하는지 알려면 우리 몸과의 연결이 필요하며, 이는 건강한 자율성을 위해 필수적이다. 이 과정은 트라우마에 의해 손상된다. 만약 코치와 고객이 자신의 건강한 자기에 쉽게 접근하기를 원한다면, 그들의 경험을 처리하기 위해서 감각 경험 정보felt experience information의 흐름을 강화할 필요가 있다. 우리는 이 감각 경험이 무엇인지에 대해 코칭 세션들 내에서 정기적으로 자신을 들여다볼 필요가 있다.

트라우마로 인해 정보의 흐름이 막힌 곳에는 신체와의 단절이 생긴다. 몸은 우리 자신의 일부가 아니라 하나의 대상으로 보일 수 있다. 결과적으로 우리는 육체적 고통이나 극심한 피로 징후를 무시하고, 그것들을 우리가 현재 살아가는 방식에 어떤 변화를 만들 필요가 있다는 지표로 보지 않는다. 그 대신 우리는 흔히 증상을 유발하는 행동을 더 강화한다.

생존 자기로 사는 것은, 특히 40여 년을 그렇게 살아온 사람들에게는 매우 지치는 일이다. 휴식을 허용하기에는 자율적 규제가 너무 부족하고, 너무 많은 스트레스 호르몬이 나온다. 그것은 또한 기쁨, 활력, 자유의 느낌을 몰아낸다. 이런 감각들은 건강한 자기에 속한다. 생존 자기는 매우 자원이 풍부하다. 살아남기 위해서는 그래야만 했기 때문이다. 그러나 그것은 우리를 '그때-거기'로부터의 반응에 가두어 놓는 데에 유용한 자원일 뿐이다.

생존 자기는 '그때-거기'의 환경에 대한 적응이었으므로, 코치는 고객에게 거울을 비춰주어 생존 행동이 '지금-여기'에서 어떤 기능을 하는지 탐색하도록 초대할 수 있다. 코치는 신체 느낌과 건강한 자기 안에 있는 자원과의 접촉을 도와줄 수 있다.

생존 자기의 역동은 고객이 기꺼이 하고 싶어 할 경우에만 탐색해야 한다. 따라서 먼저 그들의 허락을 구해야 한다. '고객이 자신의 생존 행동을 공격하게 할 필요가 있다거나' 또는 '그들이 무엇을 하고 있는지 볼 수 있도록 도와야 한다'고 느낀다면, 그것은 코치 자신이 생존 자기 안에 있는 것이다. 이것은 바람직한 코칭 전략이 아니며, 고객에게 해로울 수 있다. 우리는 먼저 자신을 돌아보고, 고객의 그 생존 행동이 왜 그렇게 우리에게 영향을 미치는지 생각해보아야 한다. 그것이 우리에게 무엇을 불러일으켰는가? 우리가 그 일을 위해 도움받을 수 있는 성찰 공간을 스스로 허용한다면, '그때-거기'로까지 추적해볼 수 있다.

생존 자기가 삶을 주도하는 정도는 트라우마 전기 및 개인이 수행한 자기 성장 작업 정도에 따라 다르다. 정신 트라우마를 가진다는 것은 인간 조건의 일부이다. 사람마다 다른 것은 분열의 정도일 뿐이다. 따라서 우리는 모두 생존 자기를 가지고 있다. 어떤 사람에게는 다른 사람보다 생존 자기가 우세하다. 또 '지금-여기'의 환경이 '그때-거기'의 조건과 비슷하다면 생존 자기는 더 우세해질 것이다. 즉 한쪽 끝에는 생존 자기가 매우 우세하고, 다른 한쪽 끝에는 건강한 자기가 매우 우세한 연속선이다.

우리는 시간 변화에 따라 자신과 고객을 이 연속선상의 모든 지점에서 발견할 수 있거나, 거의 언제나 한 지점에서 발견하게 된다. 트라우마 전기가 클수록 생존 자기는 더 복잡해지고, 건강한 자기의 자원에 대한 접근은 줄어든다. 이런 경우에 코칭은 더 어려워진다. 우리가 당면하는 도전은 계속해서 건강한 자기와 연결을 유지할 수 있는 능력이 있는가이다. 코치나 고객에게 생존 자기가 더 우세하다면, 그래서 변화가 필요하다면, 심리치료적 도움을 받는 게 좋다.

건강한 자기의 특징

건강한 자기의 특징을 다시 한번 생각해 보자. 우리는 건강한 자기 안에 있을 때, 트라우마 감정을 억누르는 것과 닿아 있던 예전의 경로를 활성화하지 않고, 우리 몸에 각인된 느낀 경험embodied felt experience을 포함한 '지금-여기'에서의 경험에 반응하고 작업도 할 수 있다. 몸과 마음과 정서가 조화롭게 작용하며, 어느 것도 우리의 인식에서 단절되지 않는다. 그래서 우리는 우리에게 무엇이 건강한 것인지를 안다. 여기에는 관계, 역할 또는 환경이 건강하지 않다면, 스스로 알아서 거기서 벗어나려고 행동하는 것도 포함한다. 우리는 자신이 주체적으로 행동하는 데 필요한 정보의 흐름을 가지고 있어서, 다시 상처를 입을 것 같은 상황에서 자신을 구출해낸다.

　우리는 연민과 공감을 할 수 있으므로 스스로 공격하지 않는다. 우리는 자신이 어떤 면에서는 다른 사람들보다 더 낫다는 것을 안다. 우리가 실수하거나 무언가를 잘못 판단한다 해도 자신을 질책하지 않고, 그 일에서 배운다. 우리는 프로젝트가 실패한 것과 스스로 실패자가 되는 것의 차이점을 안다. 또는 생존을 위한 애착과 건강한 애착과의 차이, 연민으로 가장한 동정, 또는 평정을 가장한 무관심의 차이를 분별한다.

　우리는 정신적으로 깨어있고, 자신에 대해 호기심을 가지며, 성찰하고, 그것을 통해 배울 수 있다. 우리는 기쁨, 사랑, 그리고 창조적인 에너지를 느낄 수 있다. 그리고 삶에 긍정적으로 참여한다.

코칭에서 생존 자기의 특성을 관찰하는 방법

생존 방어는 사람들이 변화를 깊이 고려할 때 활성화한다.

- 'L은 더 나은 일과 삶의 균형을 원해서 코칭에 왔습니다. 그는 자신에게 바람직한 시간보다 더 많은 시간을 일한다고 알고 있었어요. 그렇지만 우리가 코칭에서 모든 노력을 했는데도, 그는 일 양을 줄이는 방법을 찾지 못했습니다. 우리는 모든 종류의 가능성을 살펴보았고, 그는 정말로 노력하는 것 같았는데, 결국은 돌아와서, 일을 줄이는 게 불가능했다고 말했습니다.'
- '나는 S와 약간의 돌파구를 만들었다고 느꼈어요. 그녀는 정말 적극적이었고, 그녀의 업무 관행을 바꾸고, 동료들에게 이야기해서 자신의 근무 시간을 줄이

겠다고 마음을 먹었습니다(그녀는 매일 긴 시간 일하고, 주말에도 일하고, 집에서도 일하고 있었습니다). 그녀가 돌아왔을 때, 아무것도 변한 게 없었고, 오히려 다른 프로젝트에 착수했으며, 다른 모든 일보다도 그 일을 먼저 '해야 한다'라고 말했어요. 나는 그녀로 인해 너무 좌절감을 느꼈어요.'

이러한 반응들은 그 행동을 하게 만드는 근원적인 두려움과 감정에 들어가지 않고, 행동 변화를 피상적으로 탐색할 때 발생할 수 있다. 고객이 그것들을 탐색하려 하지 않을 수도 있고, 코치가 그러한 상황이 유지되는 이유에 대한 호기심을 가지려하지 않을 수도 있다. 어떤 고객은 변화할 수 없을 것 같아 낙심할 수도 있다:

'K의 목표 가운데 하나는 창의적 활동을 하기 위한 시간을 내는 것입니다. 그녀는 그림을 그리고 시를 쓰기 원해요. (그녀는 과거에 글을 좀 썼었어요.) 그러나 너무 피곤하고 여유가 없다는 것을 알았지요. 우리는 무엇이 가능할지 보면서 이 일에 대해 함께 작업했고, 그녀는 (내 생각에는) 자기가 하고자 했던 행동을 하기로 동기를 부여받고 간 것 같았어요. 그런데 다시 왔을 때 그녀는 불행하다고 느꼈어요. 왜냐하면 아무것도 할 수 없었기 때문이에요; 사실 그녀는 이제 그것을 하고 싶어 하는 것은 이기적인 것이라고 자신에게 말하고 있어요.'

K의 예는 생존 피로tiredness를 보여준다. 자신이 바라는 여유 공간을 만들기 위해 K는 일과의 관계 및 어떤 생존 애착 과정이 일어나는지 기꺼이 살펴볼 필요가 있다. 코칭은 건강한 자기에 대한 탐색을 지시함으로써 그 일을 도울 수 있다. 우리는 생존 자기를 코칭하지 않도록 조심해야 한다.

그렇지 않으면 변화는 차단되어 버린다.

생존 자기는 '직감'을 포함한, 느낀 경험에 다가가서 작업하는 데 필요한 정보 흐름을 억제하고, 그럼으로써 내적 변화를 방해하는 방어를 제공한다. 결과적으로 사람들은 자기 감정에 대한 혼란이나 불신을 경험하고, 또는 감정을 설명하거나 식별할 수 없게 된다. 이것에 대한 가장 그럴 법한 이유는 어린 시절에 그들의 감정이 무시되거나 묵살되거나 재명명되었다는 것이다. 그들이 어렸을 때 '화를 내서는 안 돼' 또는 '바보같이 굴지 마'라는 말을 들었거나, 고통을 못 느끼게 하려고 음식 같은 무언가가 주어졌을 것이다. 어떤 고객은 이런 상태에 있다:

'C는 자신이 처한 딜레마에 관해 이야기하고 있었고, 그 속에 꼼짝없이 붙잡혀 있다고 느꼈습니다. 나는 그녀의 직관적 본능이 무엇이라고 말하는지 물어보았어요. 그녀는 당황한 표정을 지으며 말했지요, "모르겠어요, 진짜 아무 느낌이 없어요." "만약에 알 수 있다면, 그것이 뭐라고 말할까요."라고 내가 물었을 때, 그녀는 "나더러 떠나라고 말하지만, 그건 완전히 말도 안 돼요. 도저히 그럴 수가 없어요." 그 대안이 막혀버리자 나는 우리 사이에 벽이 생긴 것 같았습니다. 문이 열리는 것 같았지만, 지금은 아무것도 없어요.'

코칭 세션 중에 고객의 몸을 인식하게 하는 것이 탐색에 도움이 될 수 있다. 예를 들어, '그것이 **당신의 몸 어디에서 느껴지나요?**' 또는 '**거기에 앉아서, 당신은 몸에서 무엇을 인식하고 있나요?**', 또는 신체를 의식적으로 인식하게 하는 유사한 신체 경험을 질문해보라. 이것은 흔히 생존 속에 있는 사람들에게는 대답하기 쉬운 종류의 질문이 아니며, 그래서 그들은 질문을 거부하거나 무시할 수 있다. 고객이 질문에 대해 '모르겠어요' 또는 '**나는 아무것도 몰라요**'라고 반응하면, 항상 '**모른다는 것에 대해서는 어떻게 느끼나요?**'라고 물어볼 수 있다. 탐색으로의 초대는 건강한 자기를 겨냥하는 것으로, 비록 고객이 느껴지는 감각이나 감정에 접근하지 못한다 할지라도 그것은 쓸데없는 질문이 아니다.

몸을 통해 느껴지는 경험과 접촉한 고객에게 어떤 감정이 가장 중요하냐고 물으면, 신체 어느 부분에 그 느낌이 있는지 식별할 수 있다. 예를 들어:

'그녀에게 어떤 감정이 가장 중요하냐고 물었어요. Z는 약간 짜증이 난다고 대답했어요. 내가 그녀에게 그녀의 몸 어디에서 그 감정을 느끼는지 물었을 때 그녀는 잠시 멈췄다가, 쇄골/목 부위에서 느낄 수 있다고 말했어요. 나는 그녀에게 그 느낌에 머물면서 무슨 일이 일어나는지 볼 수 있는지 물어봤어요. 그녀는 그렇게 할 수 있었고, 그것은 그녀가 무시당하는 느낌을 얼마나 중요하게 생각하고 있는지 인식하게 만들어 주었어요. 그래서 우리는 그것에 관해 이야기를 나눌 수 있었지요. 이렇게 하지 못하고 자주 아무 느낌이 없다거나 무감각하다고 보고하는 내가 함께 일했던 다른 사람들과는 달리, 이 고객은 자신이 느끼는 것에 대해 성찰할 수 있었어요.'

코칭에 그러한 질문을 가져가면 저항에 부딪힐 수 있다. 그것은 고객을 놀라게 하거나 혼란스럽게 할 수도 있다. 이런 반응을 받지 않으려면 고객과의 초기 대화에서 가능성을 열어놓고, 계약 내용의 일부로 다루라. 그것이 이러한 측면의 작업에 대한 구조를 제공해준다. 사전 준비와 고객의 허락 없이 그것을 도입하면 고객이 코치에게 가져야 할 신뢰를 훼손할 수 있다. 고객이 기대할 수 있는 코칭 과정의 요소들을 명확히 할 필요가 있다.

코치로서 우리 자신이 느끼는 경험은 고객에 대한 우리의 반응과 또 고객으로부터의 감정 전이와 관련한 귀중한 정보가 된다:

'그와 함께 있는 동안, 불안이 올라오는 것을 알아차렸기 때문에 심호흡을 몇 번 했습니다. 나는 그것이 내 안에 있는 무언가라고 느꼈고, 나중에 성찰하기 위해 기록해 두었어요. 그렇지만 그것이 그가 느끼는 감정인지도 모른다는 마음이 들었어요. 나는 내 감정을 노출하고, 이 감정이 그와 관련 있는지 물어보기로 했어요. 그는 그렇다고 말했고, 그런 다음 자신의 불안에 관해 이야기했습니다.'

우리가 고객에게 어떤 감정이 있는지 궁금해하는 것은 자기 성찰의 중요한 요소이다. 왜냐하면 그것은 자기 인식으로 들어가는 귀중한 입구이기 때문이다.

건강한 자기 안에서 우리는 고통을 차단하거나 고통에서 벗어나려고 다른 사람들을 공격할 필요 없이, 분노, 슬픔, 정서적 고통, 비애를 느낄 수 있다. 또 우리는, 예를 들어 '**내 잘못이다. 나는 항상/절대로/반드시/해야만 한다**……'와 같이 생각하는 희생자 태도를 보이지 않고 감정을 느낄 수 있다. 건강한 자기 감정은 기억이나 상황과 관련하여 자연스럽게 일어났다가 잠시 뒤 사라진다. 그것들은 강렬하고, 짧고, 상황에 부합하고, 몸으로 느껴진다.

생존 감정들은 현재 상황에서 명확하게 발생하지 않고, 끝이 명확하지 않고, 오래 지속하거나 반복적으로 재발하는 경우가 많다. 그것들은 사람을 지치고 좌절하게 만든다. 그것들은 현실에 참여하지 못하게 방해하고, 변화에 건설적이지 않다. 그 감정들이 아무리 우리를 괴롭게 해도, 그것들의 기능은 모든 것을 동일하게 유지하는 것이다. 다음 예는 그러한 고객과 그녀가 코치에게 미치는 영향에 대해 보여준다.

'제 의뢰인 B는 눈물을 흘리며 엄청 많이 울곤 했는데 그녀와 나는 왜 그러는지를 몰라서 힘들었어요. 그것이 좌절의 눈물인지 슬픔의 눈물인지 분명치 않았어요. 제가 그녀에게 그것에 관해 물었을 때, 그녀는 "눈물이 마치 끝없는 웅덩이에서 나오는 것처럼 느껴지고, 울면 더 기분이 나빠져요. 끝이 없는 것처럼 느껴요. 무엇 때문인지 잘 모르겠어요. 때때로 펑펑 울어요. 나는 직장에서는 울지 않으려고 아주 열심히 노력하지만 눈물이 나올 것 같을 때는 자주 화장실로 가야만 했어요. 너무 한심한 것 같아요." 우리는 자기-공격self-attack에 대해 어느 정도 작업을 했지만, 우는 것에 대해서는 알 수가 없어서 조금 헤맸어요. 그녀에게 그것에 관해 물으면, 울지 않게 할 수는 있어보였지만, 앞으로의 가능성을 볼 때 다시 울 것이라고 알고 있어요.'

이 고객은 생존 속에 있어서 코치가 혼란스럽다. 다음 예에서처럼 생존 감정을 표현하는 사람과는 어떤 감정적 연결도 느껴지지 않는 것이 일반적이다:

'N은 걷잡을 수 없이 많이 울었어요. 그녀가 울 때, 저는 뭐라 할까 지루함 외의 아무것도 느끼지 않는다는 것을 깨달았어요. 다른 고객이 경험이나 기억에 관해 이야기하면서 울면, 저는 그들의 감정에 마음이 움직여요. 그런데 N과는 아무런

느낌도 없어요.'

고객이 어떤 감정을 표현하든지 우리는 우리 자신의 생존 반응을 조심해야 한다. 그들을 안심시키거나 그들이 느끼는 어떤 상황에서 구출하려고 서두를 수 있다. 우리는 그들의 감정적 표출을 불편하게 느낀다는 것을 미묘하게 드러낼 수 있다. 생존 감정에 있을 때, 사람들은 구출되거나 보살핌을 받고자 하는 무의식적 욕구를 가질 수 있다. 그러나 그것은 '그때-거기'의 반응이므로 그것에 붙잡히지 않도록 피할 필요가 있다.

생존 분노는 사람들을 밀어내는 데 사용될 수 있다. 분노의 크기는 일반적으로 자극받은 트라우마 감정의 양과 정확히 정비례하며, 이는 진압되어야 한다. 분노하는 고객은 어렵고 도전적일 수 있다.

'고객 Y는 항상 너무 화를 내요. 그래서 코칭에 의뢰되었어요. 그와 함께 있는 것이 너무 어려워요. 그는 제게도 화를 내요. 그래도 저는 침착하게 제게 소리쳐서는 안 되며, 계속 화를 내면 세션을 종료하겠다고 말할 수 있었어요. 저는 그가 얼마나 화가 났는지 안다고 말하고, 자신의 분노가 다른 사람들에게 미치는 영향을 생각해 보도록 청했어요. 그리고 제게 미치는 영향에 대해서도 좀 말했지요. 그러자 그는 조금 진정되는 것 같았고, 비로소 그 분노가 어디서 왔고 무엇에 관한 것인지 탐색하도록 초대할 수 있었어요. 그는 그렇게 할 수 있었어요.'

만약 이 코치가 자신의 '그때-거기' 경험 때문에 고객의 분노에 걸려들었다면 그는 곧바로 생존 쪽으로 움직였을 수 있다. 그로 인해 소리를 지르거나, 난폭해지거나, 공격에 무너졌을 것이다. 코치가 자신을 통제하지 못하는 화난 고객과 함께 방에 머무를 필요는 전혀 없다. 그렇지만 중요한 것은 우리가 그것을 어떻게 다루느냐이다. 우리가 생존 자기로 있을 때보다 건강한 자기로 있을 때 다른 영향을 미치게 될 것이다.

생존 자기에서 나오는 감정 표현은 치유나 안심을 가져다주지는 않는다. 밑에 있는 트라우마의 표시로 감정들이 표현되었을 때 공감과 감정이 입을 하지 않아도 된다는 말은 아니다. 그렇지만 고객이 그 감정들을 경험하는 것은 힘들지만, 그것이 변화를 끌어내지는 못한다. 생존 감정들은 코치에게는 혼란스럽고, 고객에게는 괴롭고 수치스러울 수 있다. 우리가 가진 대안은 질문이나 피드백을 제공하는 것이다. 예를 들면 다음과 같다.

- '얼마나 괴로우신지 알겠어요. 이 감정들에 관해 제게 무언가 말씀하실 게 있나요?'
- '당신이 바라는 것(또는 미래의 가능성이나 촉발 요인이 무엇인지)에 관해 이렇게 눈물과 고통 없이 이야기하는 게 어려울 것 같다고 생각해요. 이 점에 대해 어떻게 생각하세요?'
- '당신의 한 부분이 매우 괴로워하는 것으로 보입니다, 이 부분에 대해 당신은 뭐라고 말할 수 있습니까? ('부분part'이라는 용어를 사용해서 할 수만 있다면 건강한 자기가 말할 수 있는 여지를 만든다.)
- '당신의 이 부분은 무엇을 보호하거나 필요로 할까요?'

생존 정체성 survival identity

생존 자기 요소 가운데 하나는 생존 정체성이다. 이것은 일련의 특성과 행동 패턴의 집합으로 우리가 자신에 대해 생각하고, 설명하는 방식이 된다.

생존적 '나'(정체성)는 우리의 초기 관계에 대한 반응에서 발달한다. 그것은 우리의 건강한 자기감을 대신하여 발달하는데, 우리 주위의 누구도 그것을 환영하거나 격려한 바가 없다. 우리는 어린 시절의 환경에서 생존하기 위해 어떤 특성들을 취하는 법을 배운다. 우리의 이런 정체감은 생존 반응들로 구성되었지만 '외견상으로는 정상적인 자기'(Ogden & Fisher, 2015)인 것처럼 경험된다.

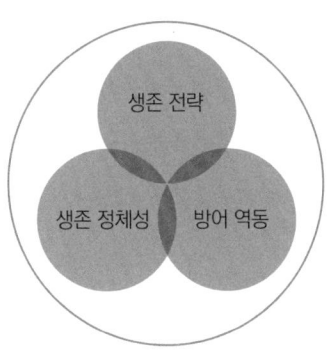

[그림 4.2] 생존 자기의 구성 요소

우리 자신 및 자기감과 건강하게 연결되고, 타고난 재능과 능력을 개발하려면, 우리는 그것을 환영하는 방식으로 양육되어야 한다. 부모는 자신의 욕구를 기꺼이 한쪽으로 밀어놓고, 민감하고 침착하게 반응할 필요가 있다. 부모는 우리를 그들의 필요를 충족해주는 대상으로서가 아니라, 우리 자신을 위해 원해야 한다.

안정 애착 패턴은 건강한 자기감과의 연결을 촉진한다. 정신 분열 모델은 우리가 모두 계속 활용이 가능한 건강한 자기를 가지고 있으며, 그것은 자기-성찰, 자기-연민, 자각, 자신과의 정서적 접촉을 위한 자원을 지니고 있다는 것을 보여준다. 그러나 건강한 자기의 강도와 그 안에 있는 자원에 접근할 수 있는 우리의 능력은 우리의 트라우마 전기의 깊이와 직접 관련이 있다.

말하기 전에, 우리는 가까운 사람들이 우리에게 어떻게 반응하는가를 통해 자신에 대한 '관념'을 구축하기 시작한다. 우리는 돌보아주는 사람이 우리를 어떻게 안아주는지, 우리에게 어떻게 말하고 어떤 어조를 사용하는지, 우리의 필요에 어떻게 반응하는지 그들의 반응을 보고 느낀다. 말을 한 뒤에는 다른 사람이 우리에게 말해준, 주어진 내러티브와 우리 스스로 창조한 내러티브, 그리고 우리가 만들어낸 정체성을 받아들이게 된다. 만약 건강한 자기가 매우 튼튼해서, 이면에 깊이 숨어있는 이 주어진 정체성assumed identity과 감정들을 성찰하고 탐구할 수만 있다면 이 모든 것들은 얼마든지 탐색할 수 있다.

우리는 우리 자신에 관해 이야기하거나, 자서전을 탐색하거나, 고객과 교류할 때 생존 정체성 요소들에 관해 듣게 된다. 우리는 고객이 받아들여서 자신에 대해 '믿게 된 것'을 듣는다. '**나는 이런 사람이에요**……' 같은 말들은 항상 생존에 관한 진술이다. 생존적 '나'는 아동이 대상으로 보여서 대상화될 때, 정체성 트라우마, 사랑의 트라우마, 섹슈얼리티 트라우마에 대한 반응으로 형성된다. 앞서 제시했듯이, 수태에서 시작해서 이후로 상처받은 부모에 대한 모든 반응 가운데서 이 일이 일어날 수 있는 이유는 다양하다. 시작부터 아기는 엄마나 동거인의 필요를 채우기 위해서, 또는 엄마나 동거인 가운데 누군가가 원치 않았는데 생겼거나, 죽은 아이 대신이거나 또는 부모의 기대와 열망을 충족하기 위해 잉태될 수 있다.

나는 앞에서 그런 이야기들이 아이들에게 전달되는 방식, 즉 아동에게 고통과 괴로움을 남기는지, 아이에게 미치는 영향보다는 이야기를 나누는 사람의 고통을 강조하는 방식으로 전달되는지에 관해 이야기한 적이 있다. 가족 가운데 누군가는 무언가 숨기는 게 있다는 느낌을 받는데도 가족들은 비밀을 지킨다. 가족들은 환상을 만들고, 항상 진실을 말해주지는 않는다. 어른이 되어 묻고 싶어질 때, 부모님은 병약해지고 돌아가셔서, 답을 얻거나 명료화하는 것이 어려워지기도 한다.

부모들은 흔히 아이들에게 실제로는 맞지 않는 특성을 부여하고, 그렇게 규정해 버린다. 다음에 몇 가지 예가 있다:

- '네가 가족 중에서 제일 빛나는 아이야.'
- '항상 열심히 일할 필요가 있어.'
- '너는 X를 하기에는 너무 키가 크거나, 작아.'
- '너는 예쁜 아이야.'
- '네 형은 항상 너보다 뛰어날 거야.'
- '너는 너무 예민해.'
- '너는 약해 또는 너는 강해.'

부모는 자녀에게 직접 말해줄 필요가 없다. 그 대신 아이를 대하는 그들의 행동을 통해 어떤 속성이 있음을 암시한다. 나는 아홉 살 때 발레 슈즈 한 켤레를 간절히 원했는데, 발레를 하기에는 내 키가 너무 크다는 말을 들었던 것이 기억난다. 나는 그 말에 붙잡혔다. 실제로 내 키가 크다는 말을 들었는지, 아니면 어떤 식으로 나에게 전달됐는지는 모르겠지만, 나는 그 말을 늘 품고 있었다. 진짜 이유는 아마도 발레 레슨비를 내지 않기 위해서이거나, 레슨에 참여하도록 마련하는 것이 너무 어려웠기 때문이었는지 모른다. 결국 왜 그랬는지는 중요하지 않다. 지금 중요한 것은 내가 왜 그것에 붙잡혀 있고, 왜 그것이 계속 영향을 미치고 있는가이다. 아이들은 이렇게 그런 속성을 타고난 것으로 여기고 성인이 되어서도 의심의 여지 없이 계속 믿는다. 코칭은 이러한 것에 관한 탐색을 돕고, 고객이 원하는 지점에서 도전할 수 있도록 돕는다.

동일시는 우리가 건강한 자기감을 키우지 못해 남겨진 공백을 채우려고 다른 사람들의 측면들을 흡수하는 것이다. 예를 들어, 아이들은 무의식 수준에서 '**나는 아빠처럼 될 거야**' 또는 '**나는 아빠하고는 완전히 다른 사람이 될 거야**'라고 결정할 수 있다. 둘 다 정체성을 주장하는 방식이다. 우리는 또한 부모님의 생존 전략을 받아들여 우리 것으로 만든다. 우리는 무의식적으로 그들을 모델링한다. 우리는 또한 고객과 동일시해서 변화를 위한 우리 자신의 욕구를 다루기보다 고객의 변화를 지지하는 데 더 집중할 수 있다.

성 조건화 역시 동일시일 가능성이 있다. 우리는 어릴 때 여자아이나 남자아이는 어떠해야 한다는 말을 들었고, 장난감이나 옷을 줄 때 여자아이에게는 분홍색, 남자아이에게는 파란색을 줌으로써 그런 특성을 강화했으며, 삶에서 우리의 위치가 어디라는 것을 배웠다. 우리는 기대와 한계를 '주어진' 것으로 흡수하거나 그것들에 반항아가 되거나 한다; 이 두 가지가 모두 생존 정체성이다.

역할, 진단, 감정 및 행동과의 동일시는 평생 지속하는 생존 전략이다. 우리는 특정 직업에 소속되거나 특정 신념 체계 또는 스포츠 팀과 동일시하는 것이 우리 자신의 중심 부분이라고 결정할 수 있고, 다른 대안을 고려해보지 않을 수 있다. 모든 생존 행동에는 동일하게 끌려가는 성질^{same driven quality}이 있다. 우리는 고객이 자신이 선택한 직업에 관해 말하는 것 속에서 그 예시를 들을 수 있다.

> '나는 이 일이 매우 스트레스가 된다고 느끼고, 다른 일을 하고 싶은데도 변호사가 아닌 것에 대해서 생각해보지 않았으므로 계속 끝까지 변호사입니다.'

이 고객은 자신의 생존 자기를 통해 자기 직업과 동일시하는 것이 분명해보인다. 다른 대안을 탐색할 여지가 없다. 정체성이 동일시에서 비롯되는 경우, 그 동일시에 집착하거나 의존하는 경향이 있다. 사람들은 경력을 바꾸기보다 자기 경력이나 복지를 위해 바람직한 기간보다 훨씬 더 오랫동안 한 직장이나 회사에 머무른다. 예를 들어:

> '돌이켜보면 나는 내가 했던 것보다 훨씬 빨리 X를 떠났어야 했다는 것을 알아요. 내가 왜 정말 안 그랬는지 모르겠어요. 나는 그 일을 하는 것이 내 일부라고 느꼈어요. 결국 떠난 것보다 3년쯤 전에 벌써 떠났어야 했어요. 막상 떠나려고 했을 때, 나 자신의 일부를 잃어버리는 것처럼 정말 힘들게 느껴졌어요.'

비양육적인 환경인데도 거기에 집착하는 것 역시 불안정 애착의 예이다. 이것은 '**여기 남아 있으면, 언젠가는 내게 필요한 사랑과 인정을 받게 될 거야**' 그리고 '**떠나면 나는 혼자가 될 거야**'라는 신념 같은 것에서 나온 '그때-거기'에서 온 패턴이다.

어떤 사람들은 지속적인 생존 정체성을 발견하지 못한 채, 그걸 찾으려고 한 직업이나 역할에서 다른 것으로, 또는 하나의 영성적 실천에서 다른 것으로 옮겨 다닌다.

'켄Ken은 매우 다양한 경력이 있었습니다. 그는 사회복지사로 시작했다가 교사로 재교육받기로 결정하고, 몇 년 동안은 가르쳤습니다. 그러다가 방향을 바꿔 비즈니스 트레이너가 될 기회를 보게 되었고, 그 과정에서 추가로 필요한 자격을 갖추었습니다. 그는 계속해서 보람과 성취의 느낌을 기다렸으나 그런 느낌은 오지 않았습니다. 그는 또한 매우 지쳐가고 있으며, 그 느낌을 떨쳐 버릴 수 없을 것 같음을 알게 되었습니다. 그러자 그는 코치가 되기 위해 다시 훈련받으려는 마음을 먹고, 그렇게 했습니다. 수퍼비전에서 그는 아직도 자신에게 꼭 맞는 일을 찾았다는 느낌이 없지만, 재정적 책임이 있어서 지금은 아무것도 할 수 없다고 말했습니다.'

켄은 모든 경력에 걸쳐 효율적이고 성공적이었다. 그는 잘하기 위해 자신을 밀어붙여 노력했지만 한 번도 자기 일과 삶에서 만족을 느끼지 못했다. 켄은 생존 자기에 의해 끌려다니면서, 그에게 의미를 줄 하나의 정체성을 찾고 있었다. 그는 무의식적으로, '그때-거기'에서 빠져있던 소속감과 사랑받고 필요한 존재라는 느낌을 찾고 있었을 것이다. 그 과정에서 그는 지쳤고, 활력과 의욕을 잃어버렸다고 느꼈다.

우리는 또한 감정에 대한 동일시identification with emotions를 정체성을 결정하는 요인으로 사용한다. 이는 우리가 '**나 화 났어요**' 또는 '**나 우울해요**'라고 말할 때 일어난다. '**내 일부가 화를 느낀다**' 또는 '**내 일부가 우울해 한다**'라고 말하는 것이 얼마나 다르게 들리는지 한 번 들어보라. 여기서 '나'는 감정에서 분리되고, 그렇게 함으로써 우리는 건강한 자기인 '나'를 위해 감정과 동일시하는 것에 관해 탐색할 공간을 제공해준다. 고객이 어떤 감정을 알아차렸다는 것을 듣게 되면, 그들에게 '**나는 …… 느껴요**'에서 '**내 일부가 …… 느껴요**'로 재진술해보도록 격려하라. 고객이 원할 경우, 바로 그 지점에서 우리는 그 감정의 질과 그 감정이 어디에서 오는지 물어볼 수 있다.

진단에서도 같은 일이 일어난다. 사람들은 '**나는 당뇨병이에요**' 또는 '**그는 양극성이에요**'라고 말할 것이다. 우리는 '**나는 당뇨병을 갖고 있어요**'라거나 '**그는 양극성 장애 진단을 받았어요**'라고 말함으로써 생존 정체성을 내려놓을 수 있다. 우리는 언어 사용에 조심해야 한다. 그러지 않으면 우리마저도 잘못 규정하게 될 것이다.

섹슈얼리티 트라우마 역시, 개인의 경계를 인식하고 보호하는 것에 대한 서툶을 통해서 또는 성을 어떻게 표현하고 사용하는가에 있어서, 생존 자기를 통해서 표현된다. 이것이 어떤 사람들에게는 중요한 문제일 수 있는데도, 성sex과 성성sexuality은 코칭에서 거의 제기되지 않는 문제이다. 고객이 쉽게 이야기하려 하지 않거나, 코치가 피할 수도 있는 주제이기 때문이다.

제4장. 생존 자기

생존 자기로부터의 양육방식

생존 자기에서 비롯되는 양육방식은 아이들에게 생존 자기 적응survival self-adaptations을 하게 만든다. 부모의 생존 자기가 양육 의지를 어느 정도 가지고 있느냐는 부모의 트라우마 전기에 달려 있다. 양육방식이라고 하면 과잉 보호, 괴롭힘, 보호 부족, 거짓 애정pseudo-affection, 이상화(예: 아동은 잘못을 저지를 수 없음), 엄격한 체제와 기대감 설정, 또는 체제나 경계가 없거나 하나의 접근 방식에서 다른 접근 방식으로 바뀌는 혼란스러운 행동 등으로 광범위하다. 이러한 양육방식은 아이가 안전하지 않고 사랑받지 못하고 원치 않는다는 느낌이 들게 한다.

출생 순위place in the birth는 유아들에게 줄 수 있는 시간과 관심 측면에서 영향을 미친다. 또 장애가 있거나 만성질환이 있거나 사망한 형제자매가 있는 보호자의 경우 다른 아이들에게 쏟을 수 있는 시간과 관심에 영향을 미칠 것이다. 형제자매 사이의 우애는 어려운 환경 속에서 서로서로 도울 수 있고 유대감 형성을 가능하게 하지만 때때로 괴롭힘과 성적 학대의 경우 그들은 외상적 양육 환경의 일부가 된다. 부모는 자녀들에게 차별적으로 반응하기도 한다. 예를 들면, 어떤 이들은 한 아이를 다른 아이와 비교하거나, 미묘하게 형제 중 한 명의 요구에 더 주의를 기울인다. 이것은 생존 자기의 이야기와 귀인의 일부가 될 수 있다. 같은 가족의 자녀이지만 같은 양육방식을 경험하지 않는다. 환경에 대한 아이들의 반응과 마찬가지로, 각각의 유전적 특질, 가족의 질서, 개인의 경험은 독특성을 나타낸다.

우리는 또한 자신의 경험에 대한 이해를 돕기 위해 자기만의 이야기를 만든다. 만약 어린 시절의 경험이 사랑받았다거나 좋았다고 느껴지지 않았다면, '**나는 사랑스럽거나 호감 있는 사람이 아니야. 만약에 그런 사람이었다면 왜 엄마, 아빠가 나를 사랑하지 않았을까?**'라고 생각할 수도 있다. 부모가 자신을 원하거나, 사랑하거나, 또는 보호할 수 없었다고 생각하는 것은 너무 괴로운 일이므로 아이들은 그들의 경험을 자기 책임으로 돌린다. 우리는 자신의 생존 자기 속에 이러한 자기 신념을 깊이 간직한다.

우리는 이러한 고통스러운 경험에서 무의식적인 이야기를 만들어낸다. 그리고 그것은 생존 정체성의 일부가 된다. 예를 들면 다음과 같다.

- '내가 열심히 일하거나 노력한다면, 나는 사랑받거나 인정받을 수 있어.'
- '내가 고개를 숙이고 있으면 아무도 나를 비난하지 않을 거야.'
- '내가 크게 소리치지 않으면 아무도 내 말을 듣지 않을 거야.'
- '나는 다른 사람들을 돌봐야 해. 그러면 그들은 나를 돌보아주거나 나를 떠나지 않을 거야.'
- '완벽한 존재가 날 지켜줄 거야.'
- '나는 나 자신이 정말로 충분하지 않다는 것을 마음속 깊이 알고 있어서 끊임없이 나 자신을 증명해야 해.'
- '나는 정말로 누구에게도 의지하지 않아. 사람들이 항상 나를 실망하게 한다는 것을 알기 때문이야.'

이것들은 사랑의 트라우마를 표현한 것이다. 생존 행동이 탐색에 개방적일 때, 일부 고객은 그 행동이 무엇에서 유발된 것인지 명확하게 설명할 수 있다.

우리는 또한 우리의 재능에 관한 자질과 정체성, 그 재능의 한계, 그리고 우리가 할 수 있고 하지 않을 수 있다고 믿는 것들에서 이야기를 만든다. '**누가 그런 말을 했나요?**'와 '**그런 생각은 어디서 나오는 건가요?**'와 같은 코칭 과제는 유용한 개입이다. 마찬가지로, 특정 역할이나 직업과 동일시 또는 얽혀 있는 것으로 보이는 경우 다음과 같이 질문할 수 있다.

- '다른 선택을 한다면 어떤 일이 일어날까요?' 그리고/또는 '다른 선택을 한다면 무엇을 얻을 수 있을까요?'
- '당신에 대한 다른 사람들의 기대와 자질에 부합하기 위해 어떤 면에서 이 진로에 이끌렸을까요? 또는 이 역할을 맡음으로써 가족 가운데 누군가와 어떤 식으로 동일시될 수 있었나요?'

'**무엇을 원하는가?**'는 건강한 자기에게 더 깊은 대답을 얻는 데 도움을 주기 위해 여러 번 물어볼 수 있는 유용한 질문이다. 생존 자기에서 욕구는 '**하고 싶다**', '**할 수 있었으면 좋겠다**', '**해야 한다고 생각한다**'처럼 들린다. 건강한 자기가 주는 대답은 주저 없이 '**나는 …… 을 원한다**'이다.

어떤 사람들은 양육방식에 순응하는 방식으로 반응하는 반면, 어떤 사람들은 반항적이 될 수 있다. 이것은 일반적으로 청소년 발달의 일부이며 보통 지나간다. 그러나 일부에서는 생존 자기의 핵심 부분이 되기도 한다. 반항아rebel 역할을 받아들이는 사람들은 그들이 순응하는 것을 피해야 한다고 느끼고 흔히 적대적이거나 공격적인 방식으로 행동한다. 성인의 건강한 자기는 규범의 강요에 도전할 수 있지만, 받아들일 수 있다고 여겨지는 것 이상의 것을 요구하지 않는 곳으로 떠나거나, 직접적인 비폭력적 방법을 통해 그것에 도전할 수 있다. 다음은 코칭에서 반항이 어떻게 나타날 수 있는지를 보여주는 사례이다.

'제인Jane은 자신이 반항아임을 자랑스럽게 여겼어요. 그녀는 경영진과 온갖 추측에 도전하는 첫 번째 사람이었습니다. 그녀는 이것을 어떤 면에서 "필생의 작업life's work"이라고 보았습니다. 그녀는 적을 만들었고 사람들과 함께하지 못해 자주 고립되었어요. 그렇지만 그녀가 많은 성과를 냈을 때, 그녀는 물론 모든 사람의 관심과 시간을 얻었어요. 그녀는 피해를 보았다고 느꼈지만 자신이 원하는 해결책은 없었어요. 그 대신 그녀는 "그건 그들에게 달렸어요. 그들은 고위 경영진이니까요."라고 말했습니다. 그녀는 인사고과 이후 코칭을 시작했습니다. 새로운 상사는 그녀의 진정한 재능을 보았지만 그녀의 행동이 그녀의 성공에 방해가 된다고 느꼈습니다. 그녀의 초기 이야기는 가족에서 가족으로 전수되는 슬픈 이야기였어요. 우리 사이에 신뢰가 쌓이면서 그녀는 기꺼이 반항아의 정체성과 그 목적을 탐색하기 시작했습니다. 그녀가 그것의 어떤 부분을 좋아하고 어떤 부분이 그녀를 해치고 있는지 보았고, 그러고 나서 우리는 무엇이 그녀를 더 건강하게 할 수 있는지 살펴보았습니다.'

사례에 나온 코치는 그녀가 채택한 반항자 역할을 탐색하도록 조심스럽게 격려했다. 제인이 이것을 인식하도록 충분한 안전성을 확립하는 데 시간을 할애했다. 그녀가 기꺼이 이 작업을 하는 데 동의하고, 그런 다음 그것이 어디에서 왔으며 '그때-거기'에서는 어떤 기능을 했는지, 그리고 '지금-여기'에서 어떤 기능을 하는지 생각해볼 수 있었다. 코치는 또한 제인이 유지하고 싶은 측면에 대해서도 물었다. 예를 들어, 불의에 맞서는 것은 건강한 자기로부터 이루어질 수 있다는 것이다. 이것은 고객이 자기 탐색을 통해 생존 정체성을 분리하는 과정이다. 코치는 고객을 더 순종적인 직원으로 만들고 싶다거나 불리한 근무 조건을 거부함으로써 고객을 달리 대할 수 있으므로 고객과 생존 애착 관계에 있지 않은지 확인해야 한다.

'우리 자신은 누구인가'에 대한 질문을 다루는 것은 철학적으로 다른 방향으로 우리를 데려갈 수 있는 문제이다. 정신-트라우마 맥락에서, 그것은 투쟁, 도피 또는 얼어붙기와 관련된 스트레스와 외상 유발 신경 경로의 영향이 없는 건강한 자기를 나타낸다. 그 건강한 자기는 '지금-여기'에서 우리가 느끼는 경험과 연결되어 있으며, 우리에게 건강한 것이 무엇인지 성찰하고 비난이나 거부에 대한 두려움 없이 우리의 안녕을 증진하는 결정을 내릴 수 있다. 생존 정체성에 의한 지배는 우리의 안녕과 활력에 해를 끼친다. 우리가 환경에 대응하는 방식을 바꾸려면 이러한 주어진 것들을 탐색하고 그것들을 버릴 준비가 되어있어야 한다.

일과 생존 관계

위에서 제인의 행동은 일과 생존 관계의 한 예이다. 일과의 관계는 우리의 생존 자기 내부의 역동 관계에 영향을 받는다.

건강한 직장 환경은 우리가 충분히 자극받고, 우리의 사회적 요구를 충족시키는 도전들이 있는 환경이다. 외부에서는 쉽게 조절할 수 있는 불안감이나 스트레스가 없다. 우리는 우리의 역량과 재능 영역에 있고, 그 영역을 더 넓혀 나갈 수 있다. 또 언제 그리고 만약 그런 일이 일어난다면,

우리의 안전지대 밖으로 끌려나가는 것을 막을 수 있다.

역할이나 일에 대한 생존 접근은 피로, 즐거움 부족, 그리고 다양한 생존 행동을 가져온다. 장시간 일하고 싶은 충동인 업무를 추가하는 것은 그렇게 하는 것이 우리를 안전하게, 또는 사랑하게, 원하게, 또는 버려지지 않게 할 것이라는 무의식적 생존 신념survival belief에 뿌리를 둔다. 직장에서 우리가 누구이고, 살아남기 위해 우리가 누구여야 한다고 생각하는지는 가정에서 우리가 누구인가라는 것과 상충될 수 있다. 생존 자기는 직장이나 가정, 또는 둘 다에서 가장 상위에 있을 수 있지만, 다른 방식으로 자신을 드러낸다. 이것은 모든 워라밸work-life balance 대화와 관련이 있다.

완벽한 생존이 필요한 사람은 결단력이 없고, 임무 완수를 피하고, 어떤 오류나 오판도 과장하는 경향이 있다. 외부의 비판은 매우 고통스럽고 적극적인 내부 비판자가 있을 것이다. 그러한 개인들은 다음 예시가 보여주듯이 열심히 일하는 것 자체가 성공으로 귀결되어야 한다고 믿는다.

'전 평생을 일하고 열심히 노력해왔고, 그게 바로 저에요. 저 자신을 열심히 움직였고 우리 팀도 많은 것을 성취하기 바랐어요. 갑작스럽게 상사가 팀원 가운데 몇 명이 제가 그들을 괴롭히고 따돌리고 있다는 말을 들었다고 했을 때 충격받았어요. 나는 사람들을 압박push하지만 괴롭히지는 않아요. 상사는 또한 정해진 시간 안에 프로젝트를 완료할 수 있는지 자주 물었고 결과를 봤을 때 저에게 만족스럽지 못했다고 말했어요. 굉장히 열심히 일하고, 늦게까지 야근하며, 문서를 수정하기 위해 끊임없이 일하고 있어요. 최근에 마감일을 몇 번 놓친 적은 있었지만 최종 제품은 기대 이상으로 좋았어요. 뭐, 더 많은 시간을 할애해서 더 많은 일을 할 수 있었지만 말이죠. 그와 회사를 위해 열심히 일하는 저에게 그런 말을

했다는 것이 믿어지지 않아요. 그가 나에게 지적한 이유를 이해할 수 없어요.'

이 고객은 직장에서 생존 규칙survival enactment에 빠져 있다. 가장 먼저 일이 잘 풀리지 않는 것 같은 직장생활을 탐색하는 데 관심이 있는지 물어보는 게 첫 번째 단계다. 만약 그녀가 원하지 않는다면, 우리는 인지적인 수준에서만 작업할 가능성이 크며, 이는 작은 행동 변화는 가져올 수 있지만, 생존 자기 행동을 의식적인 인식conscious awareness으로 가져오지는 못할 것이다. 그렇지만 만약 그녀가 원한다면, 우리는 '정신 분열 모델split in the psyche model'을 사용할 수 있고 되도록 '그때-거기'와 연결고리를 탐색할 수 있다. 우리는 그녀에게 그렇게 열심히 일하거나 노력하는 것이 어떤 기능을 할 수 있는지 물어볼 수 있다. 그것은 확립된 생존 행동처럼 들리므로 작은 단계인 것 같지만 각각의 단계는 그녀의 건강한 자기에게 한 걸음 더 가까워지게 한다.

다른 사람들은 열심히 일하지 않거나, 일의 세계에서 자신의 자리를 찾지 못함으로써 살아남는다. 그들은 한 가지를 시도한 다음 다른 것을 시도할 수 있지만, 항상 깊은 불만과 열정, 또는 야망이 부족함을 느낀다. 그들은 건강한 자기와 접촉하는 것, 자신과 자신의 삶을 위해 진정으로 원하는 것이 무엇인지 알아내는 것을 어려워할 수도 있다. 그들은 가족들에게 높은 기대를 받았지만 그 기대에 부응하고 싶지 않으면서도 단호한 행동을 취하는 것이 두려울 수 있다. 그것은 그들에게 거의 기대되지 않았거나 그들이 보상이나 인정을 받지 못했을 수도 있다. 적절하다고 생각되면 고객과 함께 가설을 탐색할 수 있으며, '그때-거기'와 연결할 수 있다. 커리어 코칭은 일에 대한 불만 요소들을 탐색하지 못할 수 있으므로 이러한 생존 표현이 내재한 개인에게는 성공적이지 않을 수 있다. 모든 고객과 마찬가지로, 코칭을 위해 개인적으로 계약을 맺어야 하고, 코칭을 강요하지 않으며, 코칭 작업에 대한 고객 의도나 원하는 결과를 설정하는 것은 중요하다.

다음 사례는 스스로 코치를 찾진 않았지만, 여동생 추천으로 온 고객으로서 의미 있는 일을 찾는 데 문제가 있는 고객이다.

'존John은 그의 경력을 이해하는 데 도움이 필요하다고 느낀 그의 여동생이 코칭을 추천했어요. 그는 이것이 도움이 될지 확신하지 못했지만 여동생을 기쁘게 해주려고 여기에 왔습니다. 내가 그에게 일에 관해 물었을 때, 그는 자신이 한 모든 것이 시간 낭비라고 느꼈고, 결국 출구가 없는 막다른 골목에 들어간 것 같은 느낌이라고 말했어요. 그는 극장에 가고 싶었지만 그러지 않았고, 글을 쓰고 싶었지만 그러지 않았습니다. 그는 자신의 열정과 연결되어야 한다는 것을 알고 있었지만 아무것도 느끼지 못했다고 말했습니다. 전 그가 코칭받는 것을 이해하기 어려워한다는 것을 알았습니다. 코치로서 제가 무엇을 제공할 수 있는지, 어떤 치료가 제공될 수 있는지 이야기하고 그가 처한 상황을 해결하는 데 무엇이 도움이 될지 생각해보라고 제안했습니다.'

만약 이 고객이 돌아온다면, 코치는 일과 아무런 관련 없이 열정, 감정, 기쁨을 되찾을 수 있는 개입을 통해 건강한 자신을 활성화하는 방법을 모색하는 것이 도움이 될 수 있다. 우리가 관찰한 그의 행동을 반영할 수 있고 그가 일과 이 관계를 탐색하는 데 관심이 있는지 물어볼 수 있다. 만약 그렇다면, 우리는 그것에 대해 생각할 방법을 제안할 수 있을 것이다. 그가 원하는 것을 한다는 생각은 너무 두려울 수 있으므로 되도록 피하는 것이 좋다.

때로는 생존 자기의 에너지가 무너지면서 우울증과 무관심, 결근으로 인해 직장을 떠나는 행동을 하기도 한다. 신체는 또한 오랫동안 스트레스를 받으면 '붕괴collapse'될 수 있어서 계속 일할 수 없다. 직장에 나가지 않는 것은 사회적 고립을 초래할 수 있는데, 이것은 매우 고통스러운 일이다. 이러한 상황은 코칭으로 해결하기 어렵다. 이전과 마찬가지로 고객이 코칭받기 위해 계약하는 경우 고객의 근본적인 문제를 해결하는 데 필요한 자원에 접근할 수 있게 해야 한다. 다음은 직장을 나가지 않고 있는 한 고객의 예이다.

'저는 메리Mary의 상사에게서 그녀가 스트레스로 인해 병가를 내고 있는데도 그녀의 허락을 받아 만나보라는 요청을 받았습니다. 전 그 이유가 무엇인지, 왜 인사부서HR가 그녀와 함께 일하지 않는지를 알아봤어요. 그는 그녀를 직원으로 소중하게 생각하며 되돌아오기를 원한다고 말했어요. 그녀는 저를 만나러 왔고 자신이 여러 차례 병가를 냈고 일을 생각할 때마다 매우 스트레스를 받았으며 우울증 치료를 받고 있다고 말했어요. 그녀에게 이번 코칭의 목표가 무엇인지 물었을 때, 그녀는 자신이 없다고 말했어요. 그녀는 일은 많지 않았지만 일을 할 수 없을 것 같다고 말했어요. 전 그녀와 함께 그녀가 가진 다른 사회적 지원 네트워크가 무엇인지 탐색했습니다. 그러한 네트워크는 매우 적었습니다. 그녀는 지역보건의GP에게 치료를 받고 있지만 모든 것을 혼자 감당하고 있었습니다. 저는 상담이나 치료가 도움이 되지 않을까 하는 생각이 들었어요. 왜냐하면 지금은 코칭이 도움이 될 것으로 확신하지 못했기 때문입니다. 아마도 나중에 그녀가 우울감을 덜 느낄 때 도움이 될 수 있겠죠. 저는 그 문제를 그녀에게 맡겼습니다. 제가 옳은 일을 한 걸까요?'

제 대답은 '네'이다, 코치는 옳은 일을 했다. 만약 고객과 계약하지 않았더라도 코치는 도움이 되길 바라며 코칭이 맞지 않는 상황에서도 고객을 구하려고 할 수 있다.

번아웃burnout은 철수를 가능하게 하는 생존 전략과 행동의 붕괴라고 할 수 있다. 번아웃은 일반적으로 다른 사람들을 기쁘게 하고 사랑과 인정을 받기 위해 열심히 일하는 것을 환상한 결과이다. 그만큼 사랑의 트라우마를 표현한 것이다. 건강한 자기가 '할 만큼 했어, 더는 못 해'라고 성찰하고 수정할 기회를 강요하는 경우일 수 있다. 그것은 고객의 신체와 '정신spirit'의 부름에 어떻게 반응하는지에 달려 있다. 더 깊은 일을 하고 생존 구조를 놓아버릴 기회로 받아들이는지, 아니면 생존 철수에 갇힌 채로 있는지 말이다. 번아웃에 가까운 사람과 함께 일하고 있다면 이것이 생존 반응이라고 인식하면 도움이 된다.

생존 자기 행동으로 인해 지치고 피곤한 내담자를 위해 다음과 같이 질문할 수 있다.

- '어려운 감정을 느끼지 않기 위해 이러한 접근 방식을 당신의 일에 적용하는 것은 아닐까요?'
- '그 감정을 억누르면서 기쁨과 흥분의 감정들을 차단한 것은 아닐까요?'

이 닫힌 질문에 대한 대답은 '예'' 또는 '아니오'일 수 있지만 더 많이 질문할 수 있는 여지가 있다는 생각을 제기해본다.

우리가 직장에서 만나는 다른 지배적인 생존 자기 표현으로는 나르시시즘^{narcissism}과 6장에서 이야기하는 '가면 증후군$^{imposter\ syndrome}$'을 들 수 있다.

생존 자기에 대한 코칭

항상 그렇듯이, 다른 사람들의 생존 전략을 진단하거나 확인하기 위해 서두르기 전, 중요한 출발점은 자기 자신과 함께하는 것이다. 일이 잘 풀리지 않는 것처럼 느껴졌던 고객과의 작업을 떠올려보고, 자신의 반응, 동기, 감정에 집중해야 한다. 당신은 다음 중 어느 것에 해당하는가?

고객의 일정에 맞추기 위해 당신에게 중요한 것을 희생한다.	계약 절차를 서둘러 마쳤다가 중요한 몇 가지를 놓쳤다는 것을 알게 되었다.
지금-여기에서 고객에게 피드백을 제공하는 대신, 좌절감을 느끼면서도 회피와 공손함으로 숨긴다.	화가 나서 고객에게 모든 것을 시도했다.
지루함을 느끼고, 시계를 보기도 하며 고객과 소통하지 않는다.	짜증이 났고 고객의 문제가 사소한 것이라고 느꼈다.
깊은 연민을 느끼고 매우 도움이 되거나 안심시키기 위해 노력한다.	고객에게 여러 번 매우 날카롭게 말했고 다소 성급했다는 것을 깨달았다.
자신이 모든 일을 했다고 느끼며 매 세션은 매우 지친다.	자신이 많은 이야기를 하고 있다는 것을 알아차렸다.
자신이 X를 코칭할 적임자가 아니라고 생각하며, 다른 사람들에게는 유능하다고 느끼면서도 필요한 기술이 부족하다고 생각한다.	동료에게 고객에 관해 부정적으로 말하는 자신을 발견하고 코칭 프로그램을 종료하려고 했다.

잘 진행되지 않는 것처럼 보이거나 고객이 다른 사람들보다 코칭에 덜 반응한다는 것을 알게 된 각 세션은 깊은 자기 성찰을 위한 훌륭한 기회를 제공한다. 예를 들어, 다음과 같이 반응 내용을 검토하고 다시 추적할 수 있다.

- '나에게 정말 무슨 일이 있었던 걸까?'
- '내가 느낀 감정은?'
- '내 몸과의 연결에 무슨 일이 있었던 걸까?'
- '나에게 고객은 누구였을까?'
- '이 만남을 회상하면서 내 '그때-거기'와 어떤 연관성이 떠오르는가?'
- '나는 고객과 함께 무엇을 느꼈는가?'
- '내가 무엇을 두려워했을까?'
- '그 뒤에 무엇이 있을까?'

우리는 스스로 그리고 수퍼비전을 통하여 성찰적 탐색을 더 많이 할수록 내면화와 트라우마 역동을 더 깊게 배우게 되고 고객 안에 있는 트라우마를 더 잘 인식하고 연결할 수 있게 된다.

작업에 대한 자신의 접근 방식은 또한 **'내 생존 자기가 여기에서 어떻게 작동하고 무엇 때문에 작동할 수 있는가?'** 에 대해 성찰할 기회를 준다. 자신의 자기 신념, 내러티브 및 자질은 어떤가? 우리 자신의 적응적 정체성과 생존 행동의 요소와 그 유발 요인을 더 많이 인식할 수 있을수록 건강한 자기가 고객을 돌볼 가능성이 커진다.

고객의 생존 자기에 대한 코칭

- 적절한 경청을 해야 하고, 고객과 잘 접촉하며 생존 언어를 잘 들어야 한다. 듣게 된다면 '그때-거기'에 대한 질문을 통해 고객에게 다시 반영해줄 수 있다.
- 탐색할 때 건강한 자기를 이용하는 것을 목표로 개입해야 한다.
- '그때-거기'와 '지금-여기' 사이의 연결을 탐색할 수 있다. '정신 분열 모델'을 교육으로 활용할 수 있다.
- 자기 제한적 신념self-limiting beliefs을 활용한 코칭 실습을 할 수 있다. 이러한 신념은 보통 자질과 내러티브의 유산이다.
- 고객의 행동이 그들에게 피해를 준다는 생각이 들 때 자신의 관찰 결과를 제공할 수 있다.
- 고객이 신체에서 느낀 경험을 가지고 자신과 접촉할 수 있도록 도울 수 있으며, 그들이 정서에 접촉하고 자신을 위해 정확하게 정서에 이름 짓는 것을 도울 수 있다.
- 이 장과 위의 표에 제시된 코칭 질문의 유형을 고객에 맞게 활용할 수 있다.
- 내러티브와 정체성에 이의를 제기하고 그것이 어디에서 왔는지 질문할 수 있다. 내담자가 생존 행동을 의식화하여 탐색할 수 있도록 지원할 수 있다.

자신의 트라우마 전기에서 벗어나려면 치료 과정의 도움을 받아 우리의 의식을 깊이 파고들 필요가 있다. 그러나 코칭 고객은 생존 자기의 특성과 이야기를 탐색하고 무엇을 포기할지 결정할 수 있다. 대체 내러티브는 또 다른 생존 내러티브가 아니라 되도록 진실에 가깝다는 것이 중요하다. 우리는 이러한 개입에서 고객의 동의가 있어야 하며 그들이 자기 수준에서 호기심과 자기 인식에 관여할 수 있는 건강한 자기를 충분히 가지고 있어야 한다. 만약 고객들이 그러한 질문에 응답하지 않는다면, 먼저 자신을 돌아보고 자신의 생존 자기가 방해되지 않는지 살펴보아야 한다. 그런 다음, 계약의 성격과 고객이 밝힌 작업의 의도나 목표를 반영한다. 그들은 무엇을 위해 오는가? 그들은 누구를 위해 오는가? 우리와 계약 시 나타나는 생존 행동에 주의를 기울이자.

다음 단계는 미팅할 때와 세션 사이에 고객의 건강한 자기를 얼마나 활용할 수 있는지 관찰하는 방법이다.

- 개인적인 성찰과 질문하는 역량은 어느 정도인가?
- 감각된 내면과 신체 경험에 얼마나 접근할 수 있는가?
- 고객은 자신이 맡은 일/사회적 역할을 얼마나 동일시하는 것 같은가?
- 고객은 주지화intellectualization나 논리적 근거에 어느 정도 관여하는가? 그들은 어떤 감정을 표현할 수 있는가?
- 관찰한 내용을 피드백하면 고객이 관심을 보이는가, 아니면 무시하는가?
- 고객에게 어떤 느낌이 드는가? 밀려나거나 끌려가거나 멀어지는 느낌이 드는가?
- 고객은 자기 일과 삶에 대해 얼마나 많은 기쁨과 열정을 표현하는가?

건강한 자기에게 접근할 수 있는 능력이 지배적 생존 자기에 의해 손상된다면, 코칭 효과는 낮을 수밖에 없다. 또 코치는 무력감, 실패, 타인의 비판, 지위 상실, 거절, 무관심 그리고/또는 가치 없는 느낌을 피하려고 생존 자기를 통해 코칭을 더욱 취약하게 만든다.

제5장. 생존 자기의 방어 역동

이 장에서는 루퍼트Ruppert가 제시한 바와 같이, 가해자-희생자 역동, 그리고 얽혀 있거나 상호 의존적 관계를 포함한 생존 자기의 방어 역동 요소에 초점을 맞춘다. 생존 자기의 모든 요소는 상호 연결되어 있고 코칭을 통해 정기적으로 만나게 된다. 이러한 과정을 통해, 자기 인식self-awareness을 높이고, 자신의 근원을 찾으며, 환경에 달리 반응할 수 있도록 건강한 자기healthy self로 자원을 사용할 수 있게 된다.

가해자와 희생자 방어역동

정신-트라우마psyche-trauma는 정서적, 심리적, 생리적, 신체적으로 영향받은 희생자와 한 명 이상의 가해자, 자궁의 환경 또는 우리가 의존하는 사람 사이의 상호작용에서 비롯된다. 생존 자기를 사용하여 양육하는 부모는 자녀의 정신 발달에 미치는 영향이라는 의미에서 가해자이다. 신체적 또는 성적 폭력을 행하는 사람들도 가해자로 볼 수 있다. 우리는 '가해자perpetrator'라는 용어를 사용하는 데 거부감이 들 수 있다. 그렇지만 가해자-희생자 역동이 생존 자기 안에서 어떻게 내면화하고 작동하는지 연구하기 위해서는 이러한 반응에서 한 걸음 물러나기를 바란다.

트라우마 경험이 있는 어른들은 어린 시절 희생양이 된 내면화한 감정 기억을 가지고 있다. 즉 그들은 분노, 무력감, 취약성, 수치심 감정이 있다. 투쟁fight-도피flight 반응 시 발생하는 스트레스 호르몬은 어린 시절의 그들을 보호할 수 없다는 것을 기억해야 한다. 그 대신에 얼어붙기 반응freeze response을 야기하고 해리와 분열을 가져와 희생자 경험을 자신의 정신에 담는다.

자해self-harm를 통해서 타인이나 자신에게 가해자가 되는 것은 정신적 충격의 감정을 억제하기 위한 생존 전략이다. 스스로 가해자가 된다는 것은 원래 가해자original perpetrator와의 생존 동일시이며, '그때-거기'에서의 자신을 지배하는 힘이다. 자기 가해self-perpetration 행위는 자기 공격, 신체적 상해, 중독이나 섭식 문제 등을 통해 자신에게 원래 가해자가 하던 행위를 계속하게 한다. 그리고 타인에게 해를 가하는 것을 통해 그 피해와 고통을 전가한다. 특히 폭력과 분노와 같은 가해 행위는 타인에게 재외상re-traumatising을 입히게 된다. 신체적 가해 행위에 있어서, 가해자는 자신의 고통과 내면의 혼돈chaos으로 인해 혼란스럽고 통제 불능상태에 있다. 가해 행위를 통해 어느 정도의 해방감을 얻거나 양심의 가책을 느낄 수도 있고 그렇지 않을 수도 있다. 어느 쪽이든 타인을 해치는 행위는 정신 분열을 가져오고 트라우마 전기trauma biography를 추가하게 된다. 따라서 연쇄적 가해자인 사람들은 정신적으로 많은 분열을 경험했다는 것이며 그로 인해 건강한 자기healthy self 상태로 가는 것이 점점 더 어려워진다.

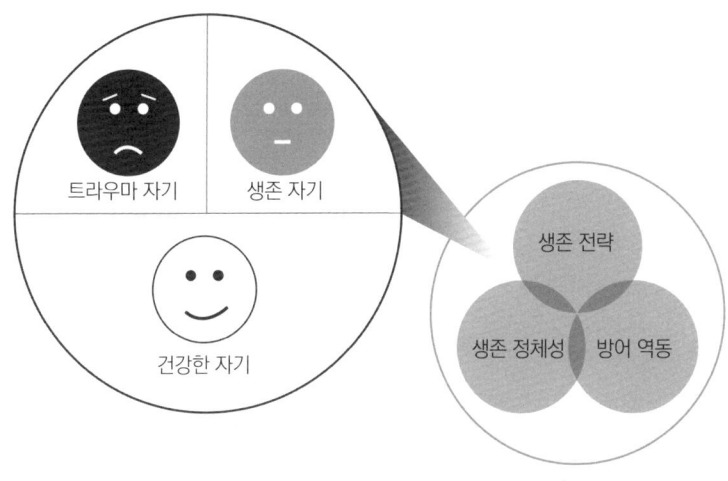

[그림 5.1] 생존 자기

출처: 프란츠 루퍼트Franz Ruppert(2012)에서 인용

미국의 가정폭력 치료사인 크리스틴 딕슨Christine Dickson 박사는 가해 사이클cycle을 보여주는 매우 유용한 도표를 제시했다(www.trivalleypsychotherapy.com/trauma-abuse.html). 가해 사이클은 세 단계로 구성되어 있으며, 첫 번째 단계는 가해 행위 그 자체이며, 두 번째 단계는 거짓 화해나 후회, 보상 그리고 학대를 용서하거나 잊으려는 시도가 그 뒤를 따른다. 이러한 사이클 중, 두 번째 단계인 거짓 화해에서의 작업은 가해자가 희생자를 얼마나 존중하고 소중히 여기며 그 무엇으로도 대체할 수 없는 귀중한 사람인지를 말하는 것을 포함한다. 그렇지만 피해는 벌써 일어난 일이다. 희생자들은 두려움을 느끼며 어떤 도발이 일

어날지 알지 못한 채, 그것을 피하려고 가해자를 진정시키고자 최선을 다한다. 이러한 단계는 지속할 수 없으며 관계가 다시 무너지기 시작하며 세 번째 단계로 접어들게 되고, 긴장이 고조되면서 더 많은 가해 행위가 초래된다. 이러한 사이클은 반복된다. 사이클의 핵심은 양 당사자가 상호의존적인 관계를 거부하는 것이다. 어린 시절에 이러한 과정을 경험했을 경우, 스트레스 호르몬 발생을 증가시키고 일생에 걸쳐 활성화되어, 과거의 경험을 재현하면서 '지금-여기' 어떤 것에서도 촉발할 준비가 되어있는 과각성 상태가 야기된다.

예를 들어, 매우 비판적이고 까다로우며 감정을 상하게 하는 상사와 일하는 고객의 경우, 상사가 '**미안하네. 너무 많은 압박을 받고 있어서 그랬어. 진심으로 그런 건 아니야. 난 자네의 일을 굉장히 중요하게 생각하고 있어**'라고 말하지만, 둘 사이에서 긴장이 다시 고조되면 가해 행위를 반복한다. 이는 대부분 사람에게도 쉽지 않은 상황이다. 그러나 '그때-거기'에서 괴롭힘을 경험한 사람들은 이러한 상사에게 복종적이며 희생자가 될 가능성이 크고 그들을 기쁘게 하려고 하고, 다시 괴롭힘을 당하지 않으려고 열심히 노력한다. 이러한 상황은 많은 스트레스를 유발하고 그 결과 성과가 하락하고 다시 괴롭힘의 표적이 된다.

'지금-여기' 코칭 상황에서는 이러한 폭력에 대하여 듣지 못할 수도 있다. 가정 내 학대는 심한 수치심을 주는 경우가 많아서 언급하기 어려우며, 대부분 직장에서는 폭력적인 가해 행위를 용납하지 않기 때문이다. 코치로서 우리는 비폭력적 행위와 그것이 고객과 그들이 함께 일하는 사람에게 미치는 영향에 관해 듣게 될 것이다. 코칭 스폰서, 고객 또는 동료에게서 직접 경험할 수도 있다.

잠재적 범죄 사례에 대하여 다음과 같은 질문을 고려해보자:

- 가해자가 다른 사람들을 괴롭히고 있는가?
- 다른 사람을 때리는 행위를 하는 사람이 있는가?
- 자신과 타인에게 높은 수준으로 통제하는 사람이 자신이나 타인을 괴롭게 하는가?
- 성희롱, 성폭행, 그리고/또는 강간 행위인가?
- 지칠 때까지 일하거나, 신체에 상해를 입히거나, 음식 섭취를 최소한의 수준으로 제한하는 것들을 포함한 자해self-harming는 자기 학대self perpetration인가?
- 아이디어나 공로를 훔치는 것과 같이 누군가로부터 교묘하게 무엇을 훔치는 방법은 범죄/가해 행위인가?
- 도움이나 보호가 필요한 사람을 구하는 것은 어떤가? 친절이나 도움을 가장한 범죄/가해 행위인가? (그것이 상황에 대한 즉각적인 대응일 때, 인명 구조 개입이나 피해에서 보호하기 위한 것이 아니라면.)

그렇다. 위의 모든 내용은 가해 사례이다. 예를 들어, 성폭력이 일종의 가해 행위라는 것이 명백하지만 가해자는 그렇게 보지 않을 수 있다.

희생자 생존 태도

희생자와 가해자 모두 트라우마 경험을 극복하기 위해 생존 태도를 발달시킨다(Ruppert, 2014). 이들은 생존 자기의 일부가 되어 정신적 충격과 관련된 트라우마 감정을 부인하고 억압하는 방법을 사용한다. 그러나 단절된 감정은 침묵하는 것이 아니라 '지금-여기'의 사건에 의해 지속해서 자극이 되어 희생자의 생존 태도victim survival attitudes와 가해자의 생존 태도 perpetrator survival attitudes에 영향을 준다.

희생자의 생존 태도는 성적 학대 희생자와 함께한 연구에서 잘 나타난다. 그러나 그것이 성적 학대의 희생자들에게만 국한되어 나타나는 것이 아니라 모든 희생자에게서 나타난다. 코칭 룸에서 이런 태도에 관하여 들으면 그 부분에 도전할 수 있을 것이고 희생자들의 전형적인 반응임을 보여줌으로써 그들을 정상화하는 데 도움을 줄 수 있다.

다음은 희생자의 생존 반응 가운데 하나인 방어 반응을 나타내는 고객의 사례이다.

> '클레어Claire는 인사고과에서 그녀의 성과가 상사의 요구사항을 충족하지 못하는 부분 때문에 상사의 권유로 코칭을 시작하게 되었습니다. 그녀는 매우 화가 났지만 코칭 제안을 받아들이기로 했습니다. 클레어는 일한 지 12개월이 되었으며, 동료들이 무시당하는 것과 경쟁적인 모습에 매우 압박감을 느꼈다고 말했습니다. 그녀는 상사가 비판적이어서 비위를 맞추기 힘들어했어요. 상사의 행동이 그녀에게 미치는 영향에 대해 묘사하는 모습이 마치 지속해서 괴롭힘을 당하고 있는 것처럼 들렸습니다. 그녀는 그의 행동을 방어하면서, "아마 저 때문일 거예요, 제가 친해지기 쉽지 않은 사람이라서요. 그는 너무 많은 스트레스를 받고 있어서 그래요. 저는 단지 일을 제대로 하지 못하는 저 자신에게 화가 났을 뿐이에요. 아니요, 그건 괴롭힘이 아니에요."'

다음은 또 다른 생존 반응이며, 이번에는 부인이다:

'음 ……. 저는 여덟 살에서 아홉 살 때쯤 삼촌에게 성추행을 당했어요. 하지만 제가 관심을 끌기 위해 노력했던 것 같아요. 제가 희생자라고 생각하지 않아요. 그건 모두 과거 일이고 지금과는 아무런 관련이 없어요.'

이 두 사례에서 보이는 희생자의 생존 태도는 가해자를 옹호하거나 보호하고, 자기 탓이라고 하거나, 충격을 부인하는 모습으로 나타난다.

'그들은 진심이 아니었어요. 그들도 어쩔 수 없었어요.'	이것은 가해자를 보호하고 자신의 이야기가 전해지는 것을 부인하거나, 자신의 경험을 지키는 방법이다.
'내 잘못이에요. 내가 부탁했어요. 내가 ~을 해야 했어요/~을 하지 말았어야 했어요.'	이것은 많은 희생자에게서 전형적으로 나타나는 반응이며, 자신을 비난하는 방법으로 성적 학대 희생자들에게 심각한 영향을 미친다. 이러한 행동은 가해자를 보호하게 된다.
'그런 일이 일어나게 한 나에게 화가 나요.'	많은 희생자가 자신을 탓한다. 트라우마 반응의 일부는 해리와 얼어붙음이다. 이로 인해 행동 능력이 저하된다.
'그 일은 일어나지 않았어요.'	직접적인 부인
'나는 희생자라 불리는 것이 싫어요. 그런 생각이 싫어요.'	충격을 부인하고 가해자를 보호한다. 수치심, 취약성, 무력감을 가진 희생자로서 느껴지는 것을 원하는 사람은 아무도 없다. 그러나 생존 정체성의 일부로 '희생자'라는 용어를 사용하지 않고도 희생자임을 인정하는 것은 가능하다. 누구인지 정의할 필요는 없다.

가족이나 가까운 지역 사회 내의 성적 학대와 같이, 학대와 사랑이 혼동되는 어린 시절 경험이 있는 경우, 그 희생자는 성인이 되어 가해자를 인식하지 못할 수 있다. 어린 시절에 경계가 무너졌기 때문에 개인의 경계와 자신을 보호할 능력이 떨어진다. 이것은 그들이 상호 의존적 관계co-dependent relationships 형성을 끊임없이 어렵게 만든다. 그들은 직장에서든 밖에서든 무의식적으로 가해자들을 자신의 삶으로 들어오게 하고, 아래의 사례와 같이 반복되는 패턴을 만든다:

'제니퍼Jennifer는 여러 번 직장을 옮겨봤지만 반복해서 발생하는 문제에 대하여 이야기했습니다. 시작은 항상 좋았고 그녀의 상사나 동료들을 많이 좋아했으며, 모든 것이 잘 될 것으로 확신했어요. 그러다 일이 틀어졌고 그들은 그녀를 괴롭히거나 성희롱했습니다. 다들 너무 친절해 보였기 때문에 자신이 잘못된 행동을 했다고 확신하고 있었어요.'

가해자가 자신을 해칠 때까지 알아차리지 못하는 고객이 있다. 그런데도 그녀는 가해자를 보호하고 자신을 비난한다. 이러한 패턴이 그녀의 개인적인 삶도 지배할 가능성이 있다. 만약 그녀가 어린 시절 학대를 당한 경험이 있다면, '지금-여기'와 '그때-거기' 사이의 연관성을 볼 수 있게 하면 도움이 될 것이다. 흔히 코칭에서는 과거를 탐색하지 않는 경우가 있다. 그렇지만 우리는 그녀가 자신을 해치는 사람들을 알아차리지 못하는 것처럼 보인다는 의견을 제시할 수 있다. 자기 반성self-reflection을 유도할 때 겉보기에 '착한' 사람들이 가해자로 변하는 것이 고객의 잘못이라는 생각이 들지 않도록 주의하는 것이 중요하다. 고객은 이 문제를 해결하기 위해 건강한 자기 상태여야 한다. 중요한 초점은 현재 그녀에게 미래에 그녀가 자신을 보호하는 데 무엇이 도움이 될 수 있는가이다.

사랑의 트라우마와 섹슈얼리티 트라우마에서 비롯된 학대와 사랑의 혼란은 타인에게서 가해자로서의 징후를 인식하면서도 가해 행위를 막고 상황을 완화하기 위해 가해자를 위한 행동을 하게 된다.

'나는 비판적이고 불쾌한 그와 함께 일하는 것이 매우 어려워요. 그렇지만 우리가 함께하는 프로젝트에서 협력하는 것이 중요하다고 생각했어요. 그렇게 하면 그와 더 친근하고 조금은 덜 적대적인 관계가 될 것으로 기대하면서 그와 더 가까워지기로 결심했죠. 나는 프로젝트에 도움이 될 것으로 생각하는 일을 자진해서 하면서, 이러한 행동이 우리 사이의 문제를 완화할 수 있기를 바랐어요. 그런데 항상 저를 '비난'하는 것처럼 느껴지고 밀쳐내는 것 같아서 마음이 아파요. 접근 방식을 어떻게 바꿀 수 있을까요?'

그들과 화해를 바라며 더 가까워지기 위해 생존을 위한 자원인 부인과 생존 애착이라는 것을 사용하지만 번번이 상처받는 고객 사례이다. 그들의 과거history를 탐색할 때, 이것은 '그때-거기'의 패턴으로 이해할 수 있다. 이는 학습된 생존 행동으로 볼 수 있으며, 동료와 관계를 형성할 때 더 도움이 될 것으로 생각하고 그러한 행동을 선택한다. 만약 과거와의 연관성이 없다면 현재 일어나는 일에 대한 관찰을 제공하고 그것이 맞는지 물어볼 수 있다.

[그림 5.2] 희생자 생존 태도

희생자 생존 태도의 또 다른 측면은 생존 자기survival self의 희생자 다움victimhood과 공격성aggression의 내면화이다. 자신이 무력하고 타인의 지배를 받고 있다는 피해의식은 '지금-여기'에서 행동화하지 않기 위한 반응이다. 그러한 행동은 '그때-거기'의 감정에 의해 자극받는다. 그들은 무력감을 느끼고, 어쩌면 희망을 잃고 낙담하게 될지도 모른다. 그들은 그러한 감정들에 압도당할 수 있으며 사물과 사람에 대해 불평할 수도 있다. 그러나 탐색 과정을 통해 성인으로서 자신의 안녕well-being을 위해 행동하고, 내면의 이야기를 바꿀 수 있다고 인식할 수 있을 것이다.

그들의 모습은 전혀 다른 모습으로 태도가 바뀌며([그림 5.2]), 갑자기 분노가 폭발하거나, 무고한 사람들이지만 '지금-여기'에서 가해자로 보이는 다른 사람들에게 분노를 표출할 수도 있다. 그들은 타인에 대한 우월감을 느끼며 자기 과시적으로 되거나 공격성이 자기 반성적이고 자기 비하적이며 자기 모욕적으로 변할 수도 있다.

구조 rescuing

만약 누군가 '구조하는 일이 나에게 딱 맞아'라고 말한다면, 이것은 생존 정체성이거나 귀인attribution 반응이다. 대부분 구조자는 자신들이 구조 작업에서 수반된 시간, 노력 즐거움의 상실로 구조한 사람들에게 분노를 느낀다.

몇 년 전, 나는 오랫동안 구조를 위하여 '친절함'을 가식적으로 사용해 왔다는 쉽지 않은 깨달음에 직면했다 - 나는 이것이 특별하다고 생각하지는 않는다. 누군가를 구하려고 할 때마다 결국 내가 좌절하고 짜증나기도 하고, 감사함보다는 상처받는다고 깨닫게 되었다. 나는 건강한 자기healthy self에서 나오는 자비와 공감과 가식적인 모습 사이에서의 괴리감를 느낄 수 있었다.

구조는 희생자 생존 반응의 일부인 가해의 한 형태이다. 알아차릴 수 있거나 예상할 수 있는 타인의 도움 요청에 응하는 것이 자신의 안녕과 건강한 욕구를 한편으로 치워버리는 결과를 낳는다는 점에서 자기-가해라고 할 수 있다. 이는 타인과 협의된 과정이 아니므로 흔히 그들의 삶을 미묘하게 통제하기도 한다. 그들은 다른 사람에게 자신의 도움이 필요할 것으로 판단하고 뛰어든다. 다음은 자신의 상사를 구조함으로써 자신의 취약성에서 벗어나고자 하는 고객 사례이다.

'다이애나Diana는 경험이 풍부한 수석 매니저입니다. 그녀는 근무 시간과 해야 할 일을 줄이겠다는 목표에 대해 탐색하면서, 지난 2주 동안 그녀의 업무가 자신의 역할과 책임에 어떻게 부합하는지를 탐색해보았어요. 그녀는 상사를 돕는 일에 많은 시간을 할애하였으며, 그녀를 위해 회의에 참석하거나, 일을 대신해

주거나, 참석할 필요 없는 회의에 그녀와 함께 참석하였으며, 상사를 위해 사람들과 네트워킹하는 데 많은 시간을 소비하고 있음이 나타났습니다. 이러한 부분이 구조 행위처럼 보이는 것으로 관찰되었을 때, 그녀는 일의 중요성 측면에서는 도움이 된다며 자신의 행동을 옹호하는 모습을 보였어요.'

이것은 구조 사례이긴 하지만, 이는 또한 다이애나가 자기 일을 더 많이 통제할 수 있게 한다. 다이애나와 함께 작업하는 코치는 그녀 각각의 감정에서 무슨 일이 일어나는지 탐색하고, 낮은 안정감과 실패에 대한 두려움에 대해서 '그때-거기'의 어떤 일과 관련성이 있는지 탐색해보도록 격려할 수 있다. 탐색은 구조 전략을 완화할 수 있고, 행동 변화에 도움이 되며 이와 관련된 방법은 생존 프로세스 안에서 잘 확립되어 있다.

다음은 코치의 설명대로 생존 전략을 일 자체와의 관계에 적용해본 고객 사례이다.

'레베카Rebecca는 사회복지 사업의 선임 책임자였습니다. 그녀는 고객들을 자신과 동일시하고 그들을 모두 구하고 싶어 했어요. 이러한 행동은 자신의 수면과 업무량에 상당한 영향을 미쳤고, 사람들에게 화내거나 괴롭게 한다는 사실을 알게 되었죠. 그녀는 자기 직업을 바꾸고 싶다고 생각했습니다. 그러나 그녀가 고려했던 대안적인 직업이나 업무 조직이 모두 사람을 문제적 상황에서 구해내는 비슷한 역할이었습니다. 나는 이러한 것을 그녀가 인식할 수 있게 알려주었고, 그녀는 자신이 바라는 일들이 지금 하는 일임을 깨닫고 놀란 듯 보였습니다. 그러고 나서 우리는 이것이 어떻게 "그때-거기"와 연결이 되는지, 그리고 "지금-여기"에서 어떠한 선택이 그녀를 더 건강하게 할 수 있는지 탐색했습니다.'

고객의 생존 확인과 구조에 대한 욕구는 한동안 그녀가 업무적으로 성장하는 데 도움이 되었다. 그러나 그것은 그녀의 건강과 안녕에 영향을 미치기 시작했고 지속할 수 없게 되었다. 여기서 구조한다는 것은 그녀가 타인에게 느끼는 커다란 고통에 대한 동일시와 그들을 거기서 구하고자 하는 것이다. 이러한 부분은 그녀의 초기 경험과 그녀의 생존에 대한 몇 가지 감정과 관련 있는 것처럼 보인다.

코치와 치료사들, 그리고 내 생각에 남성보다는 여성이 고객을 구조하는 데 더 취약하다. 그들은 '나는 사랑받고 있고, 나를 필요로 해. 난 인정받고 있어'라는 무의식적인 거래가 있어서 작은 고마움에도 충분하다고 생각한다. 그러나 이것은 사랑의 트라우마에서 발생하는 생존 전략으로 늘 원망이 뒤따르게 된다. 생명을 구하는 것을 제외하고는 구조하고 싶다는 욕구가 올라올 때마다 그렇게 행동해서는 안 된다. 만약 그러한 부분에서 죄책감을 느낀면, 느껴지는 죄책감에 대해서 그것이 무엇 때문인지 궁금해하면 된다. 만약 그것이 자신의 습관이라면 습관적 반응을 관찰하면 된다. 고객을 구하는 것의 의미는 그들과 얽히게 되는 것을 의미한다.

구조자와 희생자 생존 역동

구조자가 무력감과 불평하는 희생자 생존 태도를 보이고 자기를 과시하거나 공격적으로 변하는 사람과 관계를 맺게 되면 스테판 카프만Stephen Karpman의 드라마 삼각형Stephen Karpmand(Karpman, 2014)에서 묘사한 것과 같은 역동이 일어난다. '드라마 삼각형'은 구조자rescuer, 박해자persecutor, 희생자victim 사이를 오가는 패턴으로 관계가 얽히게 되는 방식을 보여준다. 이는 '게임'이라고 부르며 두 참가자의 진짜 욕구true needs를 피하는 것이 게임의 목적이다.

트라우마 이론의 언어를 사용하자면 이것은 생존 전략에서 작동하는 사람 사이의 얽힌 관계entangled relationship이다. [그림 5.3]은 그러한 역동에서 사용하는 세 가지 생존 전략을 보여준다. 이러한 얽힘은 직장에서나 다른 관계에서 흔히 볼 수 있다. 이는 A(이 사례에서는 이본Yvonne이라고 하겠음)가 자신의 직장에 대해서 불평하는 것으로 시작한다. 그녀는 무력한 희생자 생존 모드에 있다. 그녀는 '불평하는 사람'으로 보일 수 있으며 무의식적으로 구조자를 찾는다. 보통 구조자를 생존 전략으로 삼는 사람이 많아서 대개 반응해 주는 사람이 있다.

우리는 고객들에게 비슷한 이야기를 듣거나 직접 그들에게 말할 수도 있다. 그러나 사례에서 이본은 자신이 불평하면서도 진심으로 구조되기를 원하지 않고, 일의 일부를 구조자에게 넘기는 것 외에는 모든 제안을

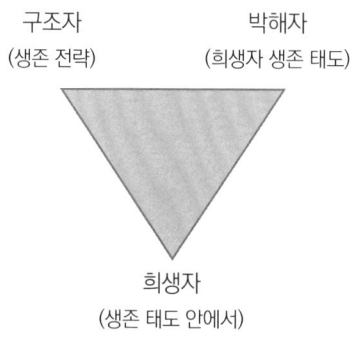

[그림 5.3] 구조자와 희생자 행동 역동

거절한다. 그렇지만 그렇다고 해서 그녀가 불평하는 부분이나 이름 없는 사람들의 희생자가 되는 느낌은 없어지지 않는다. 이러한 움직임^{dance}은 두 가지 생존 전략 사이에서 계속된다. 이후 좌절감이 쌓이면서 이본이나 그녀의 구조자는 박해자 생존 전략으로 전환한다.

이본은 구조자가 도움을 주지 않고 상황을 악화시켰다고 비난하면서 공격할 수 있다. 구조자는 이러한 변화에서 상처받거나 충격받고 당황할 것이며 이 가해자 생존 반응의 희생자가 된다. 이에 구조자는 이본의 생존을 돕는 데서 벗어나, 그녀에게 등을 돌리며 많은 시간을 썼는데도 항상 불평만 한다고 비난할 수 있다.

이제 이본은 다시 희생자가 된다. 그녀는 구조자를 찾는 대신 가해자를 도발하여 '나는 항상 희생자입니다'라고 하는 희생자로서 생존의 정체성을 재확인했을 것이다.

게다가 둘 중 하나는 자기 자신을 공격했을 수 있다. 구조자는 자신에게 충분히 노력하지 않았거나, 친절하거나 능숙하지 않았거나, 이본에게 충분한 시간을 주지 않았으며 '좀 더 관대했어야 했어'라고 자신에게 말했을지도 모른다. 이본은 불평자에서 전환^{switching}했을 때 구조자를 그녀의 자리에 앉히려고 노력했고, 그 결과 우월한 자리를 차지했을지도 모른다.

해결책은 이러한 희생자 태도에서 벗어나는 것이다. 구조자는 자신의 구조 욕구와 '그때-거기'와의 연관성을 탐색하고 그녀의 반응 패턴을 이해하게 하는 것이다. 이본의 경우 상황에 책임을 지고 그녀에게 열려 있는 건강한 행동이 무엇인지 탐색이 필요하다.

복수와 화해

복수는 생존 전략이다. 복수심이 있다는 것은 계속해서 박해자-희생자 역학관계에 갇히는 것을 의미한다. 복수는 상대방을 파괴할 동기를 수반하기 때문에 영속적이다.

화해를 추구하는 것이 진실을 회피하는 피상적 수준에서 일어난다면 생존 전략이 될 수 있다. 가해자가 자신이 다른 사람에게 준 고통을 기꺼이 받아들이고 자신의 행동에 책임지지 않는다면 화해는 있을 수 없다. 용서가 '당신은 나에게 해를 끼쳤어요. 당신은 자신의 역동에 사로잡혀 있어요. 그것이 당신이 해결해야 할 일입니다. 내가 해결할 일이 아니에요'라는 것을 의미한다면 이는 건강한 용서라고 할 수 있다. 건강한 형태의 용서로 인해 얽힘은 깨질 수 있다. 다만 '용서해요. 당신이 무슨 짓을 저질렀는지 몰라서 그랬겠죠'라는 뜻이라면 자신에게 미친 영향을 부정하는 생존의 용서이다. 옥스퍼드 사전에서 용서의 정의는 '누군가의 잘못, 결점 또는 실수에 화내거나 분개하는 것을 멈추는 것'으로 나와 있다. 화와 원망을 버린다는 것은 얽매임을 놓는 것을 의미하며, 이는 건강한 것이지만 우리가 초래한 고통을 부정한다는 의미는 아니다.

생존 희생자 태도를 유지하는 것은 개인이 자신을 보호하는 데 필요한 행동을 취하는 것을 막는다. 우리는 이러한 역동을 관찰하고, 그들이 '그때-거기'와의 연결을 도우며, 희생자 태도에서 벗어나 무엇이 고객에게 건강한지 결정함으로써 고객을 지원할 수 있다.

만약 고객이 '지금-여기'에서의 영속적 희생자인 경우, 우리는 그들이 어떤 행동을 취하기를 원하는지 결정하도록 도울 수 있다. 과거 성적 학대가 일어난 경우에도 마찬가지이다. 어릴 때 성적 학대를 당했던 많은 사람은 그 사건으로 정부의 관심받는 것을 원하지 않는다. 개인과 가족에게 어떠한 방식으로 영향을 미칠지 예측할 수 없기 때문이다. 성범죄자가 아직 살아 있다면 아동 학대를 계속할 수 있다. 조직에서도 따돌림, 피해받는 상황, 성희롱과 관련된 비슷한 일이 일어난다. 신고하지 않으면 가해는 계속될 수 있다. 고객들은 이러한 딜레마를 이해하여야 하며 우리는 어떤 조언이 누구에게 도움이 될 것인지를 결정하도록 도울 수 있다.

가해자 생존 태도

왕따와 성희롱은 직장에서 가장 흔한 형태의 범죄이다. 감사, 인정, 개인적 필요에 대한 인식 없이 적은 자원으로 더 많은 일을 하도록 내몰리는 고성과 문화high-performance culture는 범죄가 조직 문화에 내재한 곳에서 발생한다. 이러한 조직에서 불평하는 사람들은 약하고 일에 충실하지 못한 사람으로 보이기 쉽다.

   사람들을 엄격하게 통제하는 경영방식을 옹호하는 사람들도 있다. 그들은 일을 끝내기 위해 흔히 혹독한 비판이 필요하다고 말한다. 경영은 어느 정도의 통제를 수반하지만, 무엇보다 중요한 것은 그것이 제정되는 방식이다. 다른 사람을 공격하지 않고 피드백을 제공하는 방법도 있다. 이는 혹독하고 판단적이지 않으면서도 확고한 방법이다.

   왕따도 지휘 계통적으로 전해지는 경향이 있다. 일을 처리하는 방식 일부로 따돌림을 활용한다. 괴롭히는 사람들은 자신의 행동을 정당화하고,

자기 행동이 다른 사람들에게 미치는 영향을 마주하는 것을 피하려고 그러한 정당성을 사용한다. 왕따를 하면서 동정하거나 공감할 수는 없다; 둘은 함께 갈 수 없다. 모든 괴롭힘의 방식이 똑같지는 않다. 어떤 이는 지속해서 모든 직원에게 해를 끼치는 반면, 어떤 이는 과거의 누군가를 떠올리게 하는 특정 직원을 선택하기도 한다. 자기 상황에 화를 내거나 불안해할 때 괴롭힘이 발생하기도 한다.

다른 사람에게 해를 가하는 것에는 정도가 다 다르다. 스펙트럼의 한쪽 끝에는 주변 사람들을 속여 수년간 타인의 삶에 심각한 피해를 주는 연쇄 성범죄자들이 있다. 다른 쪽 끝에는 상황에 따라 타인에게 해를 입히거나 성적으로 용납할 수 없는 방식으로 행동하여 통제하고 권력을 행사하는 방식을 사용하는 사람들도 있다.

다양한 수준의 가해자들은 비슷한 생존 태도를 보인다:

고객이 하는 말	가해자 생존 태도
'왜 이렇게 야단법석을 떠는 거죠? 모두에게 주어진 일이 있고, 해야 할 일이 얼마나 많은데요.'	가해한 것처럼 보이지 않는다.
'전 사람들이 최고의 결과를 내도록 해야 해요. 우선순위를 잘 정리할 필요가 있죠. 제 생각에는 단지 그들이 자신의 부족한 점을 감추려고 하는 것 같아요. 저는 큰 책임을 지고 있고 그것을 이뤄내고 결과를 얻기 위해 월급을 받는 겁니다. 이 회사는 저를 매우 고맙게 생각할 거에요.'	자신의 행동을 정당화한다.
'제가 희생자입니다. 이 프로젝트를 완수하기 위해 안간힘을 쓰는 건 저에요.'	그들은 스스로 희생자라고 생각한다.

고객이 하는 말	가해자 생존 태도
'그녀는 내가 자신의 성적 취향에 관해 묻기를 바랐고, 나에게 지저분한 문자를 보냈어요. 네, 그녀는 저의 부하 직원이었지만, 그녀가 원하지 않는 일은 하지 않았어요. 지금 자신의 남자친구가 이 일을 알게 될까 봐 두려워하고 있어요.'	'그들이 나에게 하게 했어요'라며 죄에 대해 희생자를 비난한다.
'그가 말하는 것은 사실이 아니에요. 그런 일은 일어나지 않았어요. 완전히 부풀려진 거죠. 전 이 일에 관해 임원진들과 상의했고 그들은 전적으로 제 편입니다.' 일어난 일에 대한 반대되는 증거가 있습니다.	사실을 부정하고 계속해서 자신들의 권력을 과시한다.

연쇄 가해자들은 또한 다른 사람들에 대한 학대 행위를 숨기기 위해 '선행하는 모습'을 보이려고 노력한다. 비록 어떤 징후가 보이기도 하지만, 그들이 더 유명하고 성공한 사람일수록 그러한 행동이 믿어지지 않는다. 영국에서 DJ와 자선 활동으로 유명한 지미 새빌Jimmy Savile이 좋은 예이다. 그가 사망하고 나서 자선 단체와 병원에 대한 그의 지원은 수년에 걸쳐 해당 기관의 고객과 환자에게 저질렀던 심각한 성적 학대를 은폐했던 행위라는 것이 밝혀졌다.

왕따 문제로 비난받는 고객들은 자기 행동을 합리화하고 정당화한다. 그들을 코칭할 때, 평소처럼 과거를 탐색하며 관련된 '그때-거기' 경험을 듣고 직장생활뿐만 아니라 더 폭넓은 삶에서 무슨 일이 일어나는지 공유하도록 한다. 이런 자신의 행동으로 비난받는 기분이 어떤지 묻고, 자기 성찰 능력을 탐구하고자 하는 그들의 의지를 확인한다. 우리는 비판적 태도를 유지하고 그들의 자기 학습에 관심을 두어야 한다.

왕따 문제로 비난받는 고객은 코칭에 자율적으로 동의하지 않겠지만 '재활'을 조건으로 참석하고 있으므로 문제가 있는 계약으로 볼 수 있다. 조직의 임원진이 그들의 행동 변화를 지원하려는 긍정적인 시도일 수도 있고, 조직의 고유한 문화임을 부인하면서, 한 사람에게 초점을 맞추고자 함일 수도 있다. 코칭을 위해 '보내진' 많은 고객은 단지 비난만 극복하고, 행동을 바꾸는 것은 원하지 않는다.

왕따 희생자들은 흔히 '강해지는 법', 'X를 너무 마음에 두지 않는 법' 등을 찾을 수 있도록 코칭을 제안받는다. 코치는 왕따에 대해 지원하고 생존 전략을 관리하는 방법을 찾기 위한 코칭 제안을 염두에 두어야 한다. 희생자는 생존해 있지만 다른 사람의 공격에서 자신을 인식하거나 보호할 수 없다. 코치는 그들을 '강하게 만드는 것'이 아니라 그들 스스로 건강한 선택을 하도록 지원하여야 한다. 모든 코칭과 마찬가지로 고객의 건강한 자아와 고객을 위한 건강한 행동에 초점을 맞추어야 한다.

모든 조직 문화가 같을 필요는 없으며 모든 문화가 모든 사람에게 적합하지는 않다. 코치로서 우리 역할 일부는 고객이 그들에게 가장 적합한 문화나 역할로 변화하도록 돕는 것이다.

#metoo 캠페인으로 성희롱이 뉴스에 많이 나오고 있다. 성희롱 혐의를 받은 사람이 코칭을 받는 경우는 드물다. 그러나 어떤 상황에서는 특히 그것이 '일회성' 사건이고 괴롭힘을 가한 사람이 과거의 좋은 이미지를 가졌을 경우에는 코칭을 받기도 한다.

아래는 동료를 성희롱하고 코칭을 제안받은 고객 사례에 대한 설명이다:

'J는 성추행 혐의를 받고 코칭을 제안받았습니다. 그는 일어난 사건에 충격을 받았으며 어떻게 처리되었는지에 분노했어요. 그리고 희생자를 비난하고 자신을 정당화하기 시작했습니다. 그는 코칭과 자기 탐색에서는 수용적이었어요. 알고 보니 최근에 이혼한 뒤 매우 외로웠으며 상대의 행동을 친밀하게 지내고 싶다는 것으로 받아들였다는 것을 알게 되었죠. 우리는 그녀가 어떻게 신고하게 되었으며, 그녀가 자기 행동을 어떻게 느꼈을지, 동기가 무엇인지 탐색했습니다. 자신이 그녀의 상사였을 때 권력 역동을 살펴보았고 자신이 취약하다고 느꼈을 때 어떻게 그런 상황에 빠지게 되었는지 이해하게 되었어요. 그는 수치심을 느꼈고 나는 모든 것을 직면하려는 그의 의지에 감탄했습니다.'

위의 사례는 '가해자'로 취급되는 사람들과 작업할 때 취해야 하는 단계를 보여준다. 첫째, 코칭 과정에 기꺼이 참여할 수 있어야 한다. 그들은 자기 성찰과 자기 책임감을 위해 사용할 수 있는 충분히 건강한 자기가 있어야 한다. 코치는 괴롭힘이나 성희롱을 생존 반응으로 이야기하고 적절하다고 생각하는 경우 '정신 분열 split in the psyche' 모델을 사용할 수도 있다. 현재 삶에서 내담자에게 정서적으로 무슨 일이 일어나고 있는지 탐색하는 것은 자기 행동에 대한 더 깊은 자극을 발견하는 데 도움이 된다. 고객들은 '희생자'에게 공감하고 자신의 행동이 그들에게 미치는 영향을 이해하도록 도움받아야 한다. 이러한 과정에서 일부는 상대방에 대한 비난을 멈출 수 있고, 코치는 가해자의 생존 태도에 도전해야 할 수도 있다. 마지막 단계는 자기 행동에 스스로 책임지는 것이다. 이것은 수치심, 후회 및 기타 감정을 동반한다. 보복에 대한 욕구가 있을 수 있으며 이와 관련하여 코치는 무엇을, 어떻게, 언제, 왜에 대해서 탐색할 수 있다. 때때로 가해자는 자기 비난, 자기 증오, 자신에 대한 연민 부족, 과도한 음주,

제대로 먹지 않거나, 잠을 자지 않는 등 신체적 학대를 가하며 에너지를 내면으로 향하게 하기도 한다.

가해자-희생자 역동 관계는 트라우마를 영구적으로 대물림하는 것 가운데 하나이다([그림 5.4]). 그 중심에는 끊어진 트라우마 감정이 있다.

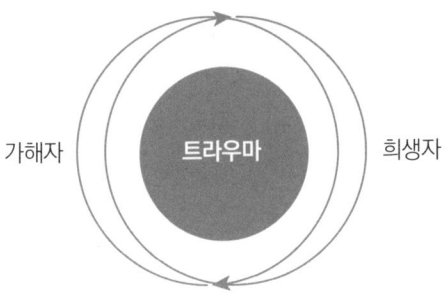

[그림 5.4] 희생자, 가해자 그리고 트라우마

'존John/제인Jane의 문제를 해결해 주세요'라는 요청을 받고 고객의 변화를 위해 조직을 대신하여 그들을 코칭할 때 우리는 주의를 기울여야 한다. 이는 관리자가 직원과 그들의 성과를 건강하게 처리하지 못하고 팀에서 내보내기 전 '올바른 일을 하는 것처럼 보이기 위한 수단'으로 코칭을 제공하거나, 직원이 부서 내 더 광범위한 문제의 희생양이 되어야 할 때 발생할 수 있다. 이것은 마치 가족이 구조적으로 문제가 있지만 가족 내 문제를 일으키는 아이들을 '문제아'로 낙인찍는 것과 비슷하다. 이것은 가족이나 조직에서 그들의 문제점을 부인하는 방법 가운데 하나이다.

코치가 코칭을 의뢰한 사람의 비위를 맞추려 하거나, 코칭의 효과를 증명하고자 한다면 희생자-가해자 역동 관계에 관여하게 될 수 있다. 코칭

커미셔너commissioner나 고객을 구하려고만 할 경우, 우리는 무엇이 또는 왜 코칭받고자 하는지에 주의를 기울이지 못할 수 있다. 또 고객이 성가시게 하거나 짜증 나게 한다면, 고객을 괴롭히고 싶다는 생각이 들 수 있고, 실제로 고객이 문제라는 상사의 의견에 동의할 수도 있다.

코치로서 우리의 책임은 자신과 자신의 가해자-희생자 역동을 살펴보게 하는 것이다. 여기에는 코칭 세션 후, 그리고 일상생활 전반의 자기 성찰이 포함된다. 이러한 과정에서 무의식을 탐색하고 그것을 의식화하는 것은 중요하다. 만약 이 책을 읽는 독자들 가운데 희생자 생존 태도로 '불쌍한 나'의 상황에 처한다면, 그것을 알아차리고 자신의 무엇을 원하는지 선택하라. 이는 자신을 위한 건강한 행동을 취하는 것이다. 특정 고객에게 가해자의 에너지를 전달하는 것을 발견하면 당신에게 무슨 일이 일어나는지를 살펴보아야 한다. 이 고객은 당신에게 어떤 존재인가? 당신과 당신 사이에 작용하는 역동은 무엇인가? 다른 사람과 함께 성찰하는 과정에서 수퍼비전은 매우 도움이 되고 가치 있는 일이다.

그들의 이야기에서 가해자-희생자 및 구조자 역동이 나타나는 내담자에 대해서는 이것을 생존 반응으로 이해하고 행동에 대한 자극이 무엇인지 탐색하는 것이 도움이 된다. 우리는 이 세 위치에서 실현되는 생존 역동을 이용해서 고객의 행동을 예측할 수 있다. 이를 통해 희생자 생존 태도와 가해자 생존 태도에 관한 심리 교육을 제공할 수도 있다. 우리는 그들의 이야기를 듣고 그들의 회복 작업에 도전할 수 있으며 구조를 생존 전략으로 선택할 수 있다.

심각한 트라우마 경험을 가진 고객과 함께할 때 우리는 그들과의 관계에서 가해자-희생자 역동을 느낄 수 있다. 그렇지만 우리가 도전해야 할 것은 내가 가해자-희생자 생존 반응에 얽매이는 것이 아니라 건강한 자기에 중점을 두는 것이다.

수퍼바이저 또는 동료 그룹과 함께하는 수퍼비전은 이러한 역동을 탐색하는 가장 좋은 방법 가운데 하나이다. 수퍼바이저를 통해 희생자나 가해자 생존 태도를 보이는 고객에게 어떻게 반응할지, 그리고 도움이 되는 모델을 어떻게 적용할지 안전한 공간에서 역할 연기role-play를 할 수 있기 때문이다.

일부 고객은 비폭력 대화 기술이나 연습이 도움이 된다(www.nvc-uk.com). 이것은 갈등이나 대인관계 문제를 다룰 때 건강한 자기 목소리를 강화하고 가해자-희생자 생존 역동이 나타나는 것을 방지하는 데 도움이 된다. '지금-여기'에서 발생하는 자극에 습관적으로 '그때-거기' 반응을 수정하고자 한다면 이를 이해하는 것이 첫 번째 단계이다. 다음 단계는 새로운 시도를 통해 행동 경로를 재설정하여 트라우마에 대처하기 위한 개인적인 작업에 시간을 투자하여야 한다. 이것은 코치와 고객 모두에게 해당한다.

얽힌 관계 entangled relationships

현재의 모든 관계에서 우리는 초기에 경험된 관계 역동이 재현되기 쉽다. 사랑의 트라우마와 섹슈얼리티 트라우마는 성인이 된 뒤 대인관계에서 생존 애착과 의존 행동을 야기한다.

얽혀 있거나 상호 의존적인 관계는 건강한 관계에 좋지 않은 영향을 미친다. 얽힘은 전형적으로 한 사람의 생존 자기가 다른 사람의 생존 자기에 갇히는 것을 말한다 - 예를 들어, 앞서 설명한 구조자와 희생자 태도, 또는 희생자가 가해자와 얽혀 있거나, 취약한 생존 자기가 생존 욕구를 키우기 위해 의존적 역동 관계에 사로잡혀 있는 경우이다.

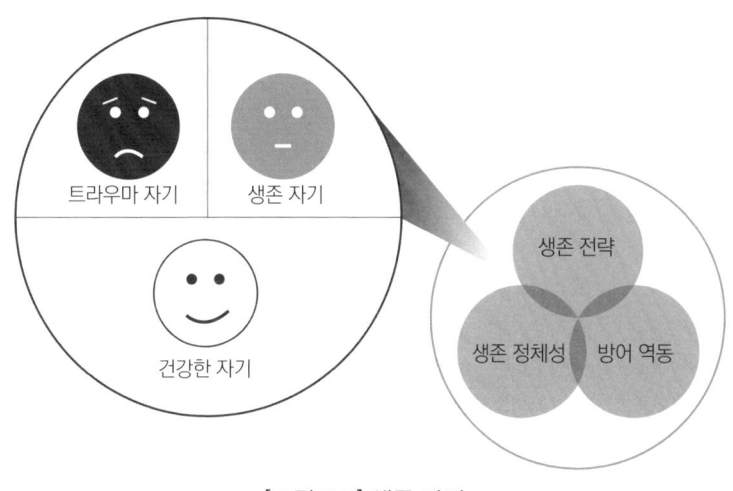

[그림 5.5] 생존 자기

출처: 프란츠 루퍼트Franz Ruppert(2012)에서 인용

우리의 생존 자기가 고객의 생존 자기와 얽히면, 단 한 번의 세션에서도 이러한 얽힘이 야기될 수 있다. 또 세션에서 고객의 트라우마 자기와 감정이 나타나고 코치가 생존 모드로 반응하는 때도 발생할 수 있다. 이것은 관계 안에서 일어난 일들로 나중에 나타나기도 한다.

얽힘이나 상호 의존적 관계를 정의하면 더 깊은 문제가 드러난다. 이 장의 앞부분에서 제시한 많은 사례가 그러한 관계를 잘 보여준다. 가해자, 희생자, 구조자의 생존 태도가 얽힌 관계 속에 내재하여 있고, 그곳에 생존 자기들이 얽히게 된다.

얽힘이나 상호 의존적인 관계는 필요 없어지거나, 사랑받지 못하거나, 보호받지 못하거나, 버려지거나, 혼자 남겨지는 것에 대한 깊은 두려움에서 비롯된다. 사람들은 끊임없이 타인의 동의를 구하거나 반복되는 현실을 부정하기 위해 이상화idealisation를 사용한다. 실패와 수치심에 대한 깊은 두려움을 느끼기도 하고 의존에 대한 깊은 두려움을 방어하기 위해 거짓-독립faux-independence을 사용하기도 한다.

코칭에서 유발되는 고객과의 관계는 얽히기 쉬우며, 그렇지 않다면 문제를 일으키지 않는다. 불만족스러운 코칭 관계는 대부분 얽혀 있다. 코치는 코칭을 후원하거나 상호 의존적 관계를 구축하는 사람들과 얽힐 수 있다.

고객은 무의식적으로 다양한 방식으로 우리를 얽히게 할 수 있다. 그러한 상황을 관찰하고 이해하고 피하는 것은 우리의 역할이다. 또 코치는 고객(스폰서 포함)과 얽히게 되는 상황을 만들지 않는 것 또한 중요하다. 예를 들면 아래와 같다:

- 'Y(고객)의 요청으로 코칭 세션 전에 그녀를 만나 커피를 마시기 시작했어요. 꽤나 괜찮았어요. 그리고 이렇게 하는 것이 패턴이 되었어요. 그녀는 사교적인 관계를 맺는 것을 좋아하고 나에 대해서도 알아낼 수 있다고 말했죠. 그녀가 다른 사람들에게 나를 추천해 줄 수도 있으므로, 나를 좋아하기를 바라요. 거절할 수 있을 것 같지도 않았고 이제는 벗어날 수도 없어요.'

- '전 정말로 G를 돕고 싶어요. 그는 너무 힘든 상황에 놓여있는 것 같아요. 전 그가 필요할 때마다 저에게 메일을 보내라고 말했고, 저는 거기에 답장할 거예요. 그는 세션에서 상당히 내성적이고, 대부분 작업을 제가 하는 것처럼 느껴지기도

하지만, 저는 정말 그를 돕고 싶고 좋은 코치로 보이고 싶어요.'

첫 번째 사례에서는 고객이 얽힘을 시작했고, 두 번째에서는 코치가 얽힘을 시작했다. 경계와 사회적 거리에 대한 인식보다는 호감을 얻고자 하는 욕구가 엿보인다. 또 내담자가 나타나지 않거나, 실패한 코치로 보일까 하는 두려움으로, 그러한 상황을 모면하고자 하는 욕구가 있는 경우에도 얽힘은 나타난다:

'C가 코칭에 참여하는 것이 어렵다고 해서 전 과제와 숙제를 제안했어요. 그러면 그가 반응하기 때문에 이런 것도 도움이 된다고 생각해요. 이 회사에서 받은 제 첫 번째 고객이라 꼭 성공시키고 싶어요.'

우리는 또한 그런 상황을 즐기거나 고객의 행동에 대처하는 것을 피할 수 있으므로 코칭에 방해되는 행동을 하는 데에 동참하고 있다고 알게 될 수도 있다:

'고객은 절 놀리는 것을 좋아해요. 저도 농담으로 답하기도 하고, 우린 서로 농담을 많이 하죠. 이렇게 하는 것이 코칭에 방해가 되긴 하지만, 전 그 세션이 즐거워요. 그렇지만 코칭이 제대로 진행되지 않는 것은 아닌지 걱정돼요.'

상호 의존성은 인정받고, 사랑받고, 좋은 평가를 받고자 하는 욕망에서 코치와 코칭에 이득이 되는 것을 포기하는 것을 의미할 수 있다. 코치는 또한 조직과 더 많은 일을 하고, 많은 고위직이나 '중요한^{important}' 사람들과 일할 기회를 모색하거나, 코치를 넘어 더 폭넓은 조직의 컨설팅을 담당하는 자리로 옮길 수도 있다. 이로 인해 고객의 요구와 조직을 대신하여 자금을 지원하는 후원 고객의 요구 사이에서 충돌이 발생하기도 한다.

고객들은 보상은 적지만 상대방을 위해 '더 큰 노력을 기울이는' 관계에 관하여 이야기하거나, 특별한 방법으로 관계를 관리하는 것이 그들에게 얼마나 중요한지, 또는 가해자를 보거나 두려워하지 않고 그들과 가까워지고 싶어 한다. 그들의 이야기에는 개인, 직업 또는 조직 없이는 생존할 수 없다는 두려움이 사람, 직업 또는 조직에 의존하는 집착으로 보인다. 이것이 관계를 끊어내는 것이 불가능하진 않지만 어렵게 느껴지는 이유이다. 관계를 유지하기 위해 더 열심히 일하는 것 또한 인정과 사랑에 대한 채워지지 않은 욕구와 함께, 의존을 의미하기도 한다.

예를 들어, 버림받았다는 느낌이 들 때가 있다. '**고객이 나타나지 않았어요. 그가 돌아오지 않을 것 같아요. 혹시 제가 그가 좋아하지 않는 말이나 행동을 한 것은 아닌지 걱정돼요. 확인 전화를 해봐야 할 것 같아요.**' 관계는 수락, 알아차림, 결과를 기대하며 기꺼이 견뎌내려는 의지가 필요한 것으로 정의할 수 있다. 그리고 동일시나 이상화가 나타난다. '**당신은 정말 대단해요. 나도 당신처럼 되고 싶어요**'라던가 '**나는 그를 정말 존경해요. 그는 다 가지고 있는 것 같아서, 제가 실제로 어떤 도움이 될 수 있을지조차 상상이 안 되네요.**'

얽힘은 통제와 복종에 관한 것일지도 모른다. 여기서 사람들은 복종하고, 그들을 위해 결정을 내리며, 다른 사람을 통제할 때 성공하는 사람을 찾을 것이다. 또는 그 반대도 마찬가지다. 죄책감이나 분노 감정은 자기희생의 이야기처럼 구조를 위한 단서를 제공한다. 그러한 관계는 '그때-

거기'와의 연관성 때문에 건강한 자율성을 저해한다. 유아로서 우리는 어머니 또는 주 양육자와 공생을 원한다. 분리된 존재는 의미가 없다. 유아는 발달 단계를 거치며 자신을 다른 사람과 분리되어 있다고 느끼며 자율성을 추구하게 된다. '안 돼', '하지마', '내 꺼야'라고 말하는 유아를 생각해보자.

자율성을 향한 이러한 움직임은 엄마와 아이 사이의 성공적인 협의가 이루어지고, 아이들은 그들 자신과의 연결성과 분리된 자신이 주요 양육자와의 친밀감과 사랑을 위협하지 않는다는 믿음을 갖게 되어, 건강한 자기의 개별화를 포기하지 않고 양육자와 공생적 친밀감을 유지할 수 있다. 이것을 성공적으로 협의하지 않으면 아이들의 개별화 과정은 환영받지 못하고 애착을 위협하게 된다는 것을 알게 되면서 초기 관계가 얽히게 된다.

건강한 자율성 안에서 우리는 우리 자신과 안녕을 위해 무엇을 원하는지 알게 된다. 다음 예는 습관적으로 어떻게 반응하는지 인식하고 자신에게 건강한 행동을 하기로 선택한 고객 사례이다:

> '진짜 성과가 있었어요. 그녀가 저에게 가하는 적대적인 비판에 굴복해야 한다고 생각하는 나 자신이 느껴졌고, 불안이 높아지고 있다는 것을 알아차렸죠. 하지만 예전처럼 고분고분하지 않고 "지금은 이런 이야기를 들을 자리가 아니니 가겠습니다."라고 말하고 그 자리를 떠났어요.'

건강한 자율성이 있다면 우리는 자신에게 어떤 것이 도움이 되는지를 알고 행동한다. 우리는 다른 사람들에게 얽매이지 않고도 애착을 형성할 수 있으며 그들이 건강하지 않다는 것을 알게 되면 그러한 애착을 끊을 수도 있다. 우리는 자신의 가치에 대해 스스로 느낄 수 있기 때문이다. 다른 사람들의 요구나 인식된 요구를 충족시키기 위해, 또는 거절이나 버림받는 것에서 자신을 보호하기 위해 노력하지 않아도 된다.

건강한 자율성 개념을 알고 있더라도 우리는 건강하지 못한 관계에서 벗어나려고 할 때 생존화survival version에 주의해야 한다. 생존화는 거짓 자율성이며, 강하고 독립적이며, 의존성에 대한 두려움으로 다른 사람을 필요로 하지 않거나, 의존성에 대한 취약성을 보호하기 위해 다른 사람을 통제하는 것에 관한 것이다. 거짓 자율성에는 아무도 우리를 비판할 수 없도록 완벽하게 노력하는 것, 저항하는 것, 도움을 구하거나 받아들이지 않는 것도 포함된다. 때때로 사람들은 생존 투사로 인해 다른 사람들에게 '강한 사람'이라고 평가받는다. 그리고 우리는 우리의 취약성을 숨겨야 한다고 생각한다. 이것은 건강한 자율성은 아니지만 자주 그렇게 보이도록 위장하는 것이다.

거짓 자율성을 가지고 있는 경우 상대방에 의해 '삼켜지는swallowed up' 두려움, 분리감을 잃을까 하는 두려움이 생긴다. 이 생존 자기에서 만들어진 관계는 '나만의 관계'인 경향이 있다. 우리는 친밀함보다는 분리됨을 선택하지만, 친밀하거나 가까운 관계에 있으면서도 여전히 분리감을 유지할 수 있다는 사실을 깨닫지 못한다. 건강한 자율성 안에서 우리는 필요할 때 도움을 요청할 수 있고 도움이 주어질 때 그 도움을 받아들일 수 있다. 우리는 친밀한 관계를 유지하면서도 자신을 잃어버리지 않을 수 있다.

얽힘에서 벗어나기

첫 번째 단계는 자신이 얽혀 있거나 상호 의존적 관계에 있다는 것을 인식하는 것이다. 얽힌 코칭 관계는 수퍼비전을 통해 탐색하고, 그 안에서 자기 역할을 성찰하며, 얽힘을 내려놓고 건강한 자기로 되돌아가는 방법을 찾아야 한다.

아래 표에는 코치와 고객 사이의 얽힘이 어떻게 나타날 수 있는지에 대한 몇 가지 사례이다.

고객 코치	건강한 자기	생존 자기	트라우마 자기
건강한 자기	얽혀 있지 않음:각자가 건강한 자율성을 바탕으로 코칭이 진행된다. 코칭이 효과적이며 개인의 변화가 가능하다.	코치는 얽힘에 대한 고객의 생존 자기 상태로 초대되는 것에 휘말리지 않는다. 코치는 가해자-희생자 및 구조자 역동에 갇히지 않는다.	코치는 고객의 생존 자기와 전략으로 이동하지 않고 외상을 입은 감정에 접촉하면서 고객과 함께 있는 것이 가능하다. 코치는 공감적 지지를 제공할 수 있다.
생존 자기	코치는 고객을 구조하려 하고, 통제하고, 의존적으로 만들려고 하며, 가해 행위를 하거나 거리 두기를 통해 고객과 얽히기를 원한다. 고객은 이러한 상황으로의 초대를 피하게 되고 코칭 계약을 유지할 가능성이 작다.	둘 다 얽혀 있다. 코칭 과정은 많은 발전, 통찰 또는 변화 없이 제 기능을 하지 못한다. 얽힘 관계의 다른 특징들과 마찬가지로 가해자-희생자 역동이 나타난다.	코치는 고객이 경험하는 고통을 견딜 수 없으며 '거짓-연민'만을 제공한다. 트라우마 자기를 차단하려고 하거나 지나치게 지시를 내리려고 할 가능성이 더 크다. 추후 고객에 대하여 비판적이었다는 것을 인식한다. 코칭이 불가능하다.

고객 코치	건강한 자기	생존 자기	트라우마 자기
트라우마 자기	고객은 코치의 취약한 상태를 발견하거나 감지할 것이며, 효과적인 작업을 수행할 수 없다고 생각한다. 고객이 코칭을 포기하거나, 코치에게 공감적 지지를 제공한다.	코치와 고객 사이에 도움이 되는 관계가 형성될 수 없다. 코치는 고객의 건강한 자기 자원과 접촉하지 않으며 고객에게 희생당하고 있다고 느낀다.	어느 쪽도 상대방을 돌볼 수 없다. 코칭도 불가능하고 관계 형성도 안 된다. 둘 다 예정된 코칭 세션에 참석하지 않는다.

루퍼트Ruppert(2012)에서 인용

코치와 고객이 얽혀 있는 다음 사례를 살펴보자:

'그녀는 쉽지 않은 고객이에요. 코칭에서 이야기하고 싶다는 것과 관련이 없는 일에 대해서만 계속 말하고 있어요. 뭔가 내가 그녀에게 휘둘리는 느낌이에요. 1년 넘게 코칭해오고 있지만 항상 그런 느낌이죠. 그녀는 항상 알겠다고 하지만, 그러한 행동들이 너무 답답하고 실망스러워요. 그냥 코칭을 하고 싶어 하지 않는 것 같아요. 코칭을 끝내거나 끝낼 방법을 찾도록 제안해봐야겠어요.'

사례에 나오는 코치는 고객을 판단하는 희생자 생존 태도의 요소를 보인다. 두 사람은 한동안 이러한 역동에 갇힌 상태였다. 코칭을 종결하는 대신에 코치는 서로가 얽혀 있다는 사실을 깨달을 수 있는 질문을 자신에게 던져야 한다.

- '코칭이 어떻게 진행되고 있는가? 세션 시작, 중간, 종결 시 나에게는 어떤 일이 일어나고 있는가? 나는 무엇을 하고 있고, 무엇을 느끼는가?'
- '내 어떤 욕구가 코칭 관계에 부적절하게 영향을 미치는가?'
- '계약서에는 어떤 내용이 있는가? 자기 탐색 과정에서 코칭이 무엇을 의미하는지 살피고 있는가? 그렇게 하지 않는 데에는 어떤 이유가 있나? 코칭 계약 과정에서 뭔가 피하고 싶었던 것이 있었나? 그렇지 않다면 지금 나에게 어떤 일이 일어나고 있는가?'
- '후원기관에 얽매이고 있진 않은가? 운영하는 데 있어서 일종의 상호 의존적 경향이 있나? 업무적 이득을 위해 서로에게 의존하고 있진 않은가?'
- '고객이 코칭받는 목적이 무엇인가? 코칭의 목적이 분명한가? 그렇지 않다면 나는 무엇을 하고 있는가?'
- '내가 피하고자 하는 것은 무엇인가? 고객과의 관계에서 해결되지 않은 것은 무엇인가?'

'지금-여기'의 관계는 '그때-거기'의 관계를 반영하기 때문에 '이 고객이 나에게 어떤 존재로 다가올까? 내가 비위를 맞추려고 필사적으로 노력했거나 두려워했던 존재인 부모나 형제자매일까? 어렸을 때 나를 이용했던 사람일까?'를 탐색하는 연습은 우리에게 도움이 된다. 만약 우리가 이러한 탐색 과정에서 어떠한 통찰을 할 수 있다면 자신의 반응을 더 잘 이해하고 생존의 얽힘에서 벗어날 수 있다.

- 얽힘의 역동을 이해하고 거기서 벗어나고자 하는 고객을 도울 수 있다.

- 생존 자기, 전략 및 역동을 설명할 수 있으며 현재의 관계는 무의식적인 우리의 필요와 욕구와 두려움 측면에서 '그때-거기'의 관계를 재현한다는 것을 알 수 있다.
- 역동을 조절하고, 타인의 행동에서 유발되는 감정과 고객의 행동 이면에 있는 감정을 탐색할 수 있다; 각각의 감정에 대해 작업이 가능하다.
- 건강한 자율성과 건강한 자기 자원에 관하여 이야기할 수 있다.
- 고객에게 어떤 것이 더 건강한 방법인지, 그들이 원하는 것이 무엇인지를 질문할 수 있다.

얽힘은 관계 속에 깊이 내재하여 있으므로, 직장 내에서 갈등 상황을 해결하는 방법에 대해 교육받는 것과 같이 자기를 인식하는 어떠한 방법들도 모두 가치가 있다. '일상적인habitual' 반응을 통해 얽힘에서 벗어날 수 있으려면 많은 시간이 걸리고 개인 치료 작업이 필요하다.

되도록 고객이 건강한 자율성을 키울 수 있도록 해야 한다. 건강한 자율성은 스스로 경계를 설정하고, 자신의 욕구를 존중하며, 타인과의 차이를 이해하고, 자신을 탐색할 수 있고, 기대할 수 있는 것과 제공할 수 없는 것을 명확하게 인식하고, 관계 내에서 생존 자기를 제거하는 것을 가능하게 한다.

제6장. 트라우마, 리더십 그리고 팀

정신 분열은 리더십과 팀에 영향을 미친다. 이 장에서는 리더십과 팀의 생존 역동에 관한 트라우마의 의미를 탐구해보고자 한다.

트라우마를 경험하고 지배적인 생존 자기를 가진 리더들은 직원들에게도 트라우마를 입히는 문화를 조성할 가능성이 크다. 트라우마를 경험했고 자신의 생존 자기를 통해 일과 경력을 관리하는 직원들은 그러한 지도자들과 얽히기 쉽다. 리더십의 궁극적인 역할은 '리더'가 있거나 리더십을 가진 사람들과 그들이 속해있는 곳에서 그들을 따르는 사람들 사이에서 일어나는 관계의 산물이다. 이러한 관계는 얽혀 있는 생존 역동, 가해행위, 그리고 희생자 역동과 생존 전략이 다른 관계와 같은 방식으로 전개된다. 리더-팔로워 관계를 중요하게 만드는 것은 권력의 불평등한 분배이다. 그러한 권력은 리더에게 주어진다. 이는 가족이나 지역 사회에서 부모와 어른들에게만 권한이 있는 어린이의 경우와 유사하다.

러더십은 자신의 취약성을 자극할 수 있다. '리더'가 된다는 것은 외로울 수 있으며 그러한 역할을 하는 사람에게 많은 기대와 희망이 투사되기 때문이다. 예를 들어, 리더의 역할은 감시당하고, 질투하고, 거절당하고, 그들이 동일시했을 수 있는 내면화된 부모나 조부모를 포함한 사람들을 실망하게 하는 것에 대한 두려움을 자극할 수 있다. 또 리더의 역할을 맡는다는 것은 흔히 실패와 값비싼 실수에 대한 두려움을 동반한 가파른 학습곡선을 의미한다. 스트레스와 불안감 증가와 함께 연관성이 있는 초기 경험을 자극할 수 있다. 이것은 예상했던 일이며 코치와 리더십 개발자에게는 익숙한 부분이다.

생존하는 자기surviving self의 다른 표현으로는 그런 사람들은 코칭에 접근할 가능성이 작다는 것을 의미한다. 즉 코치는 업무 관계와 업무 상황에서 어려움을 경험하고 있고, 이것에 얽혀 있는 직원들을 만날 가능성이 크다.

일부 리더들은 지배적인 생존 자기의 행동과 의사결정을 통해 리더로서 역할을 한다. 그들은 직접 성공을 거뒀을 수도 있고, 그것 때문에 높은 평가를 받기도 한다. 그러나 생존 자기에는 개인과 타인 모두에게 해를 끼치는 희생자-가해자 역동이 포함되어 있을 것이다. 생존 전략에는 중독, 통제, 부인이 포함될 가능성이 크다. 지배적인 생존 행동은 흔히 개인이 고위직을 수행하고 있을 때 깊이 자리 잡는다.

때로는 이러한 생존 자기 패턴은 역효과를 낳기도 한다. 개인의 심각한 오판이나 실수를 범할 수도 있다. 흔히 그러한 상황들이 휴식과 수면 부족, 피로감을 유발하고, 직장을 떠나고자 하는 욕구와 함께 소진으로 이어지게 만든다. 아래 브루스Bruce 사례에서도 코치는 그를 코칭받게 한 것이 심각한 판단 착오였다고 말했다.

- '브루스는 유명 회사의 이사직에서 매우 공개적인 방법으로 해고되었습니다. 그

는 이 사건으로 충격을 받았고 이후 코칭을 받으러 왔어요. 해고될 때까지 그는 매우 성공적으로 일하고 있었습니다. 자신의 사업에 대한 충분한 이해와 필요한 부분에 대한 전략적 비전도 있었어요. 그러나 자주 CEO와 선을 넘는 일이 발생했습니다.'

- '그는 앞으로 나아가고 싶었고, 발생한 사건에 대한 자기 역할을 탐색해보고자 했어요. 그는 너무 억울해하고 분노를 느끼고 있었습니다. 일 중독이고 통제하려고 하며 완벽을 요구하는 자신의 생존 전략을 인식하게 되었어요. 그리고 직원들을 매우 과하게 몰아붙였지만 그 이상은 할 수 없었다는 것을 알게 되었고, 자기 과시self-aggrandisement의 생존 반응을 인식하는 것이 더 어렵다는 점을 알게 되었습니다.'

- '"지금-여기"와 "그때-거기"를 탐색하면서 그는 어린 시절의 트라우마 상황과 연결되었어요. 어떠한 일이 있어도 성공해야 한다는 그의 열망은 매우 불안한 감정에 대한 반응이었던 것이죠.'

- '그는 코칭 과정에 참여하기에 충분히 건강한 자기를 가지고 있었고, 앞으로 무엇이 그를 더 건강하게 할 수 있을지 탐색할 수 있었습니다. 그러나 그가 자신의 생존 전략 가운데 몇 가지를 인식하고 있을 때, 나는 그에게 과거 다른 사람에게 한 번도 말한 적이 없는 초기 경험에 대해 작업을 하는 것이 치료적으로 효과가 있다고 제안했어요. 그런 과정 없이는 그가 다시 직장에 복귀하자마자 생존 행동이 다시 나타날 것으로 생각했기 때문이죠.'

위의 브루스 사례와 같이 지배적인 생존 행동을 보이는 많은 고객은 자기 행동과 이러한 부분이 다른 사람에게 미치는 영향을 탐색하는 데 개방적일 수도 있다. 모든 코칭과 마찬가지로 우리는 고객이 사용할 수 있는 건강한 자기와 함께 작업할 수 있을 뿐이며, 자신의 생존 반응을 활성화하는 것을 제지할 수 있다. 브루스가 치료작업을 받지 않으면 그의 생존 반응이 다시 나타날 것이라는 그의 관점에서 코치의 행동은 옳다고 할 수 있다. 건강한 자기가 생존 행동을 인식할 수 있지만, 그것을 막도록 설계된 감정을 탐색하는 작업을 해야만 지속적인 변화를 이룰 수 있다.

리더를 따르는 사람들의 성향은 마치 퍼즐을 맞추는 것과 같은 생존 성격과 비슷하다. 예를 들어, '의존적' 생존 자기를 가진 사람들은 잘못된 결정을 내리게 될까 봐 두려워서 결정을 내리지 못하고, 부모를 기쁘게 하려고 애쓰는 사람들은 통제하기를 좋아하는 사람과 얽힌 관계 속에서 잘 어울리지만 이는 건강한 방법은 아니다. 우울증 환경을 경험하고 성장한 리더들은 아마도 우울증에 걸린 부모를 구조하려고 했던 것처럼, 구조하기를 좋아하는 사람들을 끌어들일 수 있다. 괴롭히는 행동을 하는 리더는 가해자를 위험한 사람으로 인식하지 않고 잘 맞춰줄 수 있다고 생각하는 사람들을 끌어들일 수 있다.

고위직에 있는 리더들 사이에서 공통으로 나타나는 또 다른 생존 자기의 역동은 나르시시즘narcissism이다. 세상이 발전하기 위해서 자신을 필요로 한다고 믿는 건강한 나르시시즘은 필요하다. 그렇지만 불행하게도, 그것은 또한 강력한 생존 전략이 되기도 한다. 다음의 복잡한 조합과도 같다;

가해자 에너지	부러워하는 사람들을 통제하고, 괴롭히고, 힘을 빼앗고, 야망을 보이며, 권력을 추구하고, 주장을 내세우며 사람들을 파괴한다.
환상	자신의 능력은 대단하며 항상 성공한다.
과장	그 누구보다, 심지어 회사보다도 자기 일을 중요시한다.

부인	자신의 행동이 다른 사람들에게 부정적인 영향을 끼친다고 하더라도 문제가 되지 않는다고 생각한다.
공감과 연민 능력 결여	다른 사람이나 그들 자신을 위해서 한다고 생각한다.

이러한 복잡성이 있는데도 그들은 흔히 성공했다고 여겨지며, 용납할 수 없는 행동들은 용인되고 도전받지 않는다.

생존 역동을 강하게 표현하는 사람들을 '나르시시스트narcissist', '소시오패스sociopath', 또는 '편집증paranoid'이라고 이름 붙이는 경향이 있다. 이런 식의 표현은 고객을 바라보는 편견적 견해를 가질 수 있으므로 이름 붙이는 것labelling에 주의해야 한다. 예를 들면, 자기애적 생존 전략을 사용하는 사람이라거나, 편집증적인 생각을 표현하는 사람이라고 말하는 것이 좋다. 이것은 그 사람을 행동과 분리하고 건강한 자기가 나타날 수 있게 한다. 이는 개인적 견해로 판단하는 것을 방지한다. 자기애적이거나 박해적인 생존 전략을 사용하는 사람들을 대상으로 코칭하는 경우에는 고객들이 리더의 요구에 어떻게 적응하는지에 대한 부분을 발견할 수 있을 것이다. 그들은 안정적인 고용에 대한 환상을 가졌거나 '그렇게까지 나쁘지는 않다'라고 부인하며 자신을 희생하고 있을 수 있다. 보통 이런 경우 고객은 직장을 옮기거나 다른 상사를 찾는 것이 도움이 된다.

다음은 상사를 위해서 일하는 소니아Sonia의 사례이다:

'소니아는 자신이 상사를 도울 수 있다고 믿었고, 그가 심하게 대하는데도 그에게는 좋은 면이 있다고 생각했습니다. 그녀는 늦게까지 일하고 있었지만 추가적인 일을 더 맡게 되었고, 사생활에서 많은 부분을 잃어버렸고, 관계적인 부분에도 문제가 발생했어요. 살아남기 위해 그녀는 괴롭힘 생존 전략을 사용하기 시작했습니다. 이것은 자신을 매우 고통스럽고 혼란스러운 방식으로 자신을 몰락으로 이끌었어요.'

코칭을 통해 소니아가 자신의 건강한 자기와 자원에 접근하고 탐색할 수 있다면, 자신이 상사와 직무에 얽혀 있다는 것을 인식할 수 있다. 버림받는 것에 대한 깊은 두려움과 다른 트라우마 감정은 '그때-거기'의 경험과 관련이 있을 수 있다. 우리는 그녀를 구조하거나 안심시키려는 시도보다는 그녀의 감정과 함께 머무르는 것이 중요하다. 이 과정을 통해 그녀는 치료 과정을 포함한 어떤 것들이 자신에게 좋은 방법일지 말할 수 있을 것이다. 그렇지만 건강한 자기에게 접근하는 것을 힘들어한다면 코칭의 성공 가능성 또한 장담하기 어렵다.

아래 조셉Joseph의 사례에는 상사를 보호하기 위해 희생자 생존 태도를 사용하여 더 강한 생존 전략을 개발해서 상황을 해결하고자 시도하는 모습이 나타난다.

'조셉은 직장생활이 점점 더 어려워졌고, 상사인 케이트Kate가 자신의 성과에 불만족스럽다고 말했기 때문에 코칭을 받게 되었습니다. 그는 상사와의 관계에 관해 이야기할 때 그녀를 보호하는 모습을 보였어요. 그녀의 행동은 진심이 아니며, 스트레스를 많이 받고 있었고, 선의로 한 행동이었다고 말했습니다. 케이트는 정기적으로 그에게 늦게까지 남아 일하게 했고, 7시 30분에 열리는 조찬모임 참석을 위해 일찍 출근하라고 요구했어요. 조셉은 가족과의 갈등으로 괴롭다고 고민을 털어 놓았지만 케이트는 그런 그의 상황을 듣고 웃으며 무시했습니다. 조셉은 이런 상황을 키운 것은 자기 탓이라고 자책했죠. 그는 케이트가 일에 대해 정말 해박한 지식이 있고 자신은 그녀에게 많은 것을 배웠다고 말했어요. 조셉의 코칭 목표는 "효과적으로 더 많은 일을 해낼 수 있고, 케이트에게 더 도움이 되는 사람이 되는 것'입니다.'

조셉은 코칭에서 상사와 얽혀 있는 생존 목표를 세우고 있다. 그가 이러한 관계의 진실에 직면해서, 케이트에 대한 이상화idealisation를 포기하고, 자신을 위해 더 건강한 방법이 무엇인지를 탐색할 수 있을지는 그에게 달려 있다. 이 작업이 가능하다면 다른 직장을 찾는 것을 가장 우선으로 여기게 될 것이다. 왜냐하면 지금의 관계는 앞으로도 끊임없는 괴롭힘과 얽힘일 것이기 때문이다.

지배적인 생존 자기를 지닌 사람들, 특히 나르시시즘의 복잡한 역동을 가진 사람들 또는 흔히 '사이코패스'라고 불리는 행동을 하는 사람들, 즉 명백하게 양심이 없어 보이고 자신의 목적을 위해 관계를 오용하는 사람들을 변화시키는 것은 어렵다. 권력 역동power dynamics은 자신의 행동에 영향을 주지 않는다. 즉 상사를 '기쁘게' 한다거나 '비위 맞추기'를 원하지 않는다. 나르시시즘에 빠진 사람들은 팀, 상사, 조직보다는 자신의 야망을 우선시한다. 더 사이코패스적인 생존 행동을 보이는 사람들은 자신에 대한 과시성에 비해 조직 목표에 대한 헌신은 부족한데도 많은 사람의 찬사를 받기도 한다. 그들은 일보다는 자신의 성공이 더 중요하다고 생각할 가능성이 크다.

아래에는 나르시시즘과 조종하는 모습이 함께 보이는 직원에 대해 논의하는 관리자의 사례이다:

'모든 것이 교묘한 속임수처럼 느껴져요. 제가 벤Ben을 만났을 때, 그는 제게 모든 것이 잘 진행되고 있다고 말했어요. 네, 프로젝트는 순조롭게 잘 진행되고 있었죠. 몇 가지 어려움이 있긴 했지만, 그건 제삼자 때문이었고, 그는 그러한 일들을 잘 처리했어요. 별일이 없는 것 같았죠. 제가 그에게 도전했을 때, 그는 다른 동료에게 이 사실을 말했고, 한 동료가 제게 와서 벤을 그만 괴롭히라고 했어요. 전 그러지 않았다고 생각하거든요. 벤이 이 업무의 적임자라고 생각했어요, 잘 굴러가는 팀에 있었고 거기에서도 중요한 역할을 했거든요. 그런데 이전 팀의 동료에게서 그곳에서도 문제가 있었다는 것을 알게 되었어요.'

벤과 같은 사람들은 실제로 상사가 자신을 따돌리고 화를 내고 박해하도록 만들어 얽히게끔 한다. 상사는 좌절감과 걱정 때문에 자기 일을 잘 처리하기 힘들고 결국에는 과부화가 걸릴 수 있다. 벤은 바뀌지 않을 것이고 점점 더 심해질 가능성이 훨씬 크다. 이 고객의 해결책은 어떻게 하면 이러한 상황에 얽히지 않고 건강한 자기에게서 답을 찾을 수 있을지이다. 이때 관리자는 성과관리 절차를 공정하고 명확하게 하며 절차에 대한 증거를 함께 제시하여야 한다. 이 고객은 스스로가 자신을 잘 돌보아야 한다. 그렇지 않으면 벤이 고객을 심하게 박해하는 행동을 할 수 있다.

이러한 복잡한 생존 구조를 가진 사람들은 코칭이 필요하지 않다고 생각하므로 거의 코칭에 접근하지 않으며, 대부분은 심각한 트라우마를 입은 사람들이다. 그들은 리더십 프로그램의 일부로 '해야 한다면' 할 수 있다고 말하지만, 코칭 과정에 진심으로 임하지 않는 경향이 있다. 예를 들어, 이러한 생존 역동을 가진 사람들은 대부분 자신의 능력을 과대평가하고, 위험을 감수하며 중대한 실수를 범하게 되고, 그 결과 심각한 자기 파괴를 초래한다. 그렇게 되면 생존 자기가 너무 망가져서 더는 사용해 왔던 전략들이 작동하지 않아서 치료가 필요하다는 판단으로 코칭을 만나게 된다.

이런 식으로 살아남은 많은 리더와 이끌려가는 사람들의 반응이 얽히게 되고 생존 역동에 의존하여 심각한 트라우마 감정을 억제하게 한다. 자기애적 생존 자아를 가진 사람을 위해 일한다는 사실을 알고 괴롭힘당하는 것도 느끼고 있지만, 그들의 비위를 맞추기 위해 필사적일 수도 있다. 그들은 구조대원의 생존 패턴을 채택할 수도 있고, 그들이 구조할 수 있다고 생각할 수도 있다. 다른 하나는, 그들이 어렸을 때 부모 가운데 한 명과 함께하려고 했던 방법과도 같다. 이러한 고객은 원한다면 생존 자기나 전략을 탐색하여 과거와의 연결성을 찾고, 건강한 자기를 만나 무엇이 자신에게 좋을지 결정할 기회를 얻을 수 있다.

가면 증후군imposter syndrome은 생존 자기를 보여주는 또 다른 잘 짜인 방법이다. 어떤 면에서 이 증후군은 나르시시트의 역동과 완전히 대조된다. 코칭을 생존 전략으로 사용하는 고객은 반대되는 모든 증거가 있는데도 '매우 좋지 않기 때문에' 코칭이 필요하다고 믿고 자주 만나게 된다. 이러한 내담자들은 어린 시절부터 내면화된 메시지와의 동일시이거나, 자신의 부모보다 더 성공하지 않음으로써 그들을 보호할 수 있고, 과거 가족과의 경험으로 말미암아 질투심을 두려워할 수도 있다. 내면화된 생각은 '나는 사람들이 생각하는 것만큼 잘하지 못해'와 '뛰어나면 위험해(나는 공격당할 거야)'이다. 이와 같은 생존 자기는 긍정적인 피드백의 내면화를 차단하고 코치가 말한 것처럼 아래 나오미Naomi 사례에서와 같이 어떤 일이 잘되면 자기 공격에 들어갈 수 있다:

'나오미는 항상 좋은 평가를 받고 있고, 사람들은 그녀를 좋아하고 소중하게 생각하는 것 같아요. 그녀가 하는 모든 발표는 극찬을 받지만 항상 자기가 생각하기에는 잘하지 못했다며 자신을 질책해요. 그녀는 "그들이 뭘 알까요?"라고 말하며 그러한 평가를 무시합니다. 또 한 번의 성공적인 행사를 마친 뒤 그녀는 너무 불안하고 심란해서 잠을 잘 수 없다고 말하며 다음날 깊은 자기 멸절self-annihilation 과정에 빠져버리죠. 어떠한 도전을 받으면 그녀는 "누군가 와서 내가 잘못했다고 말할까 봐 너무 두려웠어요."라고 말했어요.'

생존 자기의 이 파괴적인 내면은 우리의 창의성, 성공과 성취감을 파괴한다. 이것은 중요한 초기 인물들과 내면화된 통합conflation이며 그들과의 동일시identification이다. 융Jungian 치료사이자 작가인 마리온 우드먼Marion Woodman은 이 과정을 '죽음의 어머니death mother'라고 불렀다. 그녀의 책, 『정서적 트라우마의 이해 및 치유Understanding and Healing Emotional Trauma』(2015)에서 시에프Sieff는 우드먼의 죽음의 어머니 개념을 삶의 에너지가 고갈되는 정서적 붕괴의 생리적인 과정일 뿐만 아니라 감정적인 과정이라고 묘사한다. 그것은 부모님이나 선생님에게 사랑받지 못하거나 받아들여지지 않는다고 느끼는 것에 대한 생존 반응이다. 이는 우리의 자율성과 의식에 접근하는 것을 차단하며 우리 내면의 매우 박해적인 부분이다.

코치로서 우리는 여러 가지 방법으로 이 문제를 해결할 수 있다. 예를 들어, 반응에서 가능성을 찾아볼 수 있다.

'나오미에게 물었어요. "모든 사람이 당신에게 말하는 것처럼 당신이 훌륭하다고 가정한다면, 그것은 무엇을 의미하나요?" 그러자 그녀는 이렇게 대답했죠.

"그건 생각하기가 매우 어려워요. 그게 사실이 아니라는 것을 알거든요. 전 게을러질 거고, 거만해질 것 같아요. 전 원래 게으르거든요."'

이것은 생존 자기의 반응이다. 코치는 고객이 자신의 반응과 내면의 역동을 탐색하기를 원하는지 확인해야 한다. 생존 반응은 그렇게 할 의향이 없는 것처럼 보이게 하기 때문이다. 코치는 건강한 자기와 관계 맺기 위한 다른 방법을 찾아야 할 수도 있다.

탐색하는 것을 허락한 경우 다음과 같이 코치가 관찰한 부분을 제공할 수 있다. '**당신 자신이 성공했다고 느끼도록 내버려 두는 것을 정말로 힘들어 하는군요.**', 또는 '**당신이 공개적인 장소에서 일을 잘 처리했을 때 자신을 스스로 공격하는 것 같군요.**' 이것은 건강한 자기에게 말을 거는 것이다.

우리는 그러한 고객들이 무언가를 잘 해내었을 때, 일관성있는 피드백을 제공하며 자신의 기분과 감정을 잘 표현할 수 있도록 돕는다. 나오미Naomi의 감정지도는 [그림 6.1]과 같다. 나오미Naomi가 자신의 감정지도에 대해 이렇게 말하고 있다:

'전 그 행사가 상당히 설레였어요. 하지만 전후에 혼자만의 시간이 없었죠. 사람들과 함께 있는 게 너무 좋았고, 그게 저를 상당히 불안하게 만든 원인이었던 것 같아요. 이전에도 그런 시간을 가지지 않았어요. 다시 곰곰이 생각해 보니, 오후가 되자 불안감이 느껴졌어요. 참가자들은 눈치채지 못한 것 같았지만, 전 제가 준비한 대로 되지 않았다는 생각이 들었어요. 부족한 부분에 대해 계속해서 생각했고, 어떻게 했더라면 더 잘할 수 있었지에 대한 모든 부분을 떠올렸어요. 친구들과 함께 저녁을 먹을 때는 잠시 그러한 생각을 멈출수 있었지만, 밤이되자 다시 모든 것들이 떠올랐죠. 정상으로 돌아오는 데 며칠이 걸렸어요.'

감정지도를 그려보는 과정을 통해 나오미는 자신의 생존 반응과 유발 요소, 거절당하거나 비판받는 것에 대한 두려움을 탐색할 수 있었다. 그것은 그녀에게 자신의 생존 패턴에 빠지지 않도록 다른 시간을 어떻게 설정할 수 있을지 생각하게 했다. 건강한 자기가 이런 식으로 활성화하면 고객이 원할 때 '그때-거기'와 연결하여 탐색할 수 있다. 이런 방법은 붕괴가 다시 일어나는 것을 막을 순 없겠지만, 그녀가 붕괴에 덜 취약하도록 몇 가지 반응을 바꿀 수 있게 해줄 것이다.

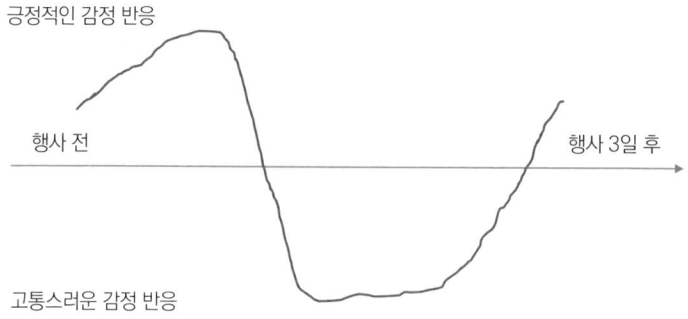

[그림 6.1] 나오미의 감정 반응 타임라인

초기 트라우마 경험에서 이런 방법을 사용하여 살아남은 사람들은 보통 조직의 중간 위치에 있거나 상사와 얽히지 않으려고 2인자 자리를 유지하려는 경향이 있다. 또 교육, 사내 컨설팅 또는 인사 담당자 역할을 담당할 수 있다. 만약 그들이 최고 자리에 오른다면, 기대치에 부응하지 못하는 데 대한 두려움(예를 들어, 부모님, 선생님, 중요한 사람들의 기대) 이 클 것이고, 이것은 잠재적인 괴롭힘이나 통제 역동으로서 자신과 다른 사람들에게 높은 기대치를 요구하게 된다. 이러한 패턴이 있는 사람들의 경우 360도 피드백360-degree feedback은 매우 어려울 수 있으며 세심한 주의가 필요하다.

지배적인 생존 자기를 사용하여 조직을 이끄는 사람들은 주변 사람들에게 악영향을 끼친다. 그러나 금전적인 이익이나 사업에 미치는 영향 면에서는 '매우 성공적'으로 평가받는다. 그들 가운데 일부는 시스템에 의해 이상화될 수 있고, 드물게는 그들을 위해 일하는 사람들에 의해서도 이상화가 일어난다. 그렇지만 그들의 나쁜 행동에 대해서는 '**그들은 자기 일을 정말로 잘해낸다**' 또는 '**그들은 정말 많은 시간을 쏟아부었다; 그것은 어떤 헌신과도 같다**' 등을 통해 다른 사람들에게 용서받는다. 그들은 정서지능emotional intelligence은 거의 보이지 않고 자신과 다른 사람들을 매우 힘들게 몰아붙인다.

리더-팔로워 관계는 매우 얽힐 수 있다. 이런 상황에서 얽매임의 깊이는 따르는 사람들followers이 아무리 원해도 떠나기 어렵게 만든다. 그들은 건강한 자율성에 접근할 수 없으며 가해자-희생자의 태도와 생존 불안에 사로잡혀 있기 때문이다.

트라우마를 입은 리더는 트라우마를 유발하거나 '유해한toxic' 조직을 만든다. 그러한 조직은 높은 수준의 통제나 비하하는 행동을 포함한 은밀하고 노골적으로 괴롭히는 문화를 가졌다. 높은 수준의 성과관리를 가장하여 희생자가 발생한다. 기대에는 미치지 못하지만 이해할 수 있는 최소한의 성과 기준이 있다. 트라우마 감정은 매우 도발적이어서 과잉 경계와 생존 방어 행동이 악화한다. 이런 조직에 있는 직원은 흔히 과중한 업무를 수행할 수 있고, 이는 개인 생활에도 영향을 미친다. 조직은 직원의 개인 생활에 가치를 부여하지 않으며 실제로도 조직 문제의 일부로 작용하며 개인과 사생활에 큰 비용이 소모된다. 가해자 에너지는 경쟁이 치열한 환경과 공격적인 인수 과정에서도 발생한다.

이러한 조직은 경계를 존중하지 않고 공적 공간과 사적 공간을 모호하게 만든다. 직원들이 직장에서 이메일을 확인하고, 집에서도 업무용 전화를 걸고 받기를 기대하며 '집'에 있는 시간에도 많은 일을 할 것으로 예상한다. 이를 명시적으로 요청하진 않더라도 직원들은 자신의 경계를 지키기 어렵다. 트라우마는 다른 사람의 경계에 대한 가혹한 행위, 자신의 경계를 지키지 못하는 능력 또는 둘 다를 통해 경계 관리에 부정적인 영향을 미친다.

'개인적인' 것은 가해자의 통제 밖 일이라는 생각을 부정하므로 직원의 양육적 책임은 무시되거나 직원들이 해결해야 하는 것으로 치부되는 등, 부모 역할을 해야 하는 직원들에 대한 차별이 있을 수 있다. 부모나 보호자로서 책임이 있는 직원에게 조직적인 지원은 제공되지 않는다. 이는 무자비하고 인정사정없는 환경이며, 결근은 약속을 지키지 못하는 사람, 책임이 없는 사람으로 간주된다.

직원들에게 자극이 되는 생존 전략은 중독, 부인, 환상일 것이다. 그들은 조직과 얽히면서 번아웃, 우울증 및 스트레스 관련 질병이 발생할 수 있다. 가족과의 관계가 깨져 별거나 이혼으로 이어질 수도 있다. 조직은 이러한 역동에 휩싸인 사람들의 자녀들에게도 심각한 영향을 미친다. 우리는 이런 조직에 연루되거나 얽매이지 않도록 해야 한다. 그들은 우리의 건강과 안녕well-being에 악영향을 미치기 때문이다. 얽힘에 있는 내담자들과 함께 작업할 때, 우리는 그들의 건강한 자기를 지원함으로써 그들이 스스로 그것을 볼 수 있도록 도울 수 있다.

트라우마를 주는 리더의 영향을 통해 우리가 왜 리더십 개발에서 개인의 성장, 자기 인식 및 정서지능에 중점을 두어야 하는지 보여준다. 좋은 리더가 되고 싶다면 넓은 의미에서는 자기 내면 심리를 탐색하고 생존 자기의 요소를 제거하여 트라우마 감정에 대한 작업을 해야 타인에게 트라우마를 전가하지 않게 된다.

일부 직업군은 업무 특성상 재외상re-traumatising을 경험할 수 있다. 예를 들어, 재해 구호작업, 의료 측면, 군사 분쟁, 구조 서비스 및 경찰 등이다. 많은 직업군에는 근무 중 마주하게 되는 트라우마 상황의 영향을 받는 사람들을 지원하기 위한 프로토콜protocols이 있다. 생명을 위협받는 사건에 휘말리지 않더라도 재외상을 경험할 수 있기 때문이다. 이러한 직업군에 있는 개인을 코칭할 때, 고객의 정신 내적 역동intra-psyche dynamics, 즉 환경과 정신 분열 사이의 상호작용에 미치는 잠재적인 영향을 인식할 수 있는 작업을 하는 것이 도움이 된다. 예를 들어, 압박이 심하고, 삶과 죽음의 결정을 내려야 하며, 실수가 치명적인 결과를 초래할 수 있는 의료 직업군이 여기에 해당한다.

회복탄력성resilience은 흔히 자기 통제self-regulation와 얽힘을 줄이는 것을 통해 역경을 발판삼아 건강한 방법으로 '더 높은 곳까지 올라가는bounce back' 능력을 말한다. 회복탄력성이 없으면 우리는 과도하게 스트레스받고, 지치고, 불안해지며 이로 인해 장기간 결근을 초래할 수 있다. 회복탄력성은 트라우마를 입은 정신에서 비롯되는 건강한 자기의 산물이며 건강한 자율성으로 가해자-희생자 역동 관계에 얽히거나 휘말리는 것을 피할 수 있는 능력이다. 회복탄력성이 부족하거나 없는 경우, 근원적인 정체성 트라우마identity trauma이거나 트라우마를 경험했을 가능성이 있다. 생존 자기는 내면의 고통을 줄이기 위한 행동과 삶의 선택에서 중요하다. 우리는 생존 전략과 건강한 자기를 위해 더 많은 공간을 제공하는 방법을 배움으로써 회복탄력성을 기를 수 있다. 또 스트레스 수준을 정상 범위 내로 유지하기 위해 스스로 조절하는 방법을 배우고 사용해야 한다. 어린 시절에는 자기 조절 능력을 발달시킬 수 없었으므로 대부분 사람은 성인이 되어서 이를 수행하는 방법을 배워야 한다.

앞의 장에서 설명한 바와 같이, 생존 자기와 전략이 지배적인 스펙트럼이 존재한다([그림 6.2] 참조). 트라우마를 입은 리더는 이 스펙트럼의 어느 지점에 있을 수 있다. 오른쪽에 가까울수록 코칭에 더 개방적이며 왼쪽에 가까울수록 코칭이 행동 변화에 영향을 많이 미치지 못한다. 만약 개인적인 위기 상황이라면 적절한 트라우마 치료가 더 나은 해결책일 것이다.

| 생존 자기가 너무 지배적임, 타인과 관계 맺는 유일한 방법 | 생존 자기가 활성화되지 않음, 타인과 건강한 자기를 통해 관계 맺음 |

[그림 6.2] 관계 안에서 생존 자기의 지배적 스펙트럼

트라우마를 입은 팀

어떠한 사건이 발생하면 팀원들의 집단적인 반응이 다양한 생존 역동을 작용하게 하여 트라우마를 입히게 된다. 화재, 테러 공격 또는 전쟁과 같은 실존적 트라우마existential trauma에 다 같이 노출되었거나 생명의 위협에 노출되어 있는 직종 등이 트라우마 인과 요인이 될 수 있다. 팀원은 생명을 위협당하는 동일한 경험을 공유하기 때문에 흔히 역경 그룹adversity group이라고 불린다. 이러한 팀은 집단 경험을 처리하기 위해 전문적인 도움이 필요한 경우가 많다. 그들은 또한 모든 팀원이 집단으로 업무를 지속하는 능력에 지대한 영향을 미치는 일련의 조직상 사건organisational events의 결과로 트라우마를 입게 된다. 원인이 무엇이든, 이전의 삶의 경험에서 트라우마를 입은 사람들은 과거 트라우마 경험이 없는 사람보다 영향을 받을 가능성이 더 크다.

여기에서는 모든 팀원과 그들의 안녕과 집단으로 업무를 수행하는 능력에 심각한 정서적 영향을 미치는 상황에 노출된 조직 내 팀에 초점을 맞추었다. 팀원의 생명이 위협받는 직종은 다루지 않을 것이다. 코치들은 흔히 팀 리더나, '팀을 다시 모으기' 또는 '정리하기' 위해 낙하산을 타고 내려온 사람들을 코칭해달라는 요청을 받는다. 우리는 또한 그러한 팀의 구성원인 개인을 코칭하기도 한다. 트라우마를 입은 팀을 관리하고 그 일원이 되는 것은 생존 역동과 그들을 지금의 상황으로 이끈 경험으로 인해 상당한 도전이 된다.

트라우마를 입은 팀의 특징

공동 업무나 목적을 위해 만들어진 팀의 팀원들은 공동의 정체성을 가지고 있다. 업무를 중심으로 개인을 결속시키는 확실한 방법이 있으며 팀원은 관리와 조직 구조에 의해 해당 역할 관계를 유지하게 된다. 트라우마를 주는 상황에서는 버림, 애착 상실, 취약성, 수치심, 분노 등 팀원 개개인의 트라우마 감정이 활성화하고 생존 반응이 나타난다. 이러한 생존 반응은 본질에서 개인적일 수도 있고 집단적일 수도 있다. 팀의 '정신psyche'을 비유적으로 보면 개인과 같은 방식으로 나누어진다. 생존 반응은 자기 성찰, 감정과 욕구를 침착하게 말하는 능력, 타인에 대해 느끼는 존경과 연민에 대한 부분을 제한할 것이다. 팀원 개인 사이, 팀원들과 경영진 사이의 신뢰에 대한 능력에도 손상을 가져온다. 또 취약하고 상처받는 감정에 대한 방어수단으로 분노를 사용한다.

트라우마를 입은 팀은 어떻게 보일까? 관리자가 우리의 고객이라면, 그들은 팀원들이 거리를 두려고 하는 것과 동시에 기회가 있을 때마다 분노와 비판의 대상이 되는 것에 관해 이야기할 것이다. 그리고 그런 일에 압도당하고 화가 나서 팀원들에게 징계를 내리고 싶어 할 수도 있다. 무슨 일이 일어나고 있는지도 이해하지 못한 채, 자신이 시도하는 모든 것이 무시당하는 느낌을 받을 것이다. 그들에게 팔로워십followership을 활용하는 것은 거의 불가능하다고 생각한다.

팀원들이 집단으로 화내고 무례하며 의사소통이 원활하지 않고 이메일과 전화에 응답하지 않는다는 이야기를 고객에게 들을 수 있다. 또 불평하는 문제를 해결하거나 무슨 일이 일어나는지 조사하기 위해 함께하려는 집단적 의지가 없는 권력 기반의 하위 그룹 존재에 관해 설명할 수도 있다. 그들은 팀에서 많은 불화가 발생한다는 것을 안다.

트라우마를 입은 팀원들은 자신의 경험에 대한 책임을 팀 외부에 두고 관리에 집중하거나 팀 내에서 희생양을 만드는 경향이 있다. 팀원들은 다른 팀원에게 가혹 행위를 하고 그들의 행동을 정당화한다. 여기에서 환상은 희생양만 가면 모든 것이 잘 될 것으로 생각한다. 이와 함께 팀워크에 문제가 생기면 작거나 큰 실수가 발생하여 팀원들이 느끼는 안전감은 더욱 결핍된다.

관리자인 고객은 되도록 빨리 남아서 정리를 하거나 떠나야 하는 딜레마에 직면할 수 있다. 그들 역시 자신을 보호하기 위해 거리를 두고 그들의 생존 전략에 의존한다. 흔히 조직 체계 organisational hierarchy에서 도움을 받지 못한다고 느끼며, 위로부터는 팀을 징계하라는 압력을 받을 수 있다. 다음은 팀 내에서 일어나는 일에 관해 이야기하는 하위 관리자의 사례이다:

'어떻게 해야 할지 모르겠어요. 제가 시도하는 모든 것이 거부되고 있어요. 일을 계속하고 있지만, 마치 불씨가 된 것 같은 느낌이에요. 직원 회의는 비난과 분노로 가득 차서 끔찍해요. 그 모든 것이 걱정돼서 잠을 잘 수가 없어요.'

팀원은 자신의 경험을 다음과 같이 설명할 수 있다:

'경영진은 무용지물이에요. 그들은 우리를 전혀 염려하지 않아요. 우리는 모두 최선을 다하고 있는데도 그들은 우리가 잘못한 것처럼 계속 우리를 대하고 있어요. 이렇게 만든 것은 모두 그들인데 말이죠. 우리는 계속해서 고통받고 핍박받고 있어요. 전 너무 스트레스받고 실수할까 봐 두려워서 잠을 자지 못해요. 무엇을 어떻게 해야 할지 모르겠어요.'

이 팀원은 지배적인 가해자 생존 전략을 가진 사람이 이끄는 팀의 일원일 가능성이 있다. 그러나 코칭의 초점은 동일하다. 고객이 자신에게 무엇이 건강한 것인지, 스스로 책임질 수 있는 것은 무엇인지를 식별할 수 있도록 도와야 한다는 것이다. 만약 그가 관리자의 희생자라면, 희생자 생존 태도에 따라 추가로 작업해야 할 수 있다.

트라우마를 입은 팀의 개념은 가해자인 관리자가 있다는 것 말고도 다른 요인이 있는 역동 관계를 이해하면 도움이 될 것이다.

이러한 요인들은 대개 누적되어 팀의 '트라우마 전기 trauma biography'가 된다. 한 가지 요인만으로 재외상을 입을 가능성은 없다. 대부분 트라우마 생존 반응을 담당하는 사건은 일반적으로 팀의 평정심, 애착 및 정체성을 방해하는 몇 가지 다른 사건이 선행된다.

의료와 같은 고위험 직군에서의 실수는 타인의 생명과 건강에 심각한 결과를 초래할 수 있다. 그런 사건들은 팀 역동에 충격적이고 깊은 혼란을 야기한다. 주요 사건 발생 뒤 진행되는 조사는 흔히 처벌적이고 박해적인 것으로 경험되기 때문에 팀을 안심시키거나 진정시키지 못할 것이다. 그러나 충분한 신뢰와 팀원들에 대한 개별적 지원, 발생한 사건과 팀에 미치는 영향에 관해 이야기하는 기회가 있다면, 팀 역동에 미치는 영향을 최소화할 수 있다.

위기에 처한 팀이나 팀 리더들과 함께 작업하라는 요청을 받을 때마다 코치인 나 자신의 생존 자기에 자극받았고, 때에 따라서는 얽히기도 했다. '영웅적 구조자heroic rescuer'가 되고 싶다는 욕구와 거부감, 절망감, 무력감을 느끼는 것 그리고 생존 전략으로 분석과 '지적 탐색intellectual exploration'을 사용해 버리고 마는 나 자신을 인정하게 되었다. 이와 같은 내 생존 자기를 통해 그룹과 어느 정도 동질감을 느꼈고 그들의 감정적 반응의 전이를 느낄 수 있었다. 나를 변호하자면, 들어주고, 바라봐주고, 인정하고, 명확히 하고, 지지해주며 코치로서 내 역할에 충실하기 위해 최선을 다했다. 나는 이러한 팀 역동의 강점과 팀 트라우마 작업을 할 때 다른 컨설턴트/코치와의 협업, 그리고 동료들과 수퍼비전의 필요성을 강조하기 위해 내 실패를 언급한다.

트라우마를 입은 팀의 생존 역동

개인과 마찬가지로, 팀이 '건강한 자기healthy self' 상태를 유지하는 것과 생존 자기의 자원에 주로 의존하는 정도는 다르다. 제시한 사례에서는 생존 역동이 팀의 행동을 주도하고 있다. 그리고 개인의 경우와 마찬가지로, 생존 자기는 성찰적 탐색과 연민을 위한 자원이 없으므로 학습 리뷰나 탐색 과정에서 작업이 이루어지기는 어렵다.

생존 방어 행동은 이전 장에서도 언급하였듯이 트라우마 감정을 억제하는 기능과 마찬가지로 익숙할 것이다. 팀 내의 생존 역동 관계는 가해자-희생자 생존 태도와 개인의 생존 태도가 관련되어 있다.

경영진은 직원들이 비협조적이고, 능력이 부족하며 적대적이라고 비난할 수 있으며 징계를 내릴 수 있다. 직원들은 경영진이 부족하고, 게으르며, 무능하고, 멍청하다고 비난하며 또한 처벌적이라고 평가한다. 팀원들과 관리자들은 화내고, 비판하고, 좌절하고, 거부하며 회피하게 될 것이다. 이러한 격차는 점점 커지고 불신과 비난이 깊어져 신뢰에 심한 손상을 입히게 된다.

생존 자기가 나르시시즘을 수반하는 사람들은 자신을 홍보하기 위해 이런 혼란을 이용할 수 있다. 통제가 생존 전략인 사람들은 더는 협조적으로 행동하지 않고 자신이 통제할 수 있는 것들을 더 많이 통제할 것이다. 이는 관련된 모든 사람을 매우 혼란스러운 상황에 놓이게 한다. 그들은 부인, 환상, 회피 그리고 더 많은 생존 행동을 보일 것이다. 대부분 사람은 해결책을 제시하기보다는 불평하는 희생자 생존 태도를 보인 다음 폭력을 행하거나 자책하는 모습을 보인다. 한 명 이상의 팀원이 심각한 실수를 저지를 경우 가해자 생존 태도에 대한 부인, 보호 및 정당화하는 모습이 뚜렷하게 나타난다: '**나/우리는 이 사건에 아무런 기여도 하지 않았어요.**'

일어난 사건이 팀을 파괴하려는 누군가에 의해 '조작'된 것이며, 그들을 구할 수 있는 영웅이 곧 나타날 것이라는 팀원들의 집단 피해망상이나 환상을 나는 보았다. 코치로서 자신이 그 영웅이 되려는 욕구는 위험한 발상이며, 이는 그러한 얽힘에 발을 들이게 되는 것이다.

과도한 업무를 수행하거나 업무를 피하기도 하고, 음주량이 많아지고, 회의에 참석하지 않거나 관여하지도 않는 등 무의식적으로 '도피'하는 상황을 만드는 생존 전략이 모두 나타난다. 상황에 따라 활성화하는 스트레스 수준은 수면 부족, 불안 증가, 스트레스와 관련된 질병이 발생하는 등 개인에게도 문제를 일으킬 수 있으며 일부 팀원은 일을 지속하기 힘들 정도로 건강이 악화할 수 있다.

『트라우마와 조직Trauma and Organisations』(Hopper, 2012)에서, 트라우마를 입은 팀 내에서 세 가지 역동이 발견되었으며, 이는 모두 환경에 대한 생존 반응이었다. 첫 번째는 희생자를 정하는 것으로, 발생한 많은 문제에 대해 누군가(보통 '타인')를 선택하고 비난하는 가해 행위의 한 형태를 보였다. 이는 다른 팀원들이 자신들이 처한 복잡한 상황의 진실을 직시하지 못하게 하며 그렇게 되는 것은 견딜 수 없는 일이므로 이를 보호하는 역할을 한다. 희생자가 된 사람들에게는 특히 그들이 반드시 함께 수행해야 하는 하위 그룹에서 배제되므로 극도로 고통스러워할 수 있다. 희생자는 흔히 의사소통을 할 수 없거나, 위압적이며 이해력이 부족하거나 다른 모습으로 비친다. 내부고발자들도 트라우마 조직에서 비슷하게 희생자가 된다. 문제를 처리하거나 부인하기 위해 그들의 정신건강이나 동기를 의심하는 것이다.

희생자가 된 사람들은 대체로 처음 그들에게 투사된 행동을 보이기도 한다. 예를 들어, 내부고발자는 그들에게 가해지는 압력으로 불안정해질 수 있으며, 이전에 고발했던 행동을 한다. 이러한 역동을 '역할 흡입role suction'이라고 한다(Hopper, 2012).

다른 두 가지의 팀 생존 반응은 무력감에서 과시성으로 희생자의 태도가 변하는 것과 유사하다. 트라우마를 입은 팀에서 피해자 생존 역동은 '나 자신을 돌보기'와 '타인과 하나가 되는 환상' 사이를 오간다(Hopper, 2012).

'나 자신을 돌보기'에서 개인은 자신이 처한 상황과 문제 해결에 대한 집단적 책임이 빠졌다는 것을 드러낼 것이다. 이들은 작은 하위 그룹을 만들어 자신들의 파벌 외부에 있는 사람들을 비판적으로 이야기할 것이다: '**그들은 절대 제 역할을 다하지 않을 거야**', '**그들은 우리보다 우월한 것처럼 행동하지**'. 이는 내부 분열로 이어져 팀 합의를 완전하게 이룰 수 없게 한다.

하위 그룹과의 동일시는 버려짐, 두려움, 취약성 및 외로움의 트라우마 감정을 자극한다. 이것은 '우리는 모두 똑같고, 똑같이 생각하고, 우리 사이에 분열은 없다'라는 환상을 불러일으킨다. 과거에는 저마다 자신의 다른 견해를 표현했는데도, 이러한 방어적인 과정에서는 마치 그런 차이가 실제로 존재하지 않았던 것처럼 '공동 투쟁joint front' 상황이 만들어진다. 이는 혼자 떨어져 있는 희생자를 제외하고 우리는 모두 같은 소속이라는 환상을 불러일으킨다.

이러한 환상적 방어 역동은 차이를 다루어야 하는 불안감 때문에 어떤 차이점이 존재한다는 것을 부인하기 위해 사용된다. 이러한 방어는 팀원들 사이의 인종, 문화, 배경 및 경험의 명백한 차이점을 부인하기 위해서도 사용될 수 있다. 팀원들은 '우리는 모두 똑같아. 다를 게 없어. 우리 둘 사이에서나, 우리가 모두 함께 모였을 때도 우리는 모두 같아'라고 생각한다. 이는 불안감이 커지는 것을 막을 수 있으나 팀의 성장에는 도움이 되지 않는다.

나는 과거에 트라우마를 입은 팀의 일원으로 이러한 생존 역동을 경험한 적이 있다. 그때 상황을 보면 세 가지 생존 역동이 모두 나타났다는 것을 알 수 있다. 나는 버림받고, 오해받고, 혼란스럽고, 분노했으며, 좌절하고 실망했다. 동료 몇 명과 모여 다른 사람들과 책임자들에 대해 불평하고 희생자가 되는 것에 동참했다. 또 함께 모여 조직을 비난할 때 '우리는 함께다'라는 역동을 경험했다. 나는 그때 희생자 생존 태도에 있었고, 팀의 역동 관계에 얽혀 있었으며 건강한 자기를 가지고 이 문제를 해결할 수 없었다. 시간이 지나고 해결은 되었지만 상당한 비용이 소모되었다.

팀이 트라우마를 입는 상황

팀에서 이러한 생존 반응이 나타날 때쯤이면 팀의 애착, 평정심, 정체성을 손상한 과거 사건이 있을 가능성이 크다. 당신의 고객이 그러한 팀을 이끌고 있거나, 그러한 팀의 일원인 경우, 그것이 지난 3년 이내라면, 고객이 팀에 합류하기 전을 포함하여 사건의 타임라인timeline을 작성해 보는 것이 도움이 된다. 이는 사건이 누적되는 특성으로 인해 내담자가 트라우마에서 벗어날 방법을 생각하는 데 도움이 된다. 팀원들에게 자신의 과거 경험에서 중요하게 생각되는 사건을 물어볼 수도 있다. 그런 사건은 여전히 팀원들에게 상처를 입히고, 속상하게 하며, 화가 나고 혼란스럽게 만들면서, 커다란 배신감을 느끼고 무기력하고 버림받는 기분을 느끼게 하는 것들이다. 팀의 균형을 방해하는 행동을 하는 개인이나, 팀원들에게 위협적이거나 사기를 꺾는 행동을 하는 원래 팀원들의 문제 상황을 해결하기 위해 새로운 팀원이 배치될 수 있다.

사건이 발생하면 짧은 기간 동안 팀의 리더가 자주 교체될 수 있으며, 이는 매우 갑작스럽고 충격적으로 다가올 수 있다. 리더가 바뀔 때마다 새로운 관계를 형성해야 하고, 새 리더가 팀 업무와 분위기를 따라잡아야 하므로 이런 상황은 불안정할 수밖에 없다. 잦은 관리 구조와 인사 변동은 상실감과 버림받았다는 트라우마를 불러일으키고, 시간이 지나면서 '오래 머물지 않을 것'이라는 이유로 '지금-여기'의 어떤 리더라도 무시나 불신하게 된다. 이는 관리 기능이 없어져서 애착 결합attachment bonding이 끊어지게 된다. 관리자가 바뀔 때마다 신뢰감은 낮아지고 이를 재구축하는 것은 어렵다. 이는 아이들이 위탁가정을 전전하는 것과 같다. 위탁 기간이 끝나면 아이들은 양육 관계의 중요성을 인식할 수 있는 어떠한 작별 인사나 적절한 설명도 없이 갑자기 다른 곳으로 가야 한다. 그 결과, 애착 결합이 점점 불가능해지면서 불안정한 애착 패턴이 강화된다.

모든 팀원은 자기 내부의 분열, 억압된 트라우마 감정과 생존 역동 관계를 맺고 있다. 팀 내의 관계는 형제자매, 부모, 대가족(삼촌, 고모, 조부모 등)과의 초기 가족 관계를 반영한다. 작업 팀이 이러한 건강하지 않은 역동 관계로 내려가는 것을 막으려면 팀의 주요 작업에 대한 일관된 명료화와 함께 사건이 발생하는 것을 억제할 수 있는 구조와 프로세스가 필요하다. 억제 개념은 일관성 있고, 일관된 방향, 관리 시스템 및 합리적으로 예측 가능한 상호작용을 통해 팀 역동 및 관계를 '유지holding'하는 것이다. 이는 시스템 내에서 각 구성원의 위치가 명확해지고, 인정과 존중을 받으면서 문제를 해결할 수 있으므로 팀이 더 정기적이고 건강하게 모이는 데 도움이 된다. 억제를 통해 안정 애착감sense of safe-enough attachment에 손상을 입히거나, 기대, 반응 또는 프로세스의 일관성에 손상을 입히는 경우, 그리고/또는 가해자-희생자 역동을 팀으로 가져오는 요인은 트라우마 반응을 유발하는 요인이 된다. 의료직과 마찬가지로 업무 특성상 무의식적으로 안전함이 부족하다는 느낌이 들 수 있다.

의료에서와 마찬가지로 업무 특성으로 인해 무의식적으로 안전이 부족하다는 느낌이 들 수 있다. 작업이 조직되는 방식은 생존 전략이며 불안과 취약성을 억제하는 데 도움이 되는 사회적 방어수단을 제공한다. 이는 의료와 기타 환경에서 잘 나타난다(Hinshelwood & Skogstad, 2000). 이에 따라 많은 팀에서 생존 전략과 과잉 경계가 이미 작동한다.

성인 교육에서 학습자들은 흔히 수치심, 연약함 그리고 불안감을 느끼면서도 기쁨과 흥분도 경험한다. 이들은 개별 지도교사tutorial staff가 학습 경험을 어떻게 연결하고 관리하느냐에 따라 어려운 트라우마 감정을 억제할 수 있다. 예를 들어, 강사가 자주 결석하거나, 눈에 띄게 편애하는 참가자가 있거나, 프로그램 참가자들을 어떻게 선발하는지 등을 통해 약속된 규칙들이 깨지는 것을 보면서 안정감과 애착에 영향을 주고 가해자-피해자 역동이 나타난다. 불안감을 느낀 참가자들은 피해의식에서 집단으로 행동할 수 있다. 다음은 다른 참가자들을 얽힌 관계로 끌어들이는 모습을 보여주는 사례이다.

> '일주일간 합숙하며 교육받을 때의 일이에요. 그때 강사들이 매우 아파서 주중에 합숙소를 들락날락했죠. 참가자 가운데 한 명은 처음부터 매우 도발적이었어요. 그녀는 강사가 이야기했던 공유 공간을 이용하는 두 가지 규칙을 무시했고, 모여야 하는 시간에 매번 늦었어요. 크게 대수롭지 않은 것처럼 보이기에 아무도 어떤 말을 하진 않았지만, 우리 모두에게는 부정적인 영향을 미쳤어요.'

팀의 생존 역동은 소문이나 해고 또는 해고에 대한 두려움이 있는 경우에도 발생할 수 있다. 내가 일했던 조직에서는 어떤 발표가 나기 훨씬 전부터 소문이 만들어지고 퍼지는 일이 발생했으므로 두려움과 불안감을 자극했다. 모든 사람이 '혹시, 나일까?'를 생각하게 되고 해고가 발표되면 해고당하지 않은 사람들은 안도하지만 동료들의 불행과 관련하여 죄책감을 피할 수 없다. 타인에 대한 질투심이 투사될 때 '사랑받는 아이 favoured child'가 되는 것은 득이 될 수도 있고, 해가 될 수도 있다. 만약 거절과 버림받는 것에 대한 깊은 두려움을 느낀다면, 정리해고 위협은 재외상 re-traumatisin을 입히게 된다.

    이 모든 사례를 보며, '**이런, 정말 끔찍해!**' 또는 '**난 절대 그렇게 관리하지 않을 거야**'라고 말하기 쉽지만 조심해야 한다. 우리는 되도록 어떠한 도움도 받지 않고 '<u>이것이 유일한 방법이고, 해야 하는 일이며, 다른 방법으로는 그 일을 처리할 시간이 없어</u>'라고 생각하며 생존 자기의 역동에서 무턱대고 관리할 수 있다. 남을 판단하면서 가해자가 되거나 '**나는 절대 ~하지 않을 거야**'라는 거만함에 빠지는 것을 조심해야 한다. 우리는 특히 많은 위험에 처해있을 때 모두가 흔히 생존 역동에 사로잡힌다. 대부분 사람은 조직, 팀, 그룹 역동에 대한 견제, 안정성 및 신뢰에 대해 배웠다. 이 장의 앞부분에서 설명한 바와 같이, 이러한 학습은 얽혀 있는 트라우마를 입은 팀에는 큰 압박이 될 수 있다.

    트라우마를 입은 팀원들에 대하여 '하지만 이들은 지적인 성인들이야'라고 말할 수도 있지만, 트라우마 자기 수준에서 우리 가운데 누구도 그렇지 않다는 것을 기억해야 한다. 우리는 모두 버림받는 것을 두려워하는 취약한 아이들이다. '지금-여기'의 상황에 '그때-거기'의 의미심장한 메아리가 퍼지고 있다면 건강한 자기의 출현이 줄어들고 트라우마와 생존 자기가 확대될 것이다.

    팀 코칭이나 일대일 코칭에서 이런 팀들과 만나는 경우가 많다. 따라서 성찰적 셀프 수퍼비전과 성찰하는 데 도움받을 수 있는 코칭 동료나 선배들과 함께 정기적인 수퍼비전을 받는 것이 좋다. 구조자가 자극받거나 가해자가 폭발하거나 희생자 생존 태도에 빠지지 않도록 조심해야 한다. 그리고 강력한 역동은 코칭 계약 시 조직의 스폰서와 고객과 코칭 계약할 때 주의를 기울여야 하는 중요한 이유가 된다. 이 계약은 건강한가? 아니면 생존 계약인가를 생각해보아야 한다. 조직에서 관리자가 되어달라고 요청하는 것인가? 아니면 환상이나 부인으로 불가능한 일을 하라는 것인가? 아니면 코칭을 가장하여 '문제'에 대한 분석, 진단 및 해결책을 제안하는 '조직 컨설턴트'가 되라고 하는 것인지 말이다. 우리는 진정 무엇을 제공할 수 있을까? 불가능을 가능하게 할 수 있다는 생각에 사로잡히지 말자. 건강한 자율성을 통해 관계 맺을 수 있는 일을 하고, 그렇지 않은 것을 알아차리는 능력을 배워야 한다.

코치는 트라우마가 있는 팀과 자주 협업해야 하는 상황이 요구되며, 코치와 함께 작업하기 전에는 문제의 심각성이나 특성을 깨닫지 못할 수도 있다. 트라우마를 입은 팀은 일관된 리더십, 의사결정 및 팀의 요구와 행동에 대한 반응을 통해 견제 요소를 재구조화해야 한다. 팀이 트라우마 상태에 빠지면, 일이 잘못될 위험이 증가하고, 이로 인해 트라우마 경험이 축적된다. 경영진의 '안정적settling down' 접근 방식이 필요하며, 이를 통해 팀원들이 자기 관리self-regulation 능력을 되찾으면 비생존 관계non-survival relationship로 돌아갈 수 있다. 그들은 경청과 존중받고 싶다는 욕구가 있다. 이를 위해서는 통찰력과 이해력을 갖춘 리더십이 필요하다. 팀 코치들은 스스로 그렇게 되는 것은 어렵다는 것을 안다. 리더십에 대해 코칭받거나 전문 컨설턴트를 영입하는 것이 더 성공적일 수 있다. 그러나 팀에서도 정서적 지원과 코칭의 도움이 필요하며 일대일 상담과 코칭이 필요하다.

일대일 코칭 계약에 동의했다면 자신이 사용하는 초점과 접근 방식에 대한 경계boundaries를 설정해야 한다. 목표는 코치의 건강한 자기로부터 고객의 건강한 자기를 코칭하는 것이다. 팀과 얽혀 있는 상태의 고객이라면 사무실에서 만나고자 할 수 있다. 트라우마를 입은 고객은 직장은 안전하지 않다고 생각하여 집에서 만나자고 요청할 수도 있다. 두 경우 모두 경계boundaries와 대응 방법에서 매우 신중해야 한다. 함께 작업할 수 있는 중립적인 공간을 찾고 고객에게 얽히지 않도록 주의를 기울여야 한다.

트라우마를 입은 팀의 팀원인 고객이 자기 관리self-care를 진지하게 받아들일 수 있도록 격려하자. 그들이 희생자의 생존 태도에서 벗어나 자신이 할 수 있는 일에 전적으로 책임질 수 있도록 무엇이 자신에게 건강한 방법인지를 인식할 수 있게 도와야 한다. '그때-거기'와 '지금-여기'가 연결되어 얽힘이 발생하지 않도록 지원하자. 만약 그들이 정서적 고통을 느낀다면 무엇이 그들에게 도움이 될 수 있을지를 생각하고 지원해야 한다. 이것은 단기 상담이나 트라우마 감정을 작업하는 장기 심리치료가 될 수 있다.

제7장. 경계, 도전 그리고 치유

외상을 입은 고객과 함께 작업할 때 우리는 경계를 존중하고 그들의 자율성을 증진해야 한다. 또 작업할 때 자신의 트라우마가 어떻게 활성화하는지 인식해야 한다. 이 장에서는 정신질환 증상이 있는 사람들을 포함하여 자신의 생존 자기가 두드러지게 나타나는 고객과 함께 작업할 때 발생할 수 있는 경계 문제와 트라우마 전기trauma biography에서 벗어나는 것과 관련된 내용을 살펴볼 것이다. 또 고객과 함께 작업하기 위한 수단으로 자기 성찰 연습이나 코칭 수퍼비전에 대해서도 다루고자 한다.

경계

트라우마를 입은 사람들은 자신의 경계와 자율성을 침해받았으며, 우리가 이러한 일을 되풀이하지 않도록 하는 것은 중요하다. 그들은 자신의 경계를 지키기 위해 자율성이라는 자원을 덜 사용하려고 할 것이다. 따라서 우리는 작업할 때 적절한 경계를 설정하고 유지함으로써 고객의 자율성을 존중하고 안정감을 만들어야 한다.

작업에서 경계는 계약 프로세스와 코치가 제공하는 코칭을 설명하는 방법, 그리고 이러한 과정이 고객에게 의미하는 바가 무엇인지에 관한 것부터 시작한다. 개인적인 질문으로 대화하거나 고객의 전기biography를 '지금-여기'의 탐색 정보로 활용(코치나 고객의 경험을 모두 활용하여)하는 것은 코칭의 한 부분인 자기 성찰 과정을 명확히 하는 데 도움이 된다. 이런 과정을 수행하는 데는 고객의 동의가 필요하다. 계약서에 없는 내용이라면 해당 작업을 왜 하는지에 대한 의문이 제기될 수 있기 때문이다. 단, 예를 들어 조직 안에서 진행되는 코칭이라면 개인적인 질문은 계약에 포함될 수 있는 적절한 내용은 아니다. 코칭 세션에서 개인적인 영역을 다루는 것을 요청할 수 있지만 고객은 거부 의사를 표현할 수 있어야 한다.

고객이 코칭에서 자기 탐색을 하는 데에 동의했더라도, 코칭이 진행되면서 생존 자기가 강해지고 다음 사례에 나오는 코치의 말처럼 탐색에 방해가 될 수 있다:

'실제로 코칭하는 것처럼 느껴지지 않았을 뿐 아니라 매우 피상적으로 느껴졌어요. 그는 자기를 탐색하는 데에 전혀 신경 쓰지 않았고, 스스로 뭔가를 배우고자 하는 데에는 관심이 없는 것 같았어요. 코칭이 굉장히 지루했고, 내가 일을 잘못하고 있나 하는 생각이 들었어요.'

개인적인 질문을 선호하는 접근 방식을 사용하는 코치는 불만을 느낄 수 있다. 고객이 보여주는 반응을 통해 인정과 존중을 받고, 유능하다고

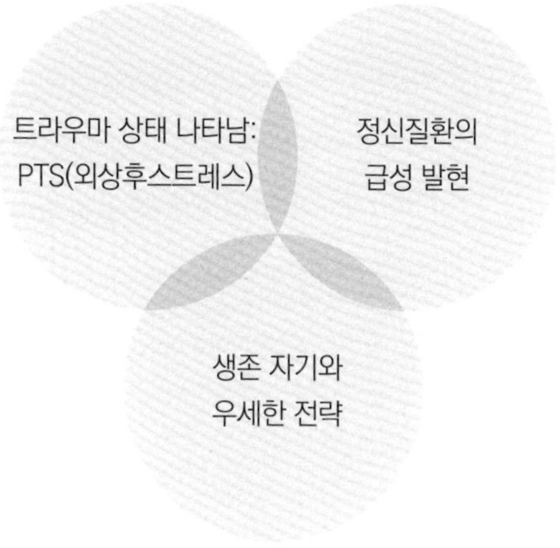

```
        트라우마 상태 나타남:        정신질환의
        PTS(외상후스트레스)          급성 발현


                    생존 자기와
                    우세한 전략
```

[그림 7.1] 세 가지의 발현

느끼는 등 다른 생존 욕구에 대한 정신-정서적 욕구를 활성화할 수 있다. 그렇지만 우리는 내부에서 일어나는 이러한 반응을 피해야만 고객에게 가치 있는 일들을 계속 제공할 수 있을 것이다.

우리가 트라우마 치유에 기여하려면 안전한 공간을 만들고, 건강한 자기 안에서 충분히 현존하고, 말한 것과 말하지 않는 것 모두 주의 깊게 경청하는 능력에서 출발해야 한다. 판단받지 않고, 주의 깊게 경청받는 개인의 존재 가치를 과소평가하지 마라. 고객의 건강한 자기에 대한 질문이 생존 자기에 의해서 대답하는 것처럼 보일 때도 건강한 자기가 활성화할 가능성이 어느 정도 촉발되므로 질문이 헛된 것은 아니다.

트라우마를 어떻게 치유할 것인지에 대한 방법을 더 이야기하기 전에 코칭이 잘 이루어지지 않거나 어려운 고객에게 어떤 일이 일어날 수 있을지를 생각해보자. 그런 고객들과 함께 일하는 것은 얽힘을 포함한 우리 자신의 생존 반응도 취약하게 만든다. 그런 일이 발생하면, 우리는 고객에게 코칭 접근 방식과 기술 사용을 중단하고 지시적이고 회피적이며 불안해하거나 구조하려고 할 것이다.

트라우마 상태가 되거나, 정신질환을 심각하게 나타내거나, 생존 자기와 전략을 우세하게 나타내는 세 개의 광범위한 발현들이 있으며 이는 코치가 얽힐 가능성이 있으므로 우리에게는 중요한 도전이 된다([그림 7.1] 참조).

트라우마 상태가 나타남

트라우마 상태를 가장 잘 나타내는 것은 외상 후 스트레스$_{post\text{-}traumatic\ stress}$의 발현이며, 고객은 불면증, 흥분, 안절부절, 일어난 일에 대한 반추, 악몽과 플래시백을 호소한다. 게다가 다른 사람들이 사소하다고 여길 수 있는 것에도 매우 화를 내고 폭력적으로 변하는 모습을 보이기도 한다. 나는 이전에 코칭 룸에서 해리되거나, 차갑게 흔들리고 괴로워하는 재외상 경험을 보이는 고객과 함께 있는 것에 대한 지침을 안내한 적이 있다.

고객이 외상 후 스트레스 반응을 보일 우려가 있는 경우 이러한 일을 공유하고 의사를 만났는지, 진료를 받고 있는지 물어본 뒤 어떤 조치가 도움이 될 수 있는지를 생각해서 그들을 도와야 한다. 고객이 계속 코칭하기를 원하는 경우 고객과 세션에서 원하는 것이 무엇이지를 분명히 할 수 있도록 도와야 한다. 그리고 고객이 작업을 수행할 수 있는 상황에서만 코칭을 진행하여야 한다.

'정상화$_{normalisation}$'라는 용어는, 고객이 트라우마 사건에 대한 이러한 반응이 '정상적이며, 매우 고통스럽고 어렵지만 사람들이 무섭고 충격적인 사건에 대해 보이는 일반적인 반응이라고 이해하도록 돕는 것을 목표로 하는 개입을 지칭하는 데 사용한다. 제일 처음 나타나는 반응으로는 많은 사람이 '이러면 안 돼', '이제 다 끝난 일이야', '(사실 당시에는) 그렇게 나쁜 사건은 아니었는데. 그런데 내가 왜 이러는 거지?'라고 생각한다. 그러므로 정상화는 '당신이 경험한 것에 대해 그렇게 느끼는 것을 우리는 전적으로 이해할 수 있어요.' 또는 '당신이 경험한 것은 저에게는 무척 큰 사건으로 들려서 그런 마음이 완전히 이해가 되네요……'라고 말하는 방법이다. 이러한 방법은 2차 스트레스가 쌓이는 것을 방지하는 데 도움이 된다.

정신질환의 급성 발현

트라우마 치료 분야의 의사들은 어린 시절의 트라우마가 정신질환을 보이는 많은 기조가 된다고 생각한다. 정신질환 진단이 효과적인 코칭에 반드시 장애가 되는 것은 아니다. 고객이 정신질환으로 치료를 받았거나 치료를 받고 있는지 확인하는 것이 도움이 되는 것과 마찬가지로 코칭이나 수퍼비전할 때 고객이 신체 질환에 대한 치료를 받은 적이 있는지, 치료를 받고 있는지 묻는 것이 도움이 된다.

  장기적인 문제가 있는 고객과 같이 작업하는 경우, 각 세션에서 고객의 증상이 코칭이나 수퍼비전에 도움이 되지 않는지를 평가하는 방법을 개발하는 것도 도움이 된다. 여기에는 증상이 어느 정도인지 확인하고 척도의 다양한 수준에서 어떠한 방법이 적절할지 두 사람이 합의할 수 있다.

척도는 고객과 함께 개발할 수 있으므로 고객의 자율성이 존중된다.

　이러한 방법은 새로운 문제를 가진 고객과 함께 그들이 경험하는 상황에 가장 잘 대처하는 방법을 논의할 수 있게 한다. 코칭이 어떻게 도움이 될 수 있을지 알아보고 고객과 함께 현실에서 테스트해볼 수 있다. 예를 들어, 어떤 도움이 필요하고, 어떤 행동이 그들의 건강한 일상생활에 가치 있는 일인지 알아보는 데 도움이 된다. '무엇이 필요한가요?'와 '무엇이 당신을 건강하게 하는 데 도움이 되나요?'라고 질문할 수 있다. 그리고 고객이 필요하다고 생각하는 도움을 얻는 데 대한 동기와 자신감 수준에 대해 척도 질문을 다시 사용할 수 있다. 다음 사례는 높은 수준의 동기부여만으로는 행동 변화를 가져오는 데 충분하지 않다는 것을 보여준다:

> '제 고객은 동기부여 항목 척도에서는 10중에 9로 답했지만, 자신감 항목에서는 10중에 4라고 말했어요. 제가 고객과 함께 이 문제를 탐색했을 때 그가 직면한 문제는 필요한 도움을 어디에서 찾을 수 있을지였어요. 스스로가 그렇게 할 수 있을 것으로 확신하지 못했어요.'

　이것은 무엇이 고객의 자신감을 10중에 7 이상으로 끌어올리는 데 도움이 될 것인지에 대한 대화를 가능하게 한다.

　로저스Rogers와 마이니Maini는 저서 『건강을 위한 코칭Coaching for Health』(2016)에서 정신적 또는 육체적 건강이 좋지 않은 고객이 스스로 건강한 행동을 취할 수 있도록 지원하는 다양한 코칭적 접근 방식을 설명한다. 오랫동안 아픈 사람이나 아픈 사람을 돌보는 사람들은 흔히 사회적으로 고립되고 외로움을 느끼며 다른 사람과의 접촉에 자신감을 잃기 쉽다. 사례에 나오는 코치의 설명처럼 증상이 매우 심하고 괴로운 고객을 염려하는 것은 자연스러운 일이다.

> '4개월 된 제 고객은 우울증과 불안증을 앓은 전력이 있고 전 그가 매우 걱정돼요. 그가 이제 의사를 만났고, 병가를 냈다는 것이 다행이라고 생각해요. 그는 친구가 별로 없고, 다음 주에 세션이 예약되어 있는데 우리가 계속 만날 수 있냐고 물어봤어요. 그는 저에게 여러 번 전화를 걸어왔고 전 반갑게 전화를 받았지만 세션을 계속 진행할 자신이 없어요.'

사례에 나온 코치는 고객을 도와주고 싶다고 생각했기 때문에 만나고자 했을 것이다. 그런 상황에서 우리는 자신의 구조 욕구를 스스로 확인할 필요가 있다. 이 코치는 다른 고객보다 더 많이 전화 통화를 하고 고객의 삶에 더 많이 관여하고 있진 않은가? 그리고 만약 그렇다면 그 원동력은 무엇일까? 대부분 코치가 세션 사이에 연락할 수 있지만, 많은 고객은 그러한 연락에 경계를 지키고자 한다. 그렇지만 생존을 위해 움직이는 사람들은 그렇게 하지 못할 수 있으며 우리가 보이는 구조적 반응은 더는 코칭 관계가 아닌 곳으로 우리를 이끌 수 있다. 고객이 병가를 낸 상황에서 코칭 스폰서가 코칭을 지원하고자 할 경우, 코치는 고객을 만나 코칭할 수 있는 정도와 그렇지 않을 때 다른 도움이 필요한지 이야기를 나눌 수 있다.

몇몇 사례에서는 정신질환 증상을 앓는 고객이 의사나 다른 사람에게 연락하는 것에 관심이 없다고 말하는 경우도 있다:

'저는 제 고객이 정말로 걱정스러워요. 그녀를 몇 번 보았지만 어제 만난 그녀는 매우 혼란스럽고 해리되어 보이고 말도 빨리하기 시작했어요. 그녀의 정신건강이 정말로 걱정돼서 무슨 일인지 물었어요. 그녀의 GP_{general practitioner}(역자주: 병원이 아닌 지역 담당 의료 기관에서 일반적인 진료를 하는 의사)에게 가봤는지 물었죠. 그녀는 예전에 의사를 만나 약을 처방받은 적이 있지만 복용을 중단했다고 말했어요. 우리는 그 일에 대해 그리고 GP로 돌아가는 옵션에 관해 이야기 나눴어요. 전 그녀에게 가족이나 친구와 같은 가까운 사람들과 이 일에 관해 이야기 나눈 적이 있는지 물어봤어요. 그녀는 없다고 했죠. 저는 그녀에게 무엇이 자신의 건강에 좋을지 생각해 보라며 격려하려고 노력했지만 그녀는 그렇게 하기가 어려웠어요.'

이러한 직접적인 표현은 보살핌의 의무, 윤리, 비밀보장에 관한 문제를 일으킬 수 있다. 위 사례의 경우 코치는 진료받는 것에 대해 내담자에게 묻고 걱정을 표했다. 곰곰이 생각해 보면, 우리는 무엇을 피했는지 또는 무엇을 할 수 있었는지 배울 기회가 있었는지도 모른다. 그러나 코치는 고객을 불안 상태에서 구하지 못했다. 코치가 경청하고, 스스로 건강한 장소에 머무를 수 있었다면, 그러한 행동이 고객에게 긍정적인 영향을 미쳤을 것이며, 고객은 스스로 행동할 수 있었을 것이다.

당신의 고객이 위험에 처해있고, 의사의 도움을 받을 의지가 없으며 '이 사실을 아무에게도 말할 수 없어요' 또는 '상사나 인사 담당자에게 알리지 마세요'라고 말하는 경우 어떻게 해야 할까? 수퍼바이저가 어떻게 할 수 있을지에 대해 다음 사례를 보자.

'코치인 클레어Clare는 그녀의 고객인 수리Suri를 매우 걱정했어요. 그녀는 '긴급 수퍼비전'을 요청했으며, 수퍼비전도 계약된 부분이라 기쁘게 수락했어요. 수리Suri는 세션 중에 아무도 안 보는 곳에서 자해를 했다고 클레어에게 털어놓았어요. 그녀는 입원이 두려워 의사에게 갈 수 없다고 했죠. 그녀는 또한 불면증에 시달리며 식욕도 없다고 말했습니다. 코칭은 몇 달 전에 시작되었으며 마지막 달까지 효과적으로 직장생활을 할 수 있었어요. 클레어는 이 사실을 아는 사람이 누구냐고 물었고, 수리는 아무 대답도 하지 않았어요. 지금은 연애도 하지 않고 친구들과도 멀어졌다고 했어요. 수리는 아무에게도 말하지 말아 달라고 클레어에게 부탁했어요.'

이런 상황에서 우리는 어떻게 해야 할까? 그것은 고객과의 계약 내용에 따라 다르다. 일부 코치와 대부분 치료사는 계약할 때 고객의 비밀보장 한계에 관한 내용을 알려야 한다. 그러한 상황의 예로는 고객이 불법행위를 하거나 이에 대한 지식을 공유하거나 코치나 고객의 안전 그리고 다른 사람의 안전에 심각한 해를 끼칠 가능성이 있는 경우를 들 수 있다. 이럴 때 다음과 같이 말할 수 있다. '**불법행위나 정보가 공유되거나, 당신 또는 다른 사람이 위험한 상황에 놓이는 경우를 제외한 모든 상황에 대한 비밀은 보장될 것입니다. 그러나 해당 상황에 대한 어떠한 조치가 필요할 경우 제 생각에 대해 당신과 먼저 논의할 것입니다.**' 코치가 해결하기보다 고객이 스스로 행동하는 것이 바람직한 결과이므로 고객과 먼저 이야기 나누는 것이 좋다. 서면 계약서를 작성했는지와 관계없이 고객과 이런 논의를 한 경우, 코치는 비밀보장에 대한 유지를 깨뜨리고 해당 내용에 관해 이야기할 수 있는 권한이 있다. 이런 과정에 관해 이야기 나누면서, 고객은 자신에게 일어나는 일에 대한 공개 여부를 결정할 수 있게 된다. 고객이 아는 조직 스폰서와 계약한 경우, 스폰서와의 사이에서 우려한 상황이 생길 수 있으므로 이 부분은 처음부터 명확히 할 필요가 있다.

계약서에 비밀 유지에 관한 내용이 없는 경우 고객과 협의하여 전문적인 도움을 받을 때 고객이 수용할 수 있는 옵션을 찾아야 한다. 예를 들어, 고객은 친구에게 이야기하기로 하고 함께 병원에 가자고 도움을 요청할 수 있다.

만약 정신적으로 불안정한 고객과 코칭 계약을 하게 된다면, 증상이 악화하였을 때 어떻게 대처해야 하는지, 누구에게 알려야 하는지에 대해 초기에 협의하는 것이 유용하다. 가장 좋은 방법은 고객이 직접 의사와 상담하여 위험성을 진단받는 것이다. 만약 코치가 의사에게 먼저 말할 경우, 고객이 위험 상황에 노출되지 않는 한 의사는 고객이 먼저 연락을 할 때까지 기다렸다가 조치할 것이기 때문이다.

우리는 코칭의 범주 안에서 주의해야 할 의무가 있으며, 언제든지 고객과의 비밀 유지를 깨뜨릴 수 있는 권한이 있다. 이것은 사전에 고객과 논의가 필요한 사항이며 어떻게 할 것인지, 왜 해야 하는지 그리고 해당 사항이 고객의 안전을 위한 것임을 설명해야 한다. 그렇지만 이 모든 것은 고객의 안전을 위한 것이지 코치 자신의 마음이 편안해지기 위한 과정은 아니다. 비밀 유지가 깨지면 신뢰를 위반한 것으로 인식될 수 있고 고객과의 관계에 영향을 미친다. 트라우마가 있는 사람들은 명백한 이유로 자신들에게 영향력을 행사할 수 있는 위치에 있는 사람들을 신뢰하는 데 큰 어려움을 느낀다. 우려 사항에 대한 필요 조치라고 생각하는 상황을 코칭 수퍼바이저와 이야기 나누어보자. 신뢰를 깨뜨리는 것은 때때로 감수해야 할 가치가 있는 위험이지만, 이를 결정할 때는 심사숙고해야 한다.

자살

'계속 살아갈 수가 없어요', '그냥 사라져버리는 게 모두를 위해 더 좋을 것 같아요', '인생이 무의미하게 느껴져요', 또는 다른 자살 충동을 표현하는 고객이 있다. 어떻게 하는 것이 옳은 방법일까? 첫째, 계속 들어주고, 침착하게 행동하며 그것이 의미하는 것이 무엇인지 물어봐야 한다. 무시하지 말고, 지지하면서 그들이 하는 말에 마음을 열고 대화를 이어가야 한다. 우리는 그들에게 자살을 고려하고 있는지, 만약 그렇다면 어떻게 할 것인지 직접 물어볼 수 있다. 이를 통해 고객이 말하는 내용을 명확히 하고 그들이 사용할 수단을 인지하는 데 도움이 된다. 말해주어 고맙다는 마음을 표현하고, '정말 힘들었겠군요. 이야기를 들으니 저도 너무 마음이 아프네요'와 같은 공감을 표현해주어야 한다. 만약 그들이 삶을 끝내려고 하는 구체적인 계획이 있다면 이는 매우 위험한 상황이다. 온라인상에는 어떻게 하면 삶을 끝낼 수 있을지에 관한 무수히 많은 정보가 있고, 고객은 이미 인터넷을 검색했을 수도 있다. 또 과거에 자살을 시도한 적이 있는지, 그렇게 느꼈는지, 그리고 무슨 일이 있었는지도 물어볼 수 있다. 과거에 자살을 시도한 적이 있는 경우, 이는 또한 다시 그런 행동을 할 위험이 크다는 것을 의미한다. 자살에 관해 물어보는 것은 자살 가능성을 높인다거나, 자살을 시도하려고 하는 것은 도움을 요청하는 표현이라는 등의 자살에 대한 다양한 속설들이 있다. 자살 충동은 깊은 고통의 지표이기 때문에 심각하게 받아들일 필요가 있다.

우리는 적절한 도움과 지원을 받고자 하는 건강한 자기를 코칭할 수 있다. 비밀을 유지하고 타인에게 말하지 말아 달라는 고객의 요청을 준수하는 것은 고객의 안전을 위해 지켜지지 않을 수 있다. 그러므로 이러한 가능성에 대해 먼저 고객과 논의하는 것이 중요하다. 조치를 하고 코칭 관계를 종료할 수 있지만, 우리는 임상의는 아니므로 고객에 대한 위험 수준을 평가할 수 없다. 숨겨서는 안 되는 비밀이 있다면, 고객과의 대화를 마치고 되도록 빨리 당신의 코칭 수퍼바이저에게 필요한 도움을 받아야 한다.

자살은 트라우마 생존 전략이다. 생존 자기는 경험하는 감정적인 고통과 그것을 억제하려는 시도에서 벗어나려고 사람 전체를 죽이고자 한다. 보통 사람들에게도 언제나 알 수 없는 정서적 불안 시기가 있다. 우리는 고객의 위험 요소를 인식하지 못 할 수 있으며, 그들도 스스로 목숨을 끊고자 하는 생각을 공유하지 않았을 수 있다. 위험 요소에는 우울증 및 기타 정신 장애 병력, 무력감, 이전의 자살 시도, 삶을 끝내는 방법에 대한 생각, 도움을 구하지 않으려는 생각, 자살 가족력, 알코올 또는 약물 남용 병력, 심각한 실수나 오판으로 인한 많은 재정적 또는 업무 관련 손실 등이 있다.

과거 함께 작업했던 고객이 스스로 목숨을 끊었다는 것을 알게 될 수도 있다. 이는 아마도 매우 당황스러울 것이다. 자신의 코칭 기록을 다시 살펴보고 놓쳤을 수 있는 징후, 위험 요소 및 조치에 관해 코칭 수퍼바이저와 논의하고 도움받는 것이 좋다. 단 고객의 행동에 자책감을 느끼지 말고 이유를 알고 싶다는 생각에 사로잡히지 않는 것이 중요하다.

생존 자기와 우세한 전략

세 번째 발현인 생존 부분과 전략은 그들이 세상과 관계 맺는 유일한 또는 주요한 방법으로 그들에게 깊이 뿌리 박힌 방어 시스템이다. 이러한 상태는 도움을 거부하거나, 예를 들어 나르시시즘적인 생존 역동이 존재하는 경우 코칭이나 치료가 전혀 필요하지 않다고 생각하는 자기 믿음을 보이기도 한다.

고객이 코칭에 대한 개방성을 평가할 수 있는 프로세스가 있다면 도움이 될 수 있다. 협력하는 마음으로, 우리는 항상 고객과 우리가 관찰한 것을 탐색하고 그들이 원할 때 함께할 수 있도록 해야 한다.

생존 자기는 개인의 성장이나 변화에 관심이 없다. 그것의 기능은 상황을 보호하고 부인과 환상을 통해 트라우마 감정을 깊이 묻어두는 것이다. 생존 자기가 고객과 세상과의 관계에 지배적인 전략을 사용하는 경우 건강한 자기에 접촉하는 것이 매우 어렵다.

[그림 7.2]는 생존 자기가 지배적일 때 정신 분열 상태를 나타낸다. 이러한 내면 역동을 가진 고객이 코칭받는다는 것은, 업무상 문제가 큰 원인일 가능성이 크다. 그렇지 않다면 비교적 친밀한 만남인 코칭 관계를 형성하는 것을 매우 위협적이라고 느낄 것이다. 건강한 자기가 나타나는 동안 생존과 트라우마 자기는 확대되고, 이와 관련된 높은 수준의 스트레스는 고객에게 정상으로 보이게끔 한다.

[그림 7.3]과 같은 정신 구조를 가진 사람들은 자신의 삶을 관리하기 위해 주로 생존 자기의 자원을 사용한다. 그러나 그들은 건강한 자기에 접촉할 수 있다.

[그림 7.2] 우세한 생존 자기

출처: 비비안 브로우튼Vivian Broughton(2014)에서 인용

[그림 7.3] 더 건강한 자기

출처: 비비안 브로우튼Vivian Broughton(2014)에서 인용

트라우마 자기는 스트레스 수준과 관련하여 활성화한다. 그들이 어떻게 살아가느냐는 자신의 건강한 자기에 어떻게 접촉하고 신뢰하는지를 배우느냐에 달려 있다. 우리는 코칭에서 이런 트라우마를 입은 고객들을

만날 것이다.

[그림 7.4]에서는 건강한 자기에 접촉하기 위해 자기 성찰과 함께 무엇이 필요하고 무엇이 건강한 방법인지를 아는 데 요구되는 자원을 보여준다. 생존 자기가 존재하고, 적대적인 상황을 느끼게 되면 자신을 촉발 위치에 세운다. 트라우마 자기는 활성화하지 않아서 스트레스 수준은 정상 범위 내에 있을 것이다.

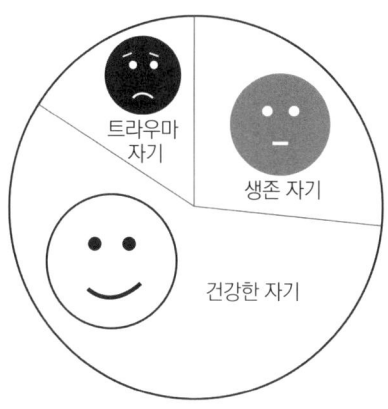

[그림 7.4] 우세한 건강한 자기

출처: 비비안 브로우튼Vivian Broughton(2014)에서 인용

가능한 시나리오 세 가지를 설명했지만, 물론 그 사이에도 다른 많은 시나리오가 있다. 트라우마를 안고 있는 사람에게 가장 큰 도전은 건강한 자기 자원에 접촉할 수 있다고 해도 건강한 자기가 말하는 것을 신뢰하는가이다. 건강한 자기에 접촉하는 것과 그것을 신뢰하는 것은 별개이다.

건강한 자기에 접촉 수준을 평가하는 데 도움이 되는 몇 가지 지표가 있다.

자비로운 자기 성찰 self-reflection과 자기 탐색self-enquiry 능력	고객이 자신과 타인의 말하는 방식의 차이를 알 수 있다. 코치가 묻는 강력한 질문에 대해 자기 성찰을 할 수 있다.
자기 조절self-regulation과 자기 통제self-control 능력	발생한 사건으로 스트레스를 받기 쉽지만, 정상적인 건강한 반응이다. 그렇지만 자기 통제 능력이 제한되어 있고, 이미 스트레스 수준이 높아 고통받고 있다면 생존 반응으로 내몰리게 된다. 가장 자주 느끼는 스트레스 수준은 어느 정도인가? 만약 스트레스가 문제가 된다면, 자신을 도울 수 있는 기술이 있는가? 스트레스 수준을 낮추는 데 필요한 훈련과 시간을 기꺼이 투입할 것인가? 건강한 자기 지표는 이러한 방법을 기꺼이 수행하고 있고 그것을 우선시한다는 것이다.
박해자-희생자 역동 및 생존 태도가 보임	자신의 선택과 행동을 책임질 수 있는가? 코칭 룸에서 미묘하지만 박해자의 모습이 보이는가? 희생자 또는 가해자의 생존 태도가 나타나는가?

또 고객과의 관계나 고객의 행동 관찰을 통해 생존 자기나 전략에 대해서도 알 수 있다. 고객과 어떤 관계인가? 고객이 당신을 밀어내려 하거나 의존하려고 하는 방향으로 이끌고 있진 않은가? 세션 사이에 전화나 이메일을 보내거나 보내온 내용을 읽어달라고 부탁하는 등 더 많은 시간을 요구하고 있진 않은가? 직장에서의 인간관계에 관한 이야기는 어떤가? 타인과 관계 맺고 신뢰하는 것에 대한 고객의 믿음은 무엇인가?

고객의 건강한 자기가 우리와 관련이 있다면 우리는 고객과의 유대감을 느낄 수 있다. 필요한 것을 말할 수 있는 능력과 함께 좋은 눈 맞춤, 편안한 몸짓 그리고 가능성에 대한 열린 마음이다. 그러나 고객의 생존 자기가 우리와 관련된다면, 조종당하는 느낌이 들 수 있고, 고객은 우리에게서 벗어나려고 주지화, 과도한 분석과 도전 그리고 유머를 사용할 수 있다.

생존 자기가 핵심 기능으로써 우세하게 나타날 때, 자기 탐색에 대한 능력이나 욕구가 낮을 것이다. '**난 할 수 없어요**', '**해야만 해요**', '**해야 해요**', '**당신은 이해하지 못할 거예요**' 등의 표현을 많이 하며 가능성에 대한 생각이 경직되어 있다. 직장생활에서 가해자-희생자 역동이 드러날 것이고, 우리는 그들과의 관계에서 도전과 거부감을 느낄 수 있다. 우리는 그들의 이야기에서 다양한 생존 전략과 생존 또는 적응적 자기를 관찰할 것이다. 사람들은 자신의 직장생활이 매우 성공적이었을 수도 있지만, 예를 들어 승진에서 미끄러지거나 처음으로 크게 실패를 경험하는 등 그것이 더는 지속할 수 없다는 징후를 느낄 수 있다. 소진exhaustion될 가능성이 크거나, '공허한running on empty' 상태가 될 수 있다. 즉 생존을 위해 사용할 수 있는 모든 에너지를 소모해 버리는 것이다. 그들은 번아웃 조짐을 보일 수 있지만, 이를 부인하며 '너무 바빠서'라며 세션에 오거나, 늦게 와서 일찍 가버릴 수 있다.

다음 사례는 이러한 고객과의 관계에서 자신의 생존 자기에 있는 코치의 예이다:

- '저는 그와 함께하는 게 너무 힘들어요. 그는 다소 거드름을 피우며 제 자격에 대해 의문을 제기했죠, 또한 제가 탐색하기 위해 무언가를 하려고 해도 저를 막아버려요. 그는 세션에서도 매우 안절부절못하고 항상 핸드폰을 켜놓고 확인하곤 했어요. 저는 그가 자기애에 빠진 것 같다고 생각해요. 그리고 이런 말을 하면 안 된다고 생각하지만, 저는 정말 그를 좋아하지 않아요. 그리고 그가 직원들에 대해 말하는 방식이 마음에 들지 않아요. 그가 매우 매력적일 수 있어요……. 그리고 저는 제가 반쯤 정신이 나갔다는 것을 깨달았죠. 코칭 시간이 끝나기만

을 기다렸고, 그가 그 시간을 거의 주도하게 했어요. 그리고 코칭을 끝내고 싶다고 스스로 말하기를 정말로 바라요. 그는 다음 세션 약속을 잡지 않았어요. 그리고 지금 우리는 다시 약속을 잡으려고 하고 있어요.'

- '저는 그녀가 너무 어려워요. 그녀는 매우 거칠고 제 어떤 개입도 무시합니다. 그녀를 참여시키기 위해 온갖 도구와 활동을 해봤지만 아무런 효과가 없는 것 같았어요. 그녀가 저를 정말 싫어하거나, 제가 멍청하다는 생각이 들어요. 그녀는 매우 영리하고 자기 생각을 상당히 공격적으로 말해요. 제가 움츠러드는 것이 느껴졌어요. 제가 뭔가 잘못하고 있는 게 틀림없지만 저는 모든 것을 시도해봤다고 생각해요.'

이러한 고객을 만나면 매우 어렵다고 생각할 수 있다. 얽힘으로의 초대는 매우 강력하고 거의 항상 그렇게 된다. 건강한 자기를 유지하고 건강한 자율성을 유지할 수 있도록 조기에 수퍼비전을 받아야 한다. 건강한 자기를 위한 코칭을 목표로, 할 수 있는 모든 것을 하되 고객의 건강한 반응을 기대하지 마라. 또 고객이 이전 세션이 끝날 때 협의한 것을 지키지 않더라도 놀라지 마라. 성공한 결과를 얻으려는 욕구를 버려야 한다. 주의 깊게 듣고, 코칭을 어떻게 경험하고 있는지 물어야 한다. 만약 적절한 시기에 치료 이슈가 떠오르더라도, 긍정적인 반응을 기대하지 마라. 코칭이 정체되어 있다고 생각하면 고객과 상의하여 무엇을 할 수 있는지를 탐색하자.

고객이 더 건강한 자기를 이용할 수 있는 경우에도([그림 7.3] 참조), 생존 자기는 여전히 우세하다. 우리는 얽힘의 위험을 인식하고 건강한 자기를 유지하기 위해 할 수 있는 일을 해야 한다. 또 가해자-피해자 역동의 일부인 고객의 생존 전략과 자기를 경험할 것이다. 정신 분열 모델(Ruppert, 2014)을 트라우마 역동에 대한 자기 인식을 돕는 다른 모델 및 도구들과 함께 사용한다면 정신 교육에 유용할 것이다. 생존 자기가 더 열심히 더 오래 일하도록 코칭하거나 이미 하는 일을 더 많이 하도록 코칭하는 것을 조심해야 한다. 고객이 괴로움과 무력감을 표현하면서 트라우마 감정이 폭발할 수 있다.

다음은 코치가 말하는, 자신의 건강한 자기를 더 많이 사용할 수 있지만, 여전히 생존 자기에 의해 지배되는 고객의 사례이다.

'데이비드David는 이상한 조합 같았어요. 매우 방어적이고 적대적이며 코칭 과정을 통제하고 저를 거의 밀어내려고 하는 모습이 보였어요. 저는 제가 침묵하고 있다는 것을 깨닫고 많은 말을 하기 시작했어요. 우리는 진전이 없어 보였죠. 그러다가 뭔가 변화의 순간이 있었어요. 예를 들어, 제가 [루퍼트] 모델을 보여주고 자세히 설명했을 때처럼요. 그는 조금 누그러지는 것 같았고 다른 관계가 되었어요. 우리는 그가 보여줄 수 있는 행동 측면에서 어떤 일이 일어날 수 있고 어떤 것이 그에게 도움이 될 수 있는지에 관해 이야기했어요. 그러나 곧 그러한 분위기는 끝나는 것처럼 보였고 다시 '우리의 경기'로 돌아왔어요. 맞아요. 전 그 일이 일어났을 때 경쟁의식이 느껴졌죠. 전 그와 함께 지적인 토론을 하지 않았어요. 그런 토론을 즐기긴 하지만, 우리가 방향을 벗어나고 있다는 것을 깨닫는 데 어려움이 있다는 것을 알게 되었어요. 그는 절 잘 쳐다보지 않았어요. 제 생각엔 우리가 뭔가 같은 것을 볼 때 더 편하게 생각하는 것 같았어요. 예를 들어, 모델과 같은 것을 볼 때요. 그는 코칭을 통해 무엇을 얻고 있는지 모르겠다고 말하는데, 저도 그것을 확신하기가 어려워요.'

코칭에서 작업하기 '가장 쉬운' 구성은 건강한 자기가 높은 수준일 때이다([그림 7.4] 참조). 고객 내부에는 건강한 자기, 자기 연민, 공감 능력, 정서지능, 신체 감각과의 접촉, 직관 능력이 충분히 있으며, 고객도 이를 신뢰할 수 있다. 환경의 변화에 따라 자기의 상대적 크기가 각각 변화하고, 트라우마 자기가 자극됨에 따라 생존 자기가 더욱 두드러질 수 있다. 다음은 현재의 생활에서 문제를 해결하거나 전개하기 위해서 사용할 수 있는 건강한 자기의 '존재being'에 대한 기억을 가진 고객 사례이다.

> '제이Jay는 같이 있는 것을 편안해합니다. 그는 자신이 원하는 것에 집중할 수 있고 명확해요. 제가 하는 피드백과 관찰에 관심이 있죠. 즉 그것을 맹목적으로 받아들이는 것이 아니라 참여한다는 뜻입니다. 그는 스트레스 요인을 인식하고 이를 조절하는 몇 가지 방법을 개발했어요. 그 가운데 하나가 달리기이지만 그것을 강박적으로 하진 않아요. 그는 자신의 재능과 기회를 현실적으로 평가할 수 있고, 또한 자신의 발전 가능성이 어디에 있는지 알고 있어요. 자신과 관련된 대부분 일을 정말 즐기며 하고 있지만, 슬슬 변화할 때라는 것을 깨달으면 올바른 선택을 해서 후회하는 일이 없어요. 우리는 함께 잘 작업해나가고 있고, 그가 원하는 변화를 만들고 있다고 생각합니다.'

[그림 7.5]는 생존 자기와 건강한 자기의 우세함이 스펙트럼 전반에 걸쳐 어떻게 변화하는지 보여주며, 이는 트라우마 전기의 범위와 코칭에 영향을 미칠 가능성과의 관계를 나타낸다.

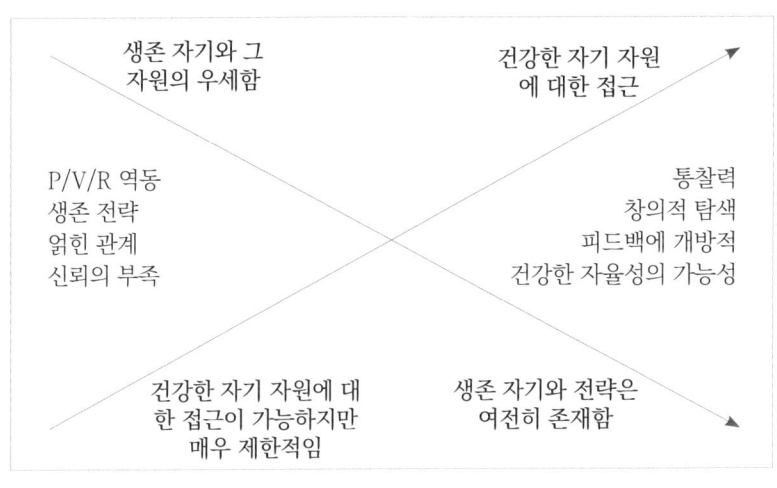

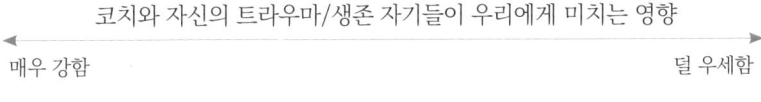

[그림 7.5] 생존 자기 발현self-presentation에 대한 요약

트라우마에서 벗어나기

정신 분열에서 오는 트라우마 역동에서 벗어나는 것은 가능하다. 이를 위해서는 치료 과정에 접근하는 데 전념하고 시간을 투자해야 한다. 트라우

마에서 벗어나려면 깊이 억눌린 트라우마 감정을 안전한 방식으로 경험하고, 경험의 진실을 직면하며, 생존 자기를 의식적인 자각으로 가져와야 하므로 고통을 수반한다. 아무것도 하지 않는다는 것은 지속적인 범죄, 희생자, 반복되는 얽힘, 자기 연민의 결여, 그리고 깊은 불행으로 이어질 수 있다. 트라우마를 입은 사람들은 부모, 관리자, 팀원들에게 트라우마를 주게 되며 그러한 순환은 반복될 것이다.

지속적인 치유를 위해서는 코칭 영역이 아닌 트라우마 자기와의 관계가 필요하다. 그러나 코칭은 생존 자기, 전략 및 역동의 요소를 식별하고 건강한 자기를 사용하여 재외상 환경에 대한 접근을 막음으로써 트라우마 치료를 도울 수 있다.

고객의 코칭 목표를 지원하기 위해, 고객이 '그때-거기'에 연결하여 트라우마를 이해할 수 있도록 돕는다. 자신에 대한 이해를 증진하고, 코칭의 일부인 자질, 기술 및 프로세스 개입 방법을 사용하여 이를 수행한다. 고객의 안정감이 촉진된 경우에만 이 작업이 효과적일 수 있다. 이미 안정감을 만드는 요인인 비밀 유지와 관련된 경계와 문제에 관해 이야기했다. 안정감과 신뢰는 얽히지 않고 생존 전략을 구사하지 않는 코치의 일관된 반응을 통해 촉진된다.

코칭에 요구되는 자질은 다음과 같다.

자기 인식과 자기 탐색 능력이 있음	자기 조절 능력을 갖추고 있음
현재에 존재하고, 주의 깊게 경청하여 고객의 요구에 부응할 수 있음	신체와 감각 경험에 잘 접촉할 수 있음
비판단적이며 호기심이 있음	공감과 연민이 있음

필요한 코칭 스킬에는 '원하는 것이 무엇인가요?', '무엇을 필요로 하나요?', '무엇이 당신을 건강하게 하나요?'와 같은 강력한 질문을 적절하게 사용하는 것이 포함된다. 효과적인 코칭을 위해 관찰, 피드백, 인정, 그리고 자기 인식과 이해를 돕기 위한 적절한 도구의 선택과 사용이 필요하다. 트라우마 전기인 '그때-거기'의 경험을 '지금-여기'와 연결하여 생존 자기의 이야기에 도전하는 방식으로 사용할 수 있다. 고객에게 고통스러운 기억과 감정에 관해 이야기하고, 그 경험을 자각할 수 있는 공간을 제공해야 한다. 지금쯤이면 이것들이 모두 건강한 자율성의 요소라는 것을 알게 될 것이다. 우리의 주요 임무는 자신의 건강한 자기에 머무르게 하는 것이다. 이 공간 안에서 고객이 코칭과 코치에게 원하는 것을 명확히 하도록 도울 수 있다.

고객이 허락한다면 우리가 관찰한 행동을 설명하기 위해 정신 분열 모델(Ruppert, 2012)을 활용하여 트라우마와 생존에 대한 교육을 함으로써 그들을 도울 수 있다. 이러한 이론을 소개할 때 '트라우마를 언급하면서 상황을 악화할 수 있다'는 우려도 있다. 과거의 생존 자기나 건강한 자기의 존재를 강조하지 않고 무자비하게 모델을 설명하거나, 구조자나 박해자로서 얽히게 되면 '지금-여기'에서 오히려 더 악화할 수 있다. 그러나 '그때-거기'가 지금보다 더 나빠지진 않는다.

중요한 것은 트라우마를 입은 정신과 생존 자기를 소개하는 시기와 방법이다. 개념이나 도구를 도입할 때와 같이 적절하게 처리하면 고객은 은유metaphor를 인식하고 자신과 관련지을 수 있다. 생존 전략이 근본적인 트라우마를 보여주기 때문에 트라우마 기록을 살펴볼 필요는 없다. 때때로 이 모델은 고객이 과거에 관련된 것을 공유하고 현재와 연결하도록 유도

한다. 많은 고객에게 과거에서 현재로 자신의 경험을 연결하는 것은 처음일 것이다.

'정말 도움이 되었어요. 전 알코올 중독자 아버지와 취약한 어머니 사이의 어린 시절 경험과 제가 지금 이 거대한 프로젝트를 어떻게 다루고 있는지와 연결해본 적이 없었어요. 저는 아버지가 어머니를 학대하지 않도록 아버지를 구하려고 노력했어요. 그리고 지금도 전 제가 소중히 여겨질 것이라는 희망으로 여전히 구조하는 행위를 하고 있다는 것을 알게 되었어요. 그것을 합친다는 것은 저에겐 매우 강력한 일이에요.'

우리는 '그때-거기'와 '지금-여기'가 혼동될 수 있다는 것을 설명할 수 있다. 어린 시절에는 선택의 여지가 없었지만, 지금은 성인으로서 다른 선택을 할 수 있으므로 환경에 대응할 수 있는 고객의 내부 자원도 늘어났다. 그리고 고객이 과거와 현재를 분리하고 자기 인식을 얻도록 지원할 수 있다.

'전 제가 남성들을 구조하려고 하거나 그들을 가해자로 보는 경향이 있다는 것을 인정해요. 아버지와 관련이 있는 건 아니지만, 남성 상사에게 반응하는 방식에서 과거의 패턴을 재현하고 있다는 것을 알게 되었어요.'
'저 자신을 내세우는 데 두려움이 있다는 것을 전혀 생각해보지 않았어요. 어머니는 제가 충분히 좋은 사람이라고 생각하지 않았고, 제 노력을 격려해주지도 않았어요. 그리고 절 변화시키려고 하지도 않았어요. 저는 어머니가 매우 어려운 상황이었다는 것을 알고 있었고, 제가 자라서 스스로 극복해야 하는 일이라고 늘 생각해왔어요. 그렇지만 전 여전히 그곳에 있고, 그것이 '지금-여기'에서 작동하고 있다는 것을 알고 있어요.'

만약 우리가 이론과 관련하여 지적 능력을 발휘하거나, 자기-과시를 보이거나, 아무리 미묘하더라도 그것을 통제하려고 한다면, 자신의 생존 자기 안에 있는 것이다.

고객이 자신의 생존 전략을 인식하고 '지금-여기'에서 무엇이 그들을 촉발하게 하는지를 점진적으로 파악할 수 있도록 도와야 한다. 이를 통해 스트레스와 불안 수준을 관리하는 방법에 대한 탐색으로 이어질 수 있으므로 고객은 '자극-반응stimulus-response' 역동을 늦추고 다르게 반응할 수 있다. 또 생존 자기, 정체성, 자신에게 주어지거나 구성한 내러티브, 얽힌 관계에 대해서도 말할 수 있다. 우리는 일반적으로 고객이 건강한 자기에게 속도를 늦추어 접촉하는 것이 유용하다는 것을 인식하도록 도울 수 있다. 이 작업을 하기 위해 잠시 멈추어 건강하게 느끼는 방식으로 '자신과 함께 있는be with oneself' 시간을 갖는 마음챙김이나 명상을 연습할 수 있다. 이것은 '**무엇이 당신을 건강하게 하나요?**'라는 질문의 일부이다.

어떤 사람들은 트라우마 치유의 목적이 용서와 화해라고 생각한다. 그렇지 않다. 용서에 대한 생각은 생존의 환상일 수 있다. 그것은 고통과 그 고통을 부정하고 사랑의 트라우마에서 오는 생존 애착의 한 형태이다. 가해자와의 얽힘에서 벗어나려면 가해자의 희생자가 된다는 감정과 그것이 자신에게 미치는 영향에 대해 알아야 한다. 그러면 그들은 감정적 경험felt experience에서 자신의 진실을 직면할 수 있다. 고객은 가해자가 자신에게 해를 끼쳤다고 말할 수 있고, 그들 역시 트라우마를 겪었다는 것을 계속해서 인식할 수 있지만, 자신이 그 운명에서 가해자를 구출할 필요는 없다. 계속 화를 내고 복수를 원하면 그들과 계속 얽히게 된다.

필요한 경우 치료를 제안하여 고객이 전문가의 도움을 받을 수 있도록 해야 한다. 고객은 코칭과 치료를 동시에 받을 수 있으며, 이 경우 경계를 명확히 해야 하고 코칭이 다른 작업에 있어서 가장 적절한 방법인지 고객에게 확인해야 한다. 이것은, 코칭에서 자기 탐색을 하지 않는다는 것을 의미하지는 않으며, 고객이 코칭에서 발생하는 작업 일부를 치료로 가져갈 수 있고, 그 반대의 경우도 마찬가지이다. 두 방법의 강조점은 다르지만 상호 보완적이기 때문이다.

우리가 도전적이라고 경험하는 고객이 있거나 고객 또는 스폰서 조직과 얽혀 있다는 것을 깨달았을 때 수퍼바이저와 상의할 필요가 있다고 앞서 여러 번 언급했다. 때로는 자기 성찰 연습으로도 충분하지만, 될 수 있는 대로 건강한 자기로부터 고객과 코치를 보호하는 것이 수퍼바이저 기능 가운데 하나이다.

코칭 수퍼비전에는 코치와 함께 고객과의 작업을 탐색한다. 코치의 상황, 환경에 미치는 영향, 고객의 행동을 통해 제시되는 내용에 대해서 스스로 탐색하고 성찰하는 과정이다. 이는 수정이나 판단하는 것이 아니라 행동 학습 과정이다. 때때로 수퍼비전은 코칭과 같은 방식으로 치료 기능을 한다. 트라우마 모델과 이론, 그리고 고객과 코치의 영향에 대한 이해를 통해 코칭으로 개선되는 방식과 같이 수퍼비전을 통해 도움을 받을 수 있다. 코칭 수퍼바이저는 자신의 트라우마 생존 역동이 고객과 어떻게 얽히게 될지 알아야 하며 그들 역시 건강한 자율성을 통해 관계를 유지해야 한다.

지금까지의 주된 메시지 가운데 하나는 트라우마에 대한 인식과 함께 우리가 가진 코칭 자질 및 기술을 사용하여 건강한 자기에서 코칭을 유지하는 것이 트라우마를 입은 고객과 함께 작업할 때 필요한 전부라는 것이다. 문제가 있다면 그것은 우리가 고객과 얽힐 때 발생한다. 많은 코치가 자신의 트라우마 전기에서 트라우마를 입는다. 우리는 스스로 생존 정체성, 전략, 행동 및 역동을 가지고 있다. 그리고 항상 또는 대부분 시간 동안 건강한 자율성 작동을 유지하고 있지는 않다. 문제는 '**우리가 충분히 자주 건강한 자율성을 유지할 수 있을까?**' 그렇지 않다면 '**어떻게 더 자주 작동하게 할 수 있을까?**'이다. 우리가 자신을 돕는 방법은 고객에게 사용하는 방법과 동일하다.

우리는 무엇이 사실이고 근거가 있는지 알고 있는 자신의 건강한 목소리에 귀를 기울이는 연습을 해야 한다. 이것은 서둘러 행동하는 것보다 속도를 늦추고 그것과 함께 있는 것이다. 중재mediation와 마음챙김mindfulness은 고객에 대한 성찰적 글쓰기나 이와 유사한 글을 매일 쓰는 것과 마찬가지로 도움이 된다. 이러한 글쓰기는 모든 행동 학습과 마찬가지로 우리에게 무슨 일이 일어났는지, 우리의 내적 경험과 '행동'을 알아차리고 고객과의 상호작용을 탐색하는 것을 포함한다. 이러한 과정의 목표는 생존 자기와 전략을 추적하고 패턴과 촉발요인이 무엇인지를 그리기 시작하는 것이다. 우리가 고객과 함께 살아남았다는 것을 깨달았을 때 우리는 친절하고 자비로워야 한다. 이는 성찰적 질문에서 탐색해야 할 귀중한 정보로 사용해보는 것도 좋다.

이 책을 읽었거나 개념에 익숙하거나 워크숍에 참석한 적이 있는 동료를 찾아 고객과의 작업에서 자신에 대해 알아차린 부분과 트라우마 이론을 바라보는 방법을 사용하여 역동에 대해 학습한 내용을 이야기 나눠보

자. 트라우마에 대한 생존 반응의 변화를 원하는 고객들과 효과적으로 작업하기 위한 학습과 이해를 발전시키는 다른 방법을 찾아보자. 다양한 워크숍이 많이 열린다. 그렇기에 신중하게 선택해야 한다. 그렇지만 '가르침에 열려 있는 사람이라면 유익한 것을 배우지 않을 수 없다'라는 말을 잊지 말자. 우리는 학습자의 자세로 생존 전략이 어떻게 나타나는지 궁금해해야 한다. 예를 들어, 부러워하거나, 듣고 싶지 않거나, 논쟁하거나, 지루함을 느끼거나, 자기 합리화를 하고 있지는 않은지 인식하자.

자신의 트라우마를 심각하게 받아들이는 것도 중요하다. 이것은 자기 일은 하지만 자신의 트라우마를 다루는 것은 피하는 방법으로써 타인의 트라우마를 정리하려고 하지 않는 것을 의미한다. 진지하게 받아들이는 것은 남을 탓하는 것이 아니라 깊은 자기 계발 과정에 참여하고 '지금-여기'에서 자신의 선택을 스스로 책임지는 것이다. 만약 여러분이 자신을 돕기 위해 치료 작업을 하고 싶다면, 트라우마를 이해하고 다루는 치료사들을 찾아보자. 자신이 어떻게 활용할 수 있고 무엇에 끌리는지 조사하고, 조언을 받아서 치료사와 그들이 어떤 근거를 바탕으로 작업하는지 확인해야 한다.

요약

다음은 트라우마 치유와 생존 자기에 대한 효과적인 코칭을 지원하는 데 필요한 코칭 기술과 중재에 대한 요약이다.

- 코칭 시 적절한 경계를 설정하고 유지함으로써 안전한 공간을 만든다.
- 코칭 계약서에 자기 성찰, 신체 탐색, 자서전을 코칭 과정에 포함시킨다(당신이 이러한 기술을 사용할 수 있다면). 계약 시 비밀보장 의무을 위반했을 때 처리하는 방법에 대하여 협의한다.
- 코칭 시 주의 깊게 경청하고 온전히 참여하자. 우리의 신체와 그것이 우리에게 줄 수 있는 정보를 인식하자. 말, 암시 및 신체의 의사소통에 귀를 기울이자.
- 생존 희생자 태도 등에 대한 정신 분열 모델(Ruppert, 2012)을 사용할 때 고객의 허락을 구한다. 그리고 사용하기 전 완전히 이해해야 하며, 고객에서 소개하기 전에 먼저 자기 성찰에 사용해보자.
- 만약 정신 분열 모델을 도입하려고 한다면, 건강한 자기와 그 자원을 강조하자. 고객이 우리에게 공유했거나 우리가 관찰한 것과 생존 자기와 전략을 연결하자.
- 자서전을 사용하여 어린 시절의 이야기와 경험에 대한 인식을 불러 일으켜 보자. 내러티브는 고객의 허락을 받아 도전하고 탐색할 수 있다. 감정뿐만 아니라 경험도 확인해야 한다.
- 고객에게 '지금-여기'와 '그때-거기'의 가능성에 대한 관찰을 제공한다. 그렇지만 고객이 원하지 않을 때는 관찰을 거부할 수 있다.
- 생존 자기의 언어인 '해야 한다 should/must/have to'에 귀를 기울이자.
- 필요할 경우 고객의 신체/느낀 경험을 자각으로 가져오자.
- 환상, 부인, 주의 산만 그리고 그것이 내담자와 코치의 내러티브에서 어떻게 나타나는지에 대한 인식을 높이고 이러한 생존 전략에 도전할 수 있는 기술을 개발하자.

- 가해자와 희생자 모두의 생존 태도를 포함하여 가해자-희생자 역동 관계에 대한 인식을 높이자.
- 자기와 타인에 대한 생존 태도와 가해 행위에 주의를 기울이자.
- 코치와 고객의 얽힘을 인식하자. 고객이 이러한 역동을 탐색하고자 한다면, 자신에게 무슨 일이 일어나고 있는지 이해할 수 있도록 돕자.
- 자신의 이야기를 우리에게 맡기고 괴로운 경험과 감정을 털어놓은 고객에게 감사하자. 그리고 이를 인정하고 알아주어야 한다.
- 항상 코칭하고 있다는 것을 잊지 말고 가짜 치료사나 상담사가 되려고 하지 마라. 우리의 능력 범위 내에서 코칭하되, 얽힘 관계에 있다는 생각이 들면 수퍼비전을 받자.
- 코칭을 유지하고 있다는 것은 효과적인 코칭의 자질, 기술 및 그러한 기술을 입증하는 것을 의미한다. 성공하려고 하거나, 기억에 남고 싶어 하거나, 생존을 위해 필요한 것을 내려놓자. 자신의 건강한 자율성 안에서 '지금-여기'에 머물러야 한다.
- 자기 능력의 한계를 알고 이를 유지해야 한다. 트라우마 자기와 함께 일하는 것은 코칭의 기능이 아니다. 재외상 위험이 커질 수 있으니 멈추어야 한다. 고객이 괴로움을 호소한다면 구조하려고 하거나 안심시키지 않고 그대로 두어야 한다.
- 자기 인식과 트라우마 치유를 심화할 수 있도록 적절한 의사와 함께 자신의 분열된 정신을 해결하자.
- 코칭 수퍼바이저를 두고 특정 고객에게 무슨 일이 일어나는지 탐색하기 위한 수퍼비전을 받자.
- 생존 자체를 해결하려고 한다면 코칭 경험과 능력이 필요하다. 코치

로서 실무자는 다음에 무엇을 해야 할지 생각하지 않고도 코칭에 참석할 수 있기 위해 무의식적이고도 유능한 능력이 필요하다.
- 코치가 생존 자기를 중심으로 작업하는 데 있어 효율성을 향상하려면 코칭 기술과 존재감을 개발해야 한다. 그것에 기초하여 트라우마 역동에 대한 이해와 코칭에서 대응방법을 넓힐 수 있다. 코치가 훈련 초기에 트라우마를 입은 사람들과 함께 작업하고자 하는 동기가 크다고 느낀다면 내 대답은 똑같다. '구조자를 조심하라.'

결론

이 책은 단순한 소개일 수 있으며, 이 분야를 학습하는 과정의 시작이거나 그것의 연속일 뿐이다. 말은 우리에게 많은 것을 이야기해주지만, 경험적인 신체 기반 정보는 우리에게 더 많은 것을 말해 준다. 이 분야에서 내가 배운 많은 것은 자신에 대한 경험적 작업을 수행하고 타인의 경험적 트라우마 작업에 기여하는 것이다. 나는 이러한 작업을 바탕으로 지식과 이해를 쌓아 왔다. 프란츠 루퍼트Franz Ruppert 교수의 정체성 지향적인 정신-트라우마identity-orientated psyche-trauma 과정을 사용하여 500개 사례가 넘는 트라우마 작업에 참여했으며, 그전에는 100개 사례가 넘는 가족 시스템 세우기family systems constellations 작업을 했다. 나는 폭넓은 독서를 했고, 고객과 일대일로 치료적 작업을 했으며, 그룹으로 경험적 작업을 촉진했다. 그리고 나 자신의 트라우마와 생존 반응에 대한 이해를 위해 수퍼비전도 잊지 않았다.

내 스승은 프란츠 루퍼트, 비비안 브러튼Vivian Broughton, 알렉산드라 스미스Alexandra Smith, 그리고 가보르 마테Gabor Maté이다. 그리고 베셀 반 데어 콜크Bessel van der Kolk, 앨런 쇼어Allan Schor, 어빈 얄롬Irvin Yalom, 마리안 우드먼Marian Woodman, 앨리스 밀러Alice Miller, 바베트 로스차일드Babette Rothschild의 글에서도 많은 것을 배웠다. 그 이전에는 폭넓은 치료의 세계에서 많은 것을 배웠다. 물론 지난 25년 동안 수천 시간의 코칭과 코칭 교육을 수행했다. 그리고 이것은 발전하는 과정이었다.

이 책이 당신의 프랙티스를 유용하고, 흥미진진하며, 건강한 곳으로 데려갈 수 있기를 바란다. 책의 내용이나 내가 설명한 부분에서 문의 사항이 있으면 이메일을 보내주기 바란다. 내 이메일 주소는 jvs@anaptys.co.uk이다.

참고문헌

Ainsworth, M., Blehar, M., Waters, E. and Wall, S. (1979) *Patterns of Attachment: A psychological study of the strange situation*. Hillsdale, NJ: Lawrence Erlbaum Associates.
Axelrod, S.A. (1999) *Work and the Evolving Self: Theoretical and clinical considerations*. Hillsdale, NJ: The Analytic Press.
Babiak, P. (1995) When psychopaths go to work: a case study of an industrial psychopath, *Applied Psychology: An International Review*, 44 (2): 171–188.
Bowlby, J. (1953) *Childcare and the Growth of Love*. London: Penguin Books.
Bowlby, J. (1971) *Attachment and Loss*, Vol. 1. Harmondsworth: Penguin Books.
Bowlby, J. (1979) *The Making and Breaking of Affectional Bonds*. London: Tavistock Publications.
Broughton, V. (2014) *Becoming Your True Self*, 2nd edn. Steyning: Green Balloon Publishing.
Davis, D.M. (2018) *The Beautiful Cure Harnessing Your Body's Natural Defences*. London: The Bodley Head.
Freyd, J. (1996) *Betrayal Trauma: The logic of forgetting childhood abuse*. Cambridge, MA: Harvard University Press.
Garland, C. (ed.) (1998) *Understanding Trauma: A psychoanalytic approach*, 2nd edn. London: Karnac Books.
Gerhardt, S. (2004) *Why Love Matters: How affection shapes a baby's brain*. London: Brunner-Routledge.
Greenspan, M. (2004) *Healing Through the Dark Emotions: The wisdom of grief, fear, and despair*. London: Shambhala.
Hill, S. (2018) *Where Did You Learn to Behave Like That?* UK: Dialogix.
Hinshelwood, R.D. and Skogstad, W. (eds.) (2000) *Observing Organisations: Anxiety, defence and culture in health care*. London: Routledge.
Holmes, J. (2001) *The Search for the Secure Base: Attachment theory and psychotherapy*. Hove: Brunner-Routledge.
Hopper, E. (ed.) (2012) *Trauma and Organisations*. London: Karnac Books.
Horney, K. (1950) *Neurosis and Human Growth*. New York: Norton.
Kalsched, D. (1996) *The Inner World of Trauma*. London: Routledge.
Kalsched, D. (2013) *Trauma and the Soul*. London: Routledge.
Karpman, S. (2014) *A Game Free Life*. San Francisco, CA: Drama Triangle Publications [see www.KarpmanDramaTriangle.com].
Kets de Vries, M. (2006) *The Leader on the Couch*. Chichester: Wiley.
Kets de Vries, M., Korotov, K. and Florent-Treacy, E. (2007) *Coach and Couch. The psychology of making better leaders*. London: Palgrave Macmillan.
Levine, P.A. (1997) *Waking the Tiger: Healing trauma*. Berkeley, CA: North Atlantic Books.

Levine, P.A. (2015) *Trauma and Memory: Brain and body in a search for the living past*. Berkeley, CA: North Atlantic Books.
Mate, G. (2003) *When the Body Says No: Exploring the stress-disease connection*. New York: Wiley.
Mate, G. (2013) *In the Realm of the Hungry Ghosts: Close encounters with addiction*. Toronto: Vintage Canada.
McGarvey, D. (2017) *Poverty Safari*. Edinburgh: Luath Press.
McGilchrist, I. (2009) *The Master and his Emissary*. London: Yale University Press.
Miller, A. (2001) *The Truth Will Set You Free*. New York: Basic Books.
Ogden, P. and Fisher, J. (2013) *The Body as a Resource: A therapist's manual to sensorimotor psychotherapy*. London: Norton.
Ogden, P. and Fisher, J. (2015) *Sensorimotor Psychotherapy: Interventions for trauma and attachment*. London: Norton.
O'Sullivan, S. (2015) *It's All in Your Head: True stories of imaginary illness*. London: Chatto & Windus.
Proctor, B. (2008) *Group Supervision: A guide to creative practice*. London: SAGE.
Rogers, J. (2017) *And how's your mental health* [see http://www.coachingandtrauma.com/blog/].
Rogers, J. and Maini, A. (2016) *Coaching for Health: Why it works and how to do it*. London: Open University Press.
Rothschild, B. (2000) *The Body Remembers: The psychophysiology of trauma and trauma treatment*. London: Norton.
Ruppert, F. (2012) *Symbiosis and Autonomy* (trans. J. Stuebs and R. Hosburn, ed. V. Broughton). Steyning: Green Balloon Publishing.
Ruppert, F. (2014) *Trauma, Fear and Love* (ed. V. Broughton). Steyning: Green Balloon Publishing.
Ruppert, F. (2016) *Early Trauma: Pregnancy, birth and the first years of life* (trans. J. Stuebs and R. Hosburn, ed. V. Broughton). Steyning: Green Balloon Publishing.
Ruppert, F. and Banzhaf, H. (2018) *My Body, My Trauma, My I* (ed. V. Broughton). Steyning: Green Balloon Publishing.
Schore, A. (2001) The effect of early relational trauma on right brain development, affect regulation, and infant mental health, *Infant Mental Health Journal*, 22 (1/2): 201–269.
Schore, A. (2010) Relational trauma and the developing right brain: the neurobiology of broken attachment bonds, in T. Baradon (ed.) *Relational Trauma in Infancy* (pp.19–47). London: Routledge.
Sieff, D.F. (2015) *Understanding and Healing Emotional Trauma*. London: Routledge.
Siegel, D. (2011) *Mindsight: Transform your brain with the new science of kindness*. Oxford: One World Publications.
Stern, D. (1998) *The Interpersonal World of the Infant*. London: Karnac Books.
van der Kolk, B. (2015) *The Body Keeps The Score: The mind, brain and body in the transformation of trauma*. London: Allen Lane.
Whitworth, L., Kimsey-House, H. and Sandahl, P. (1998) *Co-Active Coaching: New skills for coaching people towards success in work and life*. Palo Alto, CA: Davis-Black Publishing.
Winnicott, D. (1964) *The Child, the Family and the Outside World*. London: Pelican Books.
Yalom, I. (2002) *The Gift of Therapy*. London Piatkus Books.

코칭 인 프랙티스 시리즈

이 시리즈의 목표는 코칭 전문가가 코칭에서 직면하는 도전과 문제들을 폭넓게 이해하도록 도와서, 그들이 '충분히 좋은' 코치에서 탁월한 코치로 도약할 수 있게 하는 것이다. 이 시리즈는 코칭 사업을 성장시키는 방법을 배우고 싶어 하는 입문 코치와 새로운 지식과 전략을 찾는 경험이 많은 코치 모두에게 필수적인 도움이 된다. 이 시리즈는 이론과 실제를 잘 조합해서, 빠르게 확장하는 코칭 업계에서 성공할 수 있도록 포괄적으로 안내한다.

출판 및 출시 예정 제목:

블러커트Bluckert: 『임원코칭에 대한 심리적 차원들』

블러커트Bluckert: 『게슈탈트 코칭: 바로 여기, 바로 지금』(임기용 외 옮김, 2020)

브록뱅크Brockbank와 맥길McGill: 『공감으로 완성하는 코칭』(김소영 옮김,

2021)

브라운Brown과 브라운Brown: 『코치를 위한 신경심리학: 기초 이해하기』

드라이버Driver: 『긍정적인 코칭: 긍정적인 심리학에서 온 코치를 위한 교훈』

호킨스Hawkins: 『코칭 문화 만들기』

헤이Hay: 『코치를 위한 성찰적 실습과 수퍼비전』

헤이스Hayes: 『NLP 코칭』

맥그리거McGregor: 『창살 뒤에서의 코칭: 여자 교도소에서 도전에 직면하고 희망 만들기』

페이스Paice: 『새로운 코치: 학습 여정의 성찰』

펨버튼Pemberton: 『회복탄력성: 코치를 위한 실용적 지침』

로저스Rogers: 『코칭 비즈니스 구축』

로저스Rogers: 『경력 코칭 : 코치를 위한 실용적 지침』

샌들러Sandler: 『정신역동과 임원코칭』(김상복 옮김, 2019)

본 스미스Vaughan Smith: 『치료사에서 코치로』

본 스미스Vaughan Smith: 『코칭과 트라우마: 생존 자기를 넘어 나아가기』(이명진, 이세민 옮김, 2022)

와일드플라워Wildflower: 『코칭의 숨겨진 역사』

시리즈 편집자의 글

우리가 실전 코칭Coaching in Practice 시리즈의 첫 번째 책을 출판했던 2007년으로 거슬러 올라가면, 그때는 뛰어나게 현명한 사람들만이 코칭의 급속한 성장을 예상했다. 믿을 만한 기초 교육을 찾기도 힘들었고, 고급 훈련을 찾는 것은 더욱 어려웠다. 코치로 경력을 쌓는 것이 정말 가능할지 불투명했고, 코치로 일하는 인원도 상대적으로 적었다. 그렇지만 오늘날에는 모든 것이 바뀌었고 많은 부분이 개선되었다. 우수한 교육과정도 많이 생겼다. 국내와 국제적으로 인정되는 자격들은 범위와 엄격성 모두 확장되었다.

나는 수퍼바이저로서 코칭이 수익성 있는 직업으로서 생존 가능함을 목격한 산증인이다. 자신을 코치라고 부르는 수만 명의 사람이 있다. 그 단어는 부모 코치, 재무 코치, 커리어 코치, 심지어 최근 기사에서 보았듯이 연애 코치와 같은 다양한 영역에서 사용된다. 임원코칭은 인재 개발에 관한 관심을 키울 새로운 방법을 찾는 많은 사람에게 매력적인 제2의 경력이 되었다.

그러나 Open University Press에서 출판한 내 책 『코칭 기술: 코치가 되기 위한 확실한 가이드』를 비롯하여 초보 코치를 위한 책이 많이 있지만, 여전히 더 전문적인 역할 측면을 연구하고 심화하는 사람은 상대적으로 적은 것이 사실이다. 예를 들어, 심리치료와 코칭 사이의 모호한 경계 같은, 윤리와 경계에 대한 질문에 더 많은 관심을 보인다. 그리고 코치-고객 관계의 미스터리와 그 관계의 원인에 대해 더 잘 이해하는 것 같다. 또 모든 코치에게는 수퍼바이저가 필요하다는 생각도 더 많이 받아들여지고 있다.

본 시리즈에서 다루어질 영역은 이렇다. 코칭 사업을 개발하고 운영하는 실용적인 부분에서부터 코칭 역사에 이르기까지, 그리고 코치가 개인은 물론 팀과 함께 시도할 수 있는 도구나 기술 및 접근 방식의 범위를 확장하는 책까지 매우 다양하다. 시리즈는 다양한 책들로 구성되어 있지만, 근본적인 주제는 인간의 변화에 대한 심리와 그것이 코칭에서 왜 중요한지에 관한 것이다. 코칭 기초과정을 운영했던 개인적인 경험에서 알 수 있듯이, 이러한 중요한 주제를 아주 깊게 다루기에는 시간이 충분하지 않은 경우가 많았다.

이 시리즈의 목표는 이론과 실제의 통합이기에 '실전 코칭$_{\text{Coaching in Practice}}$'이라고 부를 수 있다. 책 내용은 짧지만 우리가 연구하고자 하는 것들의 실제를 벗어나지 않으면서도 쉽게 이해할 수 있도록 구성되어 있다. 모두 수년간의 실무 경험이 있는 수석 코치들이 썼다.

이 시리즈는 코칭 교육을 받는 중이거나 이수한 경우, 그리고 실제 고객과 작업할 때 발생하는 예측 불가능함, 즐거움과 딜레마 초기 단계에 있을 때 도움이 된다. 설렘 단계$_{\text{honeymoon stage}}$를 지났으니, 이제 여러분은 접근법과 지식의 한계를 깨닫기 시작했을 것이다. 그리고 더 많은 정보와 안내를 원하고 있을 것이다. 그리고 아마도 '충분히 좋은good-enough' 코치가 되는 것과 뛰어난 코치가 되는 것 사이에서 성장이 어렵다는 것을 알았을 것이다. 또는 더 많은 도움과 도전을 갈망하는 훨씬 더 경험이 풍부한 코치일 수도 있다. 당신은 또한 아직은 코칭을 직업으로 고려해보고 있는 많은 사람 가운데 한 명일 수도 있다. 만약 그렇다면, 이 책들은 지금 코치로서 일하는 사람들이 고민하고, 혼란스러워하고, 즐거워하는 많은 문제에 대한 유용한 방향을 제시할 것이다.

제니 로저스Jenny Rogers
시리즈 편집자

감사의 글

먼저 프란츠 루퍼트Franz Ruppert 교수께 감사드린다. 나는 그에게서 나 자신에 관해, 정신-트라우마psyche-trauma에 관해, 그리고 정신 분열을 치료적으로 다루는 방법에 관해 많은 가르침을 받았다. 또 이 책에서 그의 모델을 사용할 수 있도록 허락해 주신 것에도 깊이 감사를 표한다. 그리고 내게 루퍼트의 이론을 소개해 준 비비안 브러튼Vivian Broughton과 그녀에게서 배운 모든 것에 감사하다. 그리고 내가 참여했던 모든 워크숍과 함께 일했던 모든 사람에게도 역시 감사를 전한다.

책의 초안을 작성하면서 도움이 되는 많은 의견을 준 친구들을 포함하여 그들이 내게 주었던 지지와 격려는 소중했으며 꼭 필요한 것이었다. 그래서 브라이언 루이스Brian Lewis, 알렉산드라 스미스Alexandra Smith, 로렌스 자로시Laurence Jarosy, 발레리 일스Valerie Iles에게 피드백을 주어서 고맙다고 전하고 싶다. 그리고 이 책은 제니 로저스Jenny Rogers의 격려가 없었다면 진행이 어려웠을 뿐만 아니라 초안에 대한 그녀의 논평과 편집에 대한 세심한 조언이 없었다면 완성하지 못했을 것이다. 조나단 고슬링Jonathan Gosling 교수와 함께하는 글쓰기 수련회에서 책의 형태에 집중할 수 있었고, 그의 지도는 이 책의 틀을 잡는 데 도움이 되었다. 초기에 나는 라이트 팩토Write Factor의 로나 하워스Lorna Howarth에게 훌륭한 조언을 들었고, 그녀의 지도와 격려에 매우 감사했다.

책을 완성하는 것과 출판사의 형식에 맞게 만드는 것은 또 다른 문제였다. 한나 케너Hannah Kenner의 명확하고 상세하며 신속한 안내와 지원은 무엇이 필요한지, 어떻게 해야 하는지 아는 데 도움이 되었다. 그래픽에 도움을 준 브라이트 블루 씨Bright Blue C의 트루디 번Trudie Byrne에게도 감사를 전한다. 글이 잘 풀리지 않는 날 작가 옆에 있는 것은 어려운 일이고, 글이 잘 풀리고 있을 때 작가의 부재 또한 어려운 일이다. 그러함에도 나를 믿어주고 조언해주며 원고 교정에 대한 그의 인내심을 보여준 단 올드햄Don Oldham에게 사랑과 감사를 전한다.

이 책에 대한 찬사

코칭 룸의 코끼리는 흔히 고객을 꼼짝 못 하게 하는 숨겨진 트라우마인 경우가 많다. 『코칭과 트라우마』는, 가면 증후군, 내부 비판자, 경력 이탈, 탈진, 괴롭힘/피해자 역동 같은 코칭의 일반적 난제들이 어떻게 트라우마로까지 거슬러 올라가는지를 훌륭하게 보여준다. 그리고 나서 이러한 통찰력으로 코치가 어떻게 고객을 도움이 되지 않는 생존 전략에서 벗어나 건강한 자율성으로 돌아가게 인도할 수 있는지 보여준다. 이 책은 트라우마가 코칭과 관련이 없다는 통념을 깨뜨려주었다. 그러면서도 코치가 어떻게 적절한 경계를 유지할 수 있는지를 분명하게 강조한다. 이 책은 코칭 업계를 위한 진정한 선물이며 코칭 수퍼바이저의 필독서이다.

폴 허드먼Paul Heardman, 리더십 코치 및 코칭 수퍼바이저

코칭에 대해 진지한 사람이라면 꼭 읽어야 할 필독서이다. 깊이가 있는 책이며, 그래서 풍성한 가능성이 드러난다. 이 책은 우리에게 필요한 창의성을 건드려주고, 불러일으키고, 세심하게 존중한다. 우리는 얼마나 알 수 없는 곤경들에 처하는가! 우리는 우리 행동과 관계 속에서 얼마나 이상한 패턴들을 재창조하는가! 직업 환경은 사람들이 처음으로 세상에 적응하느라 사용했던 것 같은 피해자, 가해자 또는 구조자 반응을 재생해야 할 기회들로 넘쳐난다. 고객이 약간 다른 방식으로 직장 상황에 다가갈 수 있다는 것을 발견할 때 코칭은 성공한다. 그리고 이렇게 명백히 별것이 아닌 약간의 조정은 다른 많은 기회를 향해 문을 열어준다. 그러나 슬프게도, 조직은 그 안에서 일하는 사람들이 압도당할 만한 트라우마를 주며, 코치는 자기 능력의 끝에 봉착한 고객과 만날 경우가 있다. 그것을 인식할 수 있도록 상황을 이해하고 인정할 수 있게 하는 것이 코치가 고객에게 가져다주는 첫 번째 큰 선물이다. 이런 식으로 코칭은 책임감 있는 리더십에 엄청난 공헌을 할 수 있다. 이 책은 이 일에 중요한 토대를 제공해준다.

조나단 고슬링Jonathan Gosling, 리더십 명예교수, 엑시터 대학교Exeter University,
Coaching Ourselves.com의 공동 설립자

이 책은 치료사와 코치의 관심을 끌 것이다. 만약 아니라면 왜 관심이 없는지 자신에게 물어보아야 한다. 나는 이 책을, 관리하는 일을 하거나 사람들과 시간을 많이 보내는 사람에게 적극적으로 추천한다. 부모들에게도 관심의 대상이 될 수 있다. 나는 당신이 책을 전체적으로 한 번 읽고

나서 공감이 가는 부분으로 돌아가 선별해서 읽어보고 관련성이 없다고 생각되는 부분에 매달리지 말 것을 제안한다. 한 번 읽는 것으로 '모든 것 알기'를 기대하지 말아야 한다. 소화해야 할 것이 많다.

  이 책을 읽는 모든 관리자는 자신을 더 나은 관리자와 더 나은 사람으로 만들어줄 많은 것을 배울 수 있다. 당신이 조금이라도 성찰적인 사람이라면, 이 책은 사람들, 특히 당신이 관계를 맺는 데 어려움이 있는 사람들을 이해하고 다루는 데 반드시 도움이 될 것이다. 일단 학습이 되면, 이 책에 있는 아이디어 가운데 어떤 것은 절대로 사라지지 않는다. 당신이 다른 아무것도 취하지 못했다면 이것만은 취하라: "구조해야 할 것 같은 유혹을 받을 때마다, 목숨을 구하는 일이 아니라면, 하지 마라." (159페이지 중간, 찾아보는 수고를 덜기 위함.)

  어떤 아이디어는 다시 찾아가서 파 들어가고 싶을 것이므로 책 한 권을 가까이에 놓아둘 것을 권한다. 그러면 다른 아이디어들이 쉽게 당신에게 떠오를 수 있기 때문이다.

  내가 『코칭과 트라우마』를 읽고 있었을 때, 그 내용에 완전히 몰입했으므로, 질문도 하고, 도전하고, 동의하지 않거나, 더 다양한 지식을 찾아보고 싶은 지점들이 많이 있었다. 그것은 이 책이 훌륭한 저술이라는 것을 의미한다. 당신이 코치, 심리치료사 또는 매니저이고, 하는 일을 더 잘하고 싶은 사람이라면 이 책을 꼭 읽기를 권한다. 당신이 사람들과 함께 일하고 있고, 그 일을 더 잘하고 싶으면 이 책을 읽어라. 그러나 당신이 사람이고, 더 나은 사람이 되기 위해서라도 역시 이 책을 읽어야 한다.

  이 책은 임상의, 매니저, 경영 컨설턴트, 심리치료사, 코치 및 작가로서 줄리아Julia의 경력에서 나온 훌륭한 융합물이다. 다른 사람들의 연구를 중심으로 구축되었지만, 줄리아 는 여러 수준에서 효과적인 책을 창조하기 위해 자신의 특별한 통찰력, 재능, 인간에 대한 이해를 제공해주었다. 비전문가들을 위해서도 그들의 삶과 관계에 대한 성찰을 촉발할 만한 요소들이 많다. 모든 관리자에게 이 책은 더 나은 관리자와 사람이 될 수 있도록 도와주는 기술에 추가해야 할 필수 자료이다. 이 책은 심리치료사와 코치를 위한 줄리아의 초기 저서『심리치료사에서 코치로Therapist into Coach』에 이어 나온 것으로 이 분야에 종사하는 사람들은 이 두 책 모두를 반드시 읽어야 한다.

나는 이 책을 경영 관점에서 읽었지만, 그 이상이다. 모든 자료가 치료사와 코치와 특히 관련이 있지만, 상당히 많은 부분은 관리자와 사람들과 더 좋은 관계를 맺으려 노력하는 사람은 모두 관심을 가져야 한다. 이 책의 스타일과 구조는 여러 수준에서 사용할 수 있게 되어있으며, 각 장은 단독으로도 사용될 수 있다. 예들과 사례 연구를 통해 매니저들은 사람들 문제를 다루면서 자신이 겪었던 경험의 상당 부분을 인식하게 되고, 미래에 사람들을 더 잘 이해하고 관리하기 위한 좋은 관점을 얻을 것이다. 이 책이 주는 통찰력을 적용한다면 더 만족하고 생산적인 사람과 직장으로 나아갈 수 있을 것이다.

브라이언 루이스, Bellettes Bay Company, 타즈메니아, 오스트레일리아

줄리아의 새 책은 코칭 시장의 중요한 간극을 메워준다. 그녀는 트라우마가 무엇이며 우리의 코칭 작업에서 트라우마가 어떻게 작동할 수 있는지에 대한 심층적이지만 접근 가능한 윤곽을 제공해준다.

이 책의 가장 큰 장점은 구원하기나 짐을 지는 것과 같은 고객 행동에 대해 우리가 전형적으로 과잉 코칭 반응을 하거나, 고객이 나아지지 않는 것에 죄책감을 느끼는 것 같은 함정을 피할 수 있게 해준다는 것이다. 줄리아는 이러한 '기본적default' 반응들이 고객의 트라우마에 대해 얼마나 전형적이며, 모르고 하는 반응들인지를 잘 보여준다. 실제로 고객 자신도 그들의 트라우마가 아직도 그들을 괴롭힌다는 것을 모르고 있을 수 있다.

줄리아는 트라우마를 직접 다루는 것이 우리의 역할이 아니며(이에 대해 나는 큰 안도감을 느낀다), 트라우마에 대한 깊은 이해와 우리가 이미 가진 반응의 도움을 받아서 올바른 질문을 던지고, 고객이 자기 문제를 소유하게 하며, 우리 자신을 돌볼 수도 있다는 것을 보여준다.

우리는 이것을 어떻게 해야 할까? 여기서 줄리아의 강력한 교훈은 우리 코치에게 더 많은 도구가 필요한 것이 아니고(이 자체가 많은 코치에게 도전이 된다) 우리 자신에 대해 더 많은 작업이 필요하다는 것이다. 우리 고객에게 무엇을 하는가의 문제가 아니라 우리가 어떤 사람인가의 문제이다.

이 책은 코칭계를 위해 중요하고 새로운 통찰력을 지속해서 생산하고 있는, 제니 로저스Jenny Rogers가 편집을 맡은 코칭 시리즈 가운데 최신작이다.

매트 드라이버Matt Driver, 매트 드라이버 컨설팅

줄리아 본 스미스는 흔하지 않지만 엄청나게 중요한 주제에 관해 상세하면서도 매우 박식한 방식으로 이 책을 저술했다. 그녀는 복잡하고 어려운 주제를 민감하고 능숙하게 다루고 있으며, 분명하고 다가가기 쉬운 스타

일로 기술했다. 이 책은 대부분 코치에게 언제나 도전이 되는 영역에 대해 현명한 지침이 결합된 잘 다듬어진 임상의 틀을 제공해주는 매우 실용적인 책이다. 나는 코치로 활동하는 사람들, 수퍼바이저 및 수련 중인 코치들 모두에게 이 책을 강력히 추천한다.

피터 블러커트 Peter Bluckert

잘 연구되고 실용적이며 매우 가독성이 높은 이 책에서 줄리아 본 스미스는 발달 초기 트라우마가 우리 일상생활에 어떻게 영향을 미칠 수 있으며, 코칭에서 어떻게 드러나는지 설명한다. 그녀는 고객이 트라우마로 인해 코칭에서 생존 자기와 건강한 자기로 임할 수 있는 다양한 모습을 묘사하고 있으며, 코치는 고객의 건강한 자기와 작업해야 하며, 우리가 고객과 얽혀들게 되었다는 것을 어떻게 인식할 수 있고, 그럴 때 어떻게 해야 하는지에 관해 조언해준다. 그의 이론은 줄리아 자신의 삶의 이야기에서 온 예들과 적절한 코칭 사례 연구를 통해 더 생명력을 얻었다. 『코칭과 트라우마』는 코칭 수퍼바이저와 코치가 반드시 읽어야 하고, 이 책 속의 중요한 내용은 적절한 방식으로 고객과도 공유될 수 있다. 이 책을 강력히 추천한다. 이 책은 내 임상을 완전히 바꿔 놓았다.

루이스 셰퍼드 Louise Sheppard 박사,
코칭 수퍼바이저 및 Praesta Partners LLP의 수석 코치

이 책이 출판되는 것을 보게 되어 기쁘다. 나는 줄리아가 이 복잡한 주제를 명확하게 설명하면서, 우리를 데려가 준 여정을 즐겼다. 그녀는 이론

에 실용성을 더해 균형을 맞추었으며, 코칭에만 확고하게 초점을 맞추었다. 나는 특히 실제적인 질문과 접근뿐 아니라 그녀의 개인적인 사례를 포함한 예들을 매우 소중하게 생각한다. 이 책은 자신의 코칭을 다른 수준으로 끌어올리고자 하는 누구에게나 꼭 필요한 책이다. 나는 이제 조심스럽게 이 책의 내용을 내 코칭에 적용함으로써 이제 더 유능하다고 느낀다. 감사하다.

셜리 그린어웨이Shirley Greenaway, 수석 코치, Management Futures의 대표

이 책은 코칭에서 고대하던 책이다. 이것은 더 성숙한 코칭 전문성 개발에 관심이 있는 모든 코치, 수퍼바이저 또는 훈련 제공자들에게 가치 있는 자료이다. 슬프지만 여전히 많은 코치에게 금기시 되는 이 주제 속으로 줄리아가 우리를 안내할 때, 우리가 안전한 손 안에 있다는 것은 처음부터 확실하다. 진심으로, 이 짧은 입문서는 트라우마를 이해하기 위한 단순하지만 심오한 프레임워크를 명확하게 소개한다. 이 책은 일반적인 코칭 기술을 사용하면서 이 지식을 코칭에 어떻게 적용할 수 있는지 보여준다. 사례들은 생존 전략이 우리의 일상 업무에 얼마나 자주 나타나는지를 보여준다. 당신의 코칭에서 일 중독, 완벽주의, 가면 증후군, 통제, 따돌림, '그렘린' 또는 '꽉 막힌' 느낌 등을 만난 적이 있다면, 이 책을 구입하라; 만약 그런 적이 없다면 그럴 날을 대비해서 구입해 두라. 나는 우리의 코치 훈련 프로그램의 독서 목록에 반드시 이 책을 추가할 것이다.

헬렌 씨어로다Helen Sieroda, Wise Goose School of Coaching 대표

줄리아는 트라우마가 고객뿐 아니라 코치인 우리에게서 '생존 자기'의 행동들을 야기하면서 정체성에 어떻게 영향을 미치는지를 명확하고, 계몽적이며, 이론에 잘 근거를 둔 매우 실용적인 책을 썼다. 우리가 개인, 팀 및 조직들 안에서 고통스럽고 흔히 억압적인 역동에 휘말리는 것은 이런 행동들 탓이다. 나는 펀드 매니저나 사업주에서부터 젊은 기업가와 감원, 탈진 또는 은퇴로 인해 방향을 바꾸고 싶어 하는 나이 든 사람에 이르기까지 다양한 고객들에게 줄리아가 설명하는 모델을 도입해 보았다. 아직 실패 없이, 이 접근 방식의 사용은 '건강한 자기'와 더 잘 연결되도록 불을 붙여주는 것 같았고, 코치로서 나 자신의 건강한 자기에 중심을 잡고 머무는 것을 중요하게 여김으로써 더 효율적인 코칭이 가능해졌다. 코칭을 하는 심리치료사들도 많은 것을 얻을 수 있고, 상담적 맥락에서뿐만 아니라 개인과 팀에 통합된 접근 방식을 사용하는 코치와 컨설턴트로서 이 모델을 적용할 수 있다.

캐럴린 멈바이Carolyn Mumby, 임원 및 개인 코치-심리치료사,
수퍼바이저 및 퍼실리테이터. BACP 코칭 분과 의장

색인

가면 증후군imposter syndrome 111, 142, 189
가해자 방어 역동perpetrator defence dynamics 147-151
가해자 생존 태도perpetrator survival attitudes 152, 163-170, 202
감성 두뇌, 두뇌 발달emotional brain, brain development 48-50
개인에 귀속된 특성attributed personal characteristics 62-3
건강한 자기healthy self 78-81, 94-7
건강한 자원(참조: 코칭에서의 생존 방어)healthy resources(see also survival defences in coaching) 39-40
건강한 자율성healthy autonomy 80
경계boundaries 211-14
고객의 이력client histories 28-30
고객의 내러티브client narratives 60-2
고객의 생존 자기에 대한 코칭coaching around the survival self in the client 144-5
고객의 고통distress, clients' 26, 28-30
관계적 선택relational choices 89-91
구성 요소components 177-8
구조, 생존 자기rescuing, survival self 157-9
구조자 생존 역동rescuer survival dynamics 159-61
기술, 기법 및 도구skills, techniques and tools 43-4
기억과 트라우마memory and trauma 59-63

ㄴ

나르시시즘, 리더십과 트라우마narcissism, leadership and trauma 184-5, 186-8

ㄷ

독성 스트레스, 스트레스 및 외상toxic stress, stress and trauma 51-3, 56-7, 87, 90-1
두뇌 발달brain development 100-4

ㄹ

루퍼트 모델Ruppert's model 78-9, 80, 94-7
루퍼트의 진행Ruppert's progression 100
루퍼트의 치료 과정Ruppert's therapeutic process 100
루퍼트의 트라우마 전기의 진행Ruppert's progression of a trauma biography 100
리더십 변화, 트라우마를 입은 팀leadership changes, traumatised teams 198-9
리더십과 트라우마leadership and trauma 181-5, 188, 192-6
리더-팔로워 관계leader-follower relationships 192-6

ㅁ

명시적 기억, 기억과 트라우마explicit memory, memory and trauma 59-63

ㅂ

반복적 패턴repeating patterns 20, 22-4, 26-7
방어 역동defence dynamics 147-80
변화를 고려함contemplating change 117-9
변화에 대한 숙고, 생존 자아contemplating change, survival self 117-9
복수, 생존 자기revenge, survival self 162-3

260 코칭과 트라우마

부인, 생존 전략denial, survival strategy 83-5
비밀보장confidentiality 219-21, 232
비애grief 40-1
빈곤의 영향poverty impact 23, 68, 72

ㅅ

사례case examples 104-9
산만distraction 83
상처주는 환경의 피해자victims of traumatising environments 25-6
생물 생리학bio-physiology 63-4
생애 사건, 고객 이력life events, client histories 28-9
생존 감정, 생존 자아survival emotions, survival self 118-23
생존 분노, 생존 자기survival anger, survival self 123
생존 역동, 트라우마를 입은 팀survival dynamics, traumatised teams 201-5
생존 자기survival self 186-91
생존 자기에 대한 코칭coaching around the survival self 144-5
생존 자기의 특성을 관찰함observing the characteristics of the survival self 117-24
생존 자기-표현survival self-presentation 231
생존 자기-우세, 관계survival self-predominance, relationships 196
생존 자아survival self 111-45
생존 자아의 방어 역동defence dynamics of the survival self 147-80
생존 자아의 에너지energy of the survival self 139-41
생존 자아의 존재를 인정recognising the presence of the survival self 111
생존 전략survival strategy 82-97
생존 정체성, 생존 자아survival identity, survival self 125-31
생체 생리학, 트라우마의 내면화bio-physiology, internalisation of trauma 63-4
성 조건화, 생존 자아gender conditioning, survival self 128
성적/신체적 학대sexual/physical abuse 21, 23, 28, 36, 59, 67-8, 72
세계의 멘탈 모델들, 트라우마의 내면화mental models of the world, internalisation of trauma 65-8
수퍼비전supervision 42-5, 236
스트레스와 트라우마(참조: 정신건강)stress and trauma(see also mental health) 51-8
신경가소성, 트라우마의 내면화neuroplasticity, internalisation of trauma 74-5
신체 관계, 정신건강body relationship, mental health 90-4

ㅇ

암묵적 기억, 기억과 트라우마implicit memory, memory and trauma 59-63
양육 구조, 트라우마의 내면화parenting structures, internalisation of trauma 69-70
양육 스타일, 생존 자기parenting styles, survival self 132-6
얽힌 관계entangled relationships 170-80
얽힘에서 벗어나기stepping out of entanglement 177-80
왕따bullying 28-33, 137, 149-53, 162-7, 182-5
왜곡distorting 42-5
외상 후 스트레스post-traumatic stress 56-8, 214-5
외상은 인간 조건의 일부trauma is part of the human condition 38-9
외상의 내면화internalisation of trauma 47-75
요약summary 97
용어terminology 18-21
우리 자신에 대한 감각sense of ourselves 65-6
우세predominance 223-31
우세함perpetrator survival attitudes 223-31
음식 관계food relationship 88
인생의 사건life events 28-9
일과 생존 관계survival relationships with work 136-42

ㅈ

자살suicide 221-2
자신에 대한 감각, 트라우마의 내면화sense of ourselves, internalisation of trauma 65-6
자질, 코칭qualities, coaching 232
정보의 흐름, 생존 자기information flow, survival self 119
정상화normalisation 215
정서적 뇌emotional brain 100-4
정신psyche 20
정신건강 문제mental health problems 93-4
정신건강(참조: 스트레스와 트라우마)mental health(see also stress and trauma) 37-8
정신질환의 급성 증상acute presentation of mental ill

health 215-22
정신의 분열, 루퍼트 모델split in the psyche, Ruppert's model 78-9
정신적 트라우마psyche-trauma 20-1
정신-트라우마 전기psyche-trauma autobiography 66-9
주의 흩트리기, 생존 전략distraction, survival strategy 87

ㅊ

초기 관계early relationships 21-4
치료 중복therapy overlap 17

ㅋ

코칭 반응coaching responses 40-1
코칭 원리coaching principles 42-5
코칭 자질 및 기술(참조: 트라우마를 다루기 위한 기법과 태도)coaching qualities and skills(see also skills, techniques and attitudes for working with trauma) 232-3, 238-41
코칭에서의 생존 방어survival defences in coaching 33, 35
코칭에서의 생존 방어(참조: 건강한 자원)survival defences in coaching(see also healthy resources) 30-7
코칭에서의 존재감presence in coaching 94-7

ㅌ

트라우마 역동, 코칭 주제trauma dynamics, issues for coaching 100-4
트라우마 자기trauma self 177
트라우마 자아trauma self 78-9, 81-2, 94-7
트라우마 전기trauma biography 81-2, 98-9

트라우마를 다루는 기술, 기법 및 태도(참조: 코칭 자질과 기술)skills, techniques and attitudes for working with trauma(see also coaching qualities and skills) 43-5
트라우마를 입은 팀traumatised teams 197-210
트라우마에서 벗어나기moving out of trauma 231-8
트라우마와 코칭trauma and coaching 16-7
트라우마의 내면화internalisation of trauma 51-8
트라우마의 발현presentations of trauma 214-5
트라우마의 스트레스 효과stress effects of trauma 26-7
트라우마의 영향impact of trauma 73
트라우마의 지속적인 영향lasting impact of trauma 22
특성characteristics 116-7
팀 관계, 트라우마를 입은 팀team relationships, traumatised teams 207-8
팀에 트라우마를 줄 수 있는 조건들conditions that can traumatise a team 205-10

ㅍ

파트너 관계partner relationships 23-4

ㅎ

해리dissociation 52, 54, 83
화해, 생존 자기reconciliation, survival self 162-3
환경에 대한 생존 반응survival responses to the environment 26-7
환상, 생존 전략illusion, survival strategy 85-7
후성 유전학, 트라우마의 내면화epigenetics, internalisation of trauma 63-4
희생자 생존 역동victim survival dynamics 159-61
희생자 생존 태도victim survival attitudes 151-6

저자 및 역자 소개

저자: 줄리아 본 스미스 Julia Vaughan Smith

수년간 코칭과 치료 전문가로 일해왔으며, 현재는 창의적 활동을 위한 활력과 에너지를 불어넣기 위해 트라우마에서 벗어나는 삶과 치유에 관한 글을 쓴다.

지난 14년 동안 Franz Ruppert 교수, Thomas Hubl, Gabor Mate 및 Richard Swartz를 포함한 다양한 사람들에게서 트라우마에 관해 배웠다. 트라우마에 관련된 사고를 하기 전에는 가족 및 시스템 컨스텔레이션 훈련을 받았으며, 이를 통해 가족과 여러 세대에 걸친 역동에 관한 통찰을 얻었다.

과거에는 간호사, NHS의 교육과 훈련정책 전략가, 의료 분야 조직 컨설턴트, 리더십과 그룹 프로세스 컨설턴트, 리더십 개발 프로그램 제공자, 소규모 및 대규모 그룹 퍼실리테이션, ILM 인증 임원코칭 자격 훈련 제공자 등 다양한 경력을 거쳤다. 또 심리치료사, 인문학적 통합 심리치료, 임원코칭과 수퍼바이저로 활동했다.

정신적 충격을 주는 사회에서 태어난 우리가 삶에서 그 정신적 트라우마를 재현하지 않기 위한 일을 해야 한다고 믿고, 트라우마 통합, 개인과 조상, 집단적 트라우마에 대한 이해와 실천을 심화하는 학습과 개발에 집중하고 있다.

현재 영국 이스트 데본East Devon의 바닷가에 살고 있으며, 남편과 친구, 동료, 가족을 소중하게 생각한다.

저서로는 『Therapist into Coach』, 『Coaching and Trauma』, 『Tangled Webs』 등이 있다.

역자 소개

이명진

이명진 교수는 연세대학교 대학원에서 상담코칭학으로 박사학위를 받은 후 연세대학교 연합신학대학원에서 겸임교수, 임상 책임교수를 역임하였다. 2015년에 다움상담코칭센터를 창립하여 대표를 역임했고, 현재 원장으로 재직 중이다.

기독교 상담사로 감독이 된 후에 가족치료사와 전문코치가 되어 개인상담, 부부·가족 상담, 진로 코칭 등 임상에 주력하며, 기독 상담사와 크리스천 코치의 양성을 위해 교육과 수퍼비전에도 힘쓰고 있다. 최근에는 영성지도사의 길을 밟아가고 있다.

현재 한국기독교상담심리학회 부회장, 한국기독교코칭학회 부회장을 맡고 있으며, 경희대학교, 미주장신대학교Presbyterian Theological Seminary in America, 세계선교대학교World Mission University에서 겸임교수로 재직 중이다.

공저 및 공역서로 『크리스천코칭 디스커버리』, 『기독교 상담과 영성』, 『기독(목회) 상담의 이해』, 『분석심리학과 표현예술치료』, 『상담사례 질적 연구방법론』, 『방어기제를 다루는 상담기법』 등이 있다.

mjlee8979@daum.net

이세민

연세대학교 상담코칭학 석사학위를 취득하였고, 동 대학 박사 과정 중이다. 2009년부터 지금까지 많은 기업과 교육기관에서 강연과 코칭을 맡고 있으며, 현재 다움상담코칭센터에서 전문 상담사 및 연구원으로 상담과 연구 활동을 병행하고 있다.

(사)한국코치협회 인증 전문코치(KPC), 한국심리학회, 한국상담심리학회, 한국상담학회 정회원으로 개인, 부부·가족, 청소년 대상으로 전문 상담과 코칭을 제공하고 있다.

thinknplace@naver.com

발간사

호모코치쿠스 34
코칭과 트라우마: 생존 자기를 넘어 나아가기

팬데믹은 종식되지 않았고, 지금 우리가 사는 세계의 일각에서는 전쟁과 야만은 여전히 지속한다. 세계는 평화와 희망으로 가고 있는가? 지구가열Global heating로 돌발 가뭄과 기습 장마 등 지구 행성의 몸살과 위기를 일상에서 체험한다. 이 둘의 나비효과가 세계적 수준에서 경제위기의 파고가 우리 눈앞에 보이게 돼도 여전히 미래 지속가능성에 희망으로 답할 수 있는가?

1997년 IMF 외환위기로 가정이 위기를 겪고, 부모의 삶이 뒤 흔들렸던 태풍의 영향아래서 성장한 자녀 세대가 부모가 되고, 다시 그 부모 아래서 성장한 자녀가 지금 청소년, 청년을 이룬다. 오늘날 가정과 가족의 변화와 모색, 이로 인한 새로운 개인 가치와 의식 변화는 외환위기라는 사회적 트라우마와 무관하지 않다. 조부모 세대의 한국전쟁 트라우마 지층 위에 쌓인 또 하나의 층이다.

오늘날 인기리에 방영되는 이런저런 드라마를 보자. 대부분 남녀 주인공은 각종 불공정과 몰이해에 대처하며 회피와 좌절, 도전으로 고군부투하지만, 대체로 많은 사람이 성장 과정에서 부모의 삶의 실상과 태도에 의해 부여받은 상처나 과제를 지니고 현재 청년의 자기 삶을 일궈가고 있다. 오늘날 MZ세대, 청년 삶의 출발, 삶의 태도에는 이 같은 사회적 트라우마에서 오는 무의식과 부모와 상대하며 입은 크고 작은 침습에 대한 나름의 보호이자 대처 방안이 역력하다. 이런 트라우마 경험은 개인 차원에서도 피할 수 없는 비와 같다. 봄비나 가뭄의 단비라 할지라도 처해진 경우에 따라 전혀 다른 성격의 비가 된다. 어떻게 보면 트라우마는 일상의 일이다. 주변 관계자의 자살, 원하지 않는 범죄피해, 산재와 사고는 물론이고, 직장과 사업의 실패 등 피하기 어렵다. 특히 직장이나 가정은 물론 일반 사회 활동에서 관계 갈등, 관계 관리에 어려움을 갖거나, 쉽게 상처받고, 사전 방지, 과잉방어에서 오는 관계 악화 등은 오늘날 많은 사람을 거미줄처럼 붙들고 있다. 냉담한 인간관계, 위조된 삶을 강요받는다.

우리는 자신의 능력과 자신감으로 '쏟아지는 빗속을 검을 휘둘러 비를 베고 피하며 걷는' 일본 무사의 우화를 떠올리지 않을 수 없다. 일상적 트라우마 상황에서는 우산이나 방패가 필요하다. 생애 과정에서 겹겹이 쌓인 트라우마 지층은 언제 어느 곳에서든 〈현재〉나 〈순간〉에 기습하듯 튀어나오거나, 진물처럼 배어나오기 마련이다. 유감스럽게도 무의식에 억압된 트라우마 지층의 〈기억 물〉은, 오래된 것은 나오기 어렵거나 깊게 묻어 둔 것은 늦게 나오는 그런 것이 결코 아니다. 또 잘 보관해 두거나 밀봉해 둔다고 관리되는 것도 아니다. 적당하게 나눠 〈생각하기thinking〉를 거처 〈사고thought〉된 것, 〈관계 안에서 사고된 앎〉으로 지속하지 않고서는 부패하기에 십상이다. 발효의 길이냐, 부패의 길이냐 그 기로에는 〈관계〉라는 효소가 필요하다.

호모 코치쿠스 34번째 발걸음으로 『코칭과 트라우마』를 우리에게 소개한다. 이 책은 트라우마라는 다소 멈칫거리는 주제/영역에 과감히 도전하고 그 경험을 정리한다. 검토하기도 전에 세상의 모든 트라우마를 코칭으로 접근 또는 해결하겠다는 것인가 하는 과잉반응이나 우려는 불필요하다. '누구나 스스로 지닌 잠재력을 조건 없이 발휘하고, 자신의 가능성을 확대'하고자 하는 데 함께하는 코칭이 도전하지 못할 영역이 어디 있는가? 지금 이 순간/현재의 행복을 깊게 하고, 가고자 하는 앞길을 방해하는 것이 있다면 코칭은 이를 해명하고 도전해야 마땅하다. 저자는 〈트라우마〉라는 미지의 영역을 간척하기 위해 트라우마 관련 연구의 핵심을 정리하고, 심리치료 영역과 코칭 영역에 대한 구분을 시도한다. 우리는 저자의 작업을 검토하며 우리가 가진 주저와 선입견, 부지불식간에 갖는 자기-경고를 넘어설 필요가 있다.

더 나아가 코치의 철학과 윤리의 입장에 따라서는 '코칭과 심리치료가 겹치는/상호 공유하는 영역'에 대한 태도와 방안을 사색해야 한다. 코칭 임상의 실천을 근거로 이론적 검토를 멈추지 않는다면 이 영역에 대한 성과물을 기대할 수 있다. 또 트라우마에 대한 코칭 접근에서 저자가 제기하는 대처 모델을 검토하고 발전시켜야 한다. 특히 〈트라우마 자기trauma self〉, 〈생존 자기survival self〉, 〈건강한 자기health self〉로 구분하고 〈생존 자기〉를 대상으로 한 코칭 집중은 우리에게 많은 자극을 준다. 이런 자기의 삼각관계는 〈건강한 자기〉가 두 자기와 어떻게 어떤 방식으로 대처하는 가에 따라 다양한 코칭 접근의 새로운 가설 수립을 가능하게 하는 도전 영역으로 보인다.

이 책으로 마치 트라우마를 다 알고 해결 가능한 쉽고 간단한 묘약, 이른바 "몇 가지 질문(?)"식의 인스턴트를 원했다면 실망할 것이다. 그러나 코치가 코칭 세션에서 만나는 "코칭 주체(고객/코치이)"와 씨름할 수 있는 의욕과 발상, 씨름하며 변주해 갈 수 있는 여정의 악보를 찾는다면 만족할 것이다. 악보는 연주자에 의해 다시 지금-현재 살아나는 것이기 때문이다.

물론 트라우마에 대처하는 코칭 접근 방안은 이외에도 여럿 있다. 우리가 가진 역경에 대한 반응의 차이, 반응의 이질성heterogeneity을 인정하고 이를 탐구하는 것이다. 이에 따라 〈잠재적 트라우마 사건PTE.Post Trauma event〉(배우자 죽음 등)에 대한 대응력, 회복력resilience, (건강)회복recovery등이 각각 다를 수 있으며, 이에 따라 다양한 대응이 요구된다. 코치에 의한 건강 증진 프로그램, 정서적 수용력 강화, 〈협력적 회복모델Collaborative. Recovery Model〉 등이다. 또 이런 인간의 독특성에 기반을 둔 인간중심 강점 코칭으로 개념화하기도 한다. 결국 트라우마 자체를 성장 동력으로 전환하는 것에 주목하는 〈외상 후 성장PTG.post-trauma growth〉이라는 발상이다.[1] 이런 연구들은 인간이 가장 어려운 상황에서도 회복할 수 있는 비범한 수용력을 가졌으며, 심지어 트라우마 경험을 겪으면서 엄청난 성장을 할 수 있다는 코치의 믿음이다.

---

1) Gordon Spence & Stephen Joseph. 「Coaching for Post-Traumatic Growth: An Appropriat Response to the Devastations of Life?」. 『The SAGE of Handbook of Coaching』 2016. SAGE

바쁘고 힘든 일상, 강의와 연구, 상담과 코칭, 이에 더해 육아 일정에도 좋은 팀웍으로 번역을 해주신 이명진, 이세민 코치에게 사랑과 감사하는 마음이다. 향후 우리 모두를 위해 〈코칭에서 트라우마 다루기〉에 대한 안내와 눈 뜸에 기여해주시리라 믿는다. 까다로운 원고와 발행자의 요구를 묵묵히 감당하며 책으로 만들어 주신 정익구, 이상진 두 분에게도 감사의 마음이다. 무엇보다도 이 책을 구입해서 함께 연구하고 코칭을 펼칠 코치분들에게 더 큰 기대를 걸어본다.

2022년 무더위와 씨름하며.

발행자 김상복

집필자 모집

- 멘토링 기반 코칭 방안과 사례 연구
- 컨설팅 기반 코칭 방안과 사례 연구
- 조직개발 코칭 방안과 사례 연구(일대일 또는 그룹 코칭)
- 사내 코치 활동 방안과 사례 연구
- 주제별·대상별 시네마 코칭 방안과 사례 연구
- 시네마 코칭 이론과 실천 방안 연구
- 아들러 심리학 기반 코칭 방안과 사례 연구
- 코칭 기획과 사례 개념화(중심 이론별 연구)
- 코칭에서 은유와 은유 질문
- '갈굼과 태움', 피해·가해자 코칭
- 미루기 코칭 이해와 활용
- 코치의 젠더 감수성과 코칭 관계 관리
- 정서 다루기와 감정 관리 코칭 및 사례 연구
- 코칭 장(field)·공간과 침묵
- 라이프 코칭 핵심 과제와 사례 연구(청년 및 중년)
- 커리어 코칭 핵심 과제와 사례 연구(청년 및 중년)
- 노년기 대상 라이프 코칭 방안과 사례 연구
- 비혼·혼삶 라이프 코칭 방안과 사례 연구
- 코칭 스킬 총정리와 적용 사례
- 부모 리더십 코칭과 사례 연구(양육자 연령별)
- 코칭 이론 기반 코칭 방안과 사례
- 커플 코칭 방안과 사례
- 의식확장과 영성코칭
- 군 리더십 코칭
- 코칭 ROI 연구

▣ 동일 주제라도 코칭 대상과 방식, 코칭 이론별 집필이 가능합니다.
▣ 최소 기준 A4 기준 80페이지 이상. 코칭 이론과 임상 경험 집필 권장합니다.
▣ 편집위원회와 관련 전문가 심사로 선정됩니다.
▣ 선정 원고는 인세를 지급하며, 무료로 출판합니다.

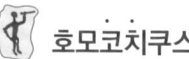 호모코치쿠스

코칭 튠업 21
: ICF 11가지 핵심 역량과 MCC 역량

김상복 지음

뇌를 춤추게 하라
: 두뇌 기반 코칭 이론과 실제
Neuroscience for Coaching

에이미 브랜 지음
최병현, 이혜진 옮김

마음챙김 코칭
: 지금-여기-순간-존재-하기
Mindful Coaching

리즈 홀 지음
최병현, 이혜진, 김성익, 박진수 옮김

코칭 윤리와 법
: 코칭입문자를 위한 안내
Law & Ethics in Coaching

패트릭 윌리암스, 샤론 앤더슨 지음
김상복, 우진희 옮김

조직을 변화시키는 코칭 문화
How to create a coaching culture

질리안 존스, 로 고렐 지음
최병현, 이혜진 등 옮김

내러티브 상호협력 코칭
: 3세대 코칭 방법론
A Guide to Third Generation Coaching: Narrative-Collaborative Theory and Practice

라인하르드 스텔터 지음
최병현, 이혜진 옮김

임원코칭의 블랙박스
Tricky Coaching

맨프레드 F. R. 케츠 드 브리스 등 편집
한숙기 옮김

마스터 코치의 10가지 중심이론
Mastery in Coaching

조나단 패스모어 편집
김선숙, 김윤하 등 옮김

코칭·컨설팅
수퍼비전의 관계적 접근
Supervision in Action

에릭 드 한 지음
김상복, 조선경, 최병현 옮김

정신역동과 임원코칭
: 현대 정신분석 코칭의 기초1
Executive Coaching :
A Psychodynamic Approach

캐서린 샌들러 지음
김상복 옮김

수퍼비전
: 조력 전문가를 위한 일곱 눈 모델
Supervision in the Helping Professions

피터 호킨스, 로빈 쇼헤트 지음
이신애, 김상복 옮김

코칭 프레즌스
: 코칭개입에서 의식과 자각의 형성
Coaching Presence : Building Consciousness and Awareness in Coaching Interventions

마리아 일리프 우드 지음
김혜연 옮김

멘탈력
정신적 강인함에 대한 최초의 이론적 접근
Developing Mental Toughness :
Coaching strategies to improve performance, resilience and wellbeing

더그 스트리챠크직, 피터 클러프 지음
안병옥, 이민경 옮김

코치 앤 카우치
Coach and Couch

맨프레드 F.R. 케츠 드 브리스 등 지음
조선경, 이희상, 김상복 옮김

리더의 정치학
: 조직개혁과 시대전환을 위한 창발 리더십 모델
Leading Change: How Successful Leaders Approach Change Management

폴 로렌스 지음
최병현, 윤상진, 이종학,
김태훈, 권영미 옮김

고용 가능성
고용+가능성 업그레이드 전략
Developing Employability and Enterprise:
Coaching Strategies for Success in the Workplace

더그 스트리챠크직, 샬롯 보즈위스 지음
조현수, 최현수 옮김

게슈탈트 코칭
바로 지금 여기
Gestalt Coaching: Right here, right now

피터 브루커트 지음
임기용, 이종광, 고나영 옮김

강점 기반 리더십 코칭
: 조직 내 긍정적 리더십 개발을 위한 가이드
Strength_based leadership Coaching in Organization An Evidence based guide to positive leadership development

덕 매키 지음
김소정 옮김

영화, 심리학과 라이프 코칭의 거울
The Cinematic Mirror for Psychology and Life Coaching

메리 뱅크스 그레거슨 편저
앤디 황, 이신애 옮김

영웅의 여정
자기 발견을 위한 NLP 코칭
The Hero's Journey: A voyage of self-discovery

스테판 길리건, 로버트 딜츠 지음
나성재 옮김

VUCA 시대의
조직문화와 피어코칭
Peer Coaching at Work

폴리 파커, 팀 홀, 캐시 크램, 일레인 와서먼 공저
최동하, 윤경희, 이현정 옮김

정신역동 마음챙김 리더십
: 내면으로의 여정과 코칭
Mindful Leadership Coaching : Journeys into the interior

맨프레드 F.R. 케츠 드 브리스 지음
김상복, 최병현, 이혜진 옮김

실존주의 코칭 입문
·알아차림·용기·주도적 삶을 위한
철학적 접근
An Introduction to Existential Coaching

야닉 제이콥 지음
박신후 옮김

공감으로 완성하는 코칭
: 평범함에서 탁월함으로
Coaching with Empathy.

앤 브룩뱅크, 이안 맥길 지음
김소영 옮김

내러티브 코칭
: 새 스토리의 삶을 위한 확실한 가이드
Narrative Coaching : The Definitive Guide to Bringing New Stories to Lif

데이비드 드레이크 지음
김상복, 김혜연, 서정미 옮김

ADHD 코칭
: 정신건강 전문가를 위한 가이드
ADHD Coaching: A Guide for Mental Health Professionals

프란시스 프레벳,
아비가일 레브리니 지음
문은영, 박한나, 가요한 옮김

시스템 코칭
: 개인을 넘어 가치로
Systemic Coaching: Delivering Value Beyond the Individual

피터 호킨스, 이브 터너 지음
최은주 옮김

글로벌 코치 되기
: 코칭 역량과 ICF 필수 가이드
Becoming a Coach

조나단 페스모어,
트레이시 싱클레어 지음
김상학 옮김

시스템 코칭과 컨스텔레이션
Systemic Coaching & Consitellations

존 휘팅턴 지음
가향순, 문현숙, 임정희, 홍삼렬,
홍승지 옮김

10가지 코칭 핵심주제 사례 연구
: 20개 사례와 40개 논평
Complex Situations in Coaching

디마 루이스, 폴린 파티엔 디오숑 지음
김상복 옮김

유연한 조직이 살아남는다
포스트 코로나 시대 뉴노멀이 된 유연 근무제
Flexible Working

클라우디아 나겔 지음
최병헌, 윤재훈 옮김

인지행동 코칭
: 30가지 고유한 특징
Cognitive Behavioural Coaching: Distinctive Features

마이클 니난 지음
엘리 홍 옮김

쿼바디스
: 팬데믹 시대 리더의 실존적 도전
QUO VADIS?

맨프레드 F. R. 케츠 드 브리스 지음
고태현 옮김

코칭과 트라우마
: 생존 자기를 넘어 나아가기
Coacjing and Trauma

줄리아 본 스미스 지음
이명진, 이세민 옮김

(출간 예정)

정신역동 코칭
: 30가지 고유한 특징
Psychodynamic Coaching: Distinctive Features

클라우디아 나겔 지음
김상복 옮김

단일 회기 코칭과 비연속 일회성 코칭
: 30가지 고유한 특징
Single-Session Coaching and One-At-A-Time Coaching: Distinctive Features

윈디 드라이덴 지음
남기웅, 안재은 옮김

수퍼바이지와 수퍼비전
: 수퍼비전을 위한 가이드
Being Supervised A Guide for Supervision

에릭 드 한, 윌레민 레구인 지음
한경미, 박미영, 신혜인 옮김

코칭수퍼비전의 이론과 모색
Coaching and Mentoring Supervision : Theory and Practice

타티아나 바키로버, 피터 잭슨, 데이빗 클러터벅 지음
김상복, 최병현 옮김

팀코칭 이론과 실천
: 팀을 넘어 위대함으로
The Practitioner's handbook of TEAM COACHING

데이비드 클러터벅, 주디 갸년 편집
강하룡, 박순천, 박정화, 박준혁, 우성희, 윤선동, 최미숙 옮김

리더십 팀코칭
: 변혁적 팀 리더십 개발을 넘어
Leadership Team Coaching

피터 호킨스 지음
강하룡, 박정화, 박준혁, 윤선동 옮김

웰다잉 코칭
생의 마지막과 상실을 겪는 사람들을 위한 코칭 가이드
Coaching at End of Life

돈 아이젠하워, J. 발 헤이스팅 지음
정익구 옮김

인지행동 기반 라이프코칭
Life Coaching : A Cognitive behavioural approach

마이클 니난, 윈디 드라이덴 지음
정익구 옮김

코칭과 정신건강 가이드
: 코칭에서 심리적 과제 다루기
A Guide to Coaching and Mental Health : The Recognition and Management of Psychological Issues

앤드류 버클리, 케롤 버클리 지음
김상복 옮김

코칭심리학 (2판)
실천연구자를 위한 안내서
Handbook of Coaching Psychology

스티븐 팔머, 앨리스 와이브로 엮음

코칭 이론과 실천
The SAGE Handbook of Coaching

타티아니 바흐키로바, 고든 스펜스, 데이비드 드레이크 엮음

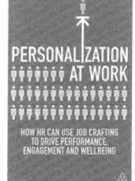

잡크래프팅
Persnalization at Work

롭 베이커 지음
김현주 옮김

임원코칭
: 시스템 – 정신역동 관점
– 현대 정신분석 코칭의 기초 3
Executive coaching: System-psychodynamic persfective

하리나 버닝 편집
김상복 옮김

정신역동 코칭의 이해와 활용
: 현대 정신분석 코칭의 기초2
Psychodynamic Coaching : focus & depth

올라 샤롯데 벡 지음
김상복 옮김

리더의 일상적 위협
: 모래 늪에서 허우적거릴 때 살아남는 방법
The Daily Perils of Executive Life: How to Survive When Dancing on Quicksand

맨프레드 F. R. 케츠 드 브리스 지음
고태현 옮김

CEO 위스퍼러
: 리더십, 삶, 변화에 대한 내면 탐색
The CEO Whisperer: Meditations on Leadership, Life, and Change

맨프레드 F. R. 케츠 드 브리스 지음
김선화 옮김

리더의 속살
: 추악함, 사악함, 기괴함
Leadership Unhinged: Essays on the Ugly, the Bad, and the Weird

맨프레드 F. R. 케츠 드 브리스 지음
강준호 옮김

 호모스피릿쿠스

나르시시스트와 직장생활하기
Narcissism at Work: Personality Disorders of Corporate Leaders

마리 린느 제르맹 지음
문은영 · 가요한 옮김

정신분석 심리치료의 기본과 실천
: 정신분석·지지적 심리치료와의 차이

아가쯔마 소우 지음
최영은 · 김상복 옮김

조력 전문가를 위한
공감적 경청
共感の傾聴術
:精神分析的に"聴く"力を高める

고미야 노보루 지음
이주윤 옮김

코로나 시대의 정신분석 임상
'만남'의 상실과 회복
コロナと精神分析的臨床

오기모토 카이, 키타야마 오사무 편집
최영은, 김태리 편집

.... 코칭 하이브리드

영화처럼 리더처럼
: 크고 작은 시민리더 이야기

최병현, 김태훈, 이종학,
윤상진, 권영미 지음

마음챙김 코칭
: WHO에서 실행까지
Mindfulness Coaching: Have Transformational Coaching Conversations and Cultivate Coaching Skills Mastery

사티암 베로니카 찰머스 지음
김종성, 남관희, 오효성 옮김

코칭 A to Z

누구나 할 수 있는 코칭 대화 모델
: GROW_candy 모델 이해와 활용

김상복 지음

세상의 모든 질문
: 아하에서 이크까지, 질문적 사고와 질문 공장

김현주 지음

첫 고객·첫 세션 어떻게 할 것인가
(1) 윤리적 가이드라인과 전문가 기준에 의한 고객 만남
(2) 코칭계약과 코칭 동의 수립하기

김상복 지음

코칭방법론
: 조직 운영과 성과 리더십 향상을 돕는 효과성 코칭의 틀

이석재 지음

코치 100% 활용하는 법
: 코칭을 만난 당신에게

김현주, 박종석, 박현진, 변익상,
이서우, 정익구, 한성지 지음

(코쿱북스)

코칭의 역사
Sourcebook Coaching History

비키 브록 지음
김경화, 김상복 외 15명 옮김

101가지 코칭의 전략과 기술
: 젊은 코치의 필수 핸드북
101 Coaching Strategies and Technique

글래디나 맥마흔, 앤 아처 지음
김민영, 한성지 옮김

리더십을 위한 코칭
Coaching for Leadership

마샬 골드 스미스,
로렌스 라이언스 등 지음
고태현 옮김

 호모코치쿠스 34

코칭과 트라우마
생존 자기를 넘어 나아가기

초판 1쇄 발행   2022년 8월 19일

펴낸이	|	김상복
지은이	|	줄리아 본 스미스
옮긴이	|	이명진, 이세민
편 집	|	정익구
디자인	|	이상진
제작처	|	비전팩토리
펴낸곳	|	한국코칭수퍼비전아카데미
출판등록	|	2017년 3월 28일 제2018-000274호
주 소	|	서울시 마포구 포은로 8길 8. 1005호

문의전화 (영업/도서 주문) 카운트북
　　　　　전화 ｜ 070-7670-9080   팩스 ｜ 070-4105-9080
　　　　　메일 ｜ countbook@naver.com
　　　　　편집 ｜ 010-3753-0135
　　　　　편집문의 ｜ hellojisan@gmail.com 010-3753-0135

www.coachingbook.co.kr
www.facebook.com/coachingbookshop

ISBN 979-11-89736-40-8
책값은 뒤표지에 있습니다.